LIBAN

GUIDES OLIZANE / DÉCOUVERTE

Bhoutan
Burkina Faso
Cap-Vert
Chine
Ethiopie
Inde du Sud
Iran
Libye
Madagascar
Malaisie
Mali
Mongolie
Ouzbékistan
Route de la Soie
Seychelles

GUIDES OLIZANE / AVENTURE

Ladakh-Zanskar
Rajasthan
Tibet

GUIDES OLIZANE / MARITIME

Caraïbes

GUIDES OLIZANE / DIVERS

Guide médical des espaces sauvages
Angkor, cité khmère
Luang Prabang, cité royale du Laos
Saint-Pétersbourg ou l'enlèvement d'Europe

LIBAN

PIERRE PINTA

GUIDES OLIZANE

Ci-contre, mosquée el-Amine, Beyrouth

L'AUTEUR Pierre Pinta, dont le grand-père a vécu au Liban pendant la période du Mandat, est un géographe spécialisé dans la zone méditerranéenne et proche-orientale. Ses travaux de recherches portent sur l'émigration libanaise et il a publié de nombreux articles sur la géopolitique du Liban dans des revues spécialisées.

Editions OLIZANE
11, rue des Vieux-Grenadiers - 1205 Genève - Suisse
guides@olizane.ch – catalogue: www.olizane.ch

Les Editions Olizane bénéficient d'un soutien de la Ville de Genève
sous la forme d'une convention de subventionnement.

ISBN 978-2-88086-393-7

CRÉDIT PHOTOGRAPHIQUE:

Philippe Bénet et Renata Holzbachová, pp. 8, 19, 21, 24, 39, 41, 42, 49, 58, 70, 75, 81, 95, 98, 99, 105, 112, 163, 173, 194, 197, 201, 203, 223, 231, 233, 237, 241, 245, 252-253, 257, 260, 264-265, 269, 275, 278, 284, 295

obs-swatch p. 117 et Habiba Syed p. 227.

Ci-après, images (nom des artistes ci-dessous)
Copyright 2011, sous licence de Shutterstock.com:

diak; pp. 5, 6, 67, 101, 119, 156, 167, 181, 186-187, 190, 193, 206, 214, 217, 220 et 286-287;
Ramzi Hachicho: pp. 7, 12-13, 28-29, 32, 88, 135, 176-177, 210, 228-229;
Subbotina Anna: p. 11 ; Elke Dennis: p. 35; Sybille Yales: p. 46;
Valery Shanin: pp. 52-53, 124, 261, 270; Walid Nohra: pp. 57, 130-131, 235;
Olga Kolos: p. 65, 109; pokku: p. 85; magicinfoto: pp. 92-93;
fashcool: pp. 118, 169, 171; Antonio Abrignani: p. 143;
Anna Omelchenko: pp. 144-145, 303-304; Tawfik Dajani: p. 151;
Ryan Rodrick Beller: p. 154; DemarK: pp. 161, 283;
Eliane Haykal: pp. 247, 255; Zakharoff: p. 258; Anton Jackson: p. 281.

Graphisme de la couverture: Jean-Claude Silvy. Cartes et plans: Sylviane Janin
Composition et mise en pages: Olizane. Photogravure: Bombie, Genève
Impression: Graphiche AZ, Italie

TABLE DES MATIÈRES

Ambiance nocturne à Beyrouth

Le port de Saïda

HISTOIRE

SOCIÉTÉ, ÉCONOMIE, CULTURE

Vendeur de boisson dans le souk de Tripoli

NB – Le Liban étant en pleine reconstruction, les cartes du Liban sont appelées à subir rapidement d'importantes modifications. Que le lecteur veuille bien en tenir compte.

CARTES ET PLANS

INTRODUCTION

VOYAGE EN LIBANIE

« Encore plus belle ! » C'est ainsi que s'exprimait une jeune Libanaise, à qui l'on demandait ce qu'il était advenu de Beyrouth après quinze années de guerre et deux décennies de reconstruction. Un cri du cœur pour conjurer le mauvais œil ? Une réminiscence des mythes phéniciens de la mort et de la renaissance ? Plus sûrement un amour immodéré et un peu irrationnel pour une ville dont le seul nom évoque la déraison et l'autodestruction, mais aussi – reconnaissons-le – une certaine fascination. La stupéfaction d'un voyageur découvrant Beyrouth au lendemain de la guerre civile n'avait d'égale que celle de *Candide* entrant dans Lisbonne presque entièrement détruite par un violent tremblement de terre : immeubles éventrés, routes défoncées, façades calcinées ; et puis cette végétation sauvage, ces herbes folles qui avaient envahi l'espace urbain. Au milieu de tout cela une population hébétée, qui n'avait même plus la force de raisonner tant l'ampleur du désastre était immense, apparemment insurmontable. Qu'étaient-elles devenues, ces images idylliques du Pays des Cèdres, ce « paradis » vanté par les dépliants touristiques ? La puissance évocatrice du Mont-Liban et des cèdres millénaires, les vestiges spectaculaires de Baalbek, l'insouciance et la bonne humeur légendaires des Libanais ? Un catalogue de clichés fortement dévalués, le miroir brisé d'un pays soumis en outre à une double occupation étrangère !

Privé d'Etat – ce dernier n'avait au demeurant jamais brillé par sa présence –, livré à la violence et au pillage, le Liban était devenu un *non-lieu*... Mais « un non-lieu délicieux », une formule douce-amère empruntée à l'écrivain Selim Nassib. Un pays foudroyé certes, qui avait néanmoins maintenu vivace une extraordinaire soif de vivre et une propension (un peu exagérée) à se considérer comme « exceptionnel ». Il est vrai qu'il ne fit quasiment pas appel à l'aide extérieure pour se reconstruire, comptant sur ses seules ressources financières (parfois douteuses) pour renaître de ses cendres. C'est ainsi que dans les années 1990, le Liban se prenait à nouveau à espérer, malgré l'instabilité persistante, les inévitables règlements de compte, la pesante présence syrienne et la guerre au Sud. Pendant ce temps-là à Beyrouth, architectes et aménageurs se lançaient dans des projets de reconstructions plus mégalos et délirants les uns que les autres, tandis qu'à Hamra, Achrafiyeh ou Gemmayzeh, la jeunesse se jetait à corps perdu dans les folles nuits levantines. La réouverture du Musée national, en 1997, a été vécue comme une rédemption, le signal fort d'un nouveau départ. Il aura pourtant fallu attendre les années 2000 pour assister au retrait des armées étrangères, les Israéliens pour leur part se réservant le droit de frapper durement un pays en convalescence (offensive meurtrière et destructrice de l'été 2006).

Quant à la violence politique, elle s'est maintes fois manifestée depuis la fin officielle du conflit en 1991, provoquant à chaque fois une mobilisation monstre de la population, comme lors de l'assassinat de l'ancien premier ministre Rafic Hariri (février 2005).

Temple romain, Baalbek

Une violence qui n'a toutefois pas empêché le Liban de s'atteler à deux tâches ambitieuses : effacer les stigmates de la guerre – ce qui était encore loin d'être le cas en 2010, notamment dans les quartiers et les régions les plus pauvres – et entrer à marche forcée dans le XXIe siècle, au risque cependant d'attenter gravement à sa nature, à ses paysages et à son patrimoine. Les années de guerre et de reconstruction « sauvage » auront au moins permis l'émergence d'une conscience citoyenne, une petite révolution dans un pays qui ne jurait que par l'individualisme et le libéralisme ! C'est ainsi que ces dernières années se sont multipliées les initiatives populaires et les associations, gages d'un certain rééquilibrage au profit des populations... et des touristes : protection de la nature (montagne et littoral), défense du patrimoine architectural et ethnographique, urbanisation maîtrisée, lutte contre la pollution, développement durable et commerce équitable ; un peu partout ont émergé des projets visant à protéger et à valoriser les richesses naturelles et culturelles du Liban. Restent maintenant plusieurs inconnues, à commencer bien sûr par l'avenir politique du Pays des Cèdres, toujours en proie à la *fitna* (la « discorde »), mais aussi et surtout son avenir au sein du *monde arabe*, secoué par un vent de révolution qui a d'ores et déjà atteint Damas.

IMPORTANT – Les astérisques dans le texte renvoient au lexique en fin d'ouvrage.

Pages suivantes : Château de la Mer à Saïda

© Editions Olizane, 2011
LIBAN
Carte générale
N
0
50
100 km
Mer
Méditerranée
BEYROUTH
Tripoli
Cheïkh
Zennâd
El Aabdé
El Aabdoûdîye
Aarida
Nahr el-Kebir
Lac de
Qattina
Qoubaiyat
Halba
Mishmish
El Qasr
Nahr Assi
Qarhaïya
Es Souaîdîye
Hermel
Zghorta
Bqarsoûna
Enfé
El Qâa
Amioun
3088
Ouâdi Faara
Batroûn
Bcharré
Onat
2346
Aïnâta
Tartej
Taoufiqîye
Jbeil
(Byblos)
Maqné
1863
Yahchoûch
Boudaï
1780
El Bouâr
Faraya
Baalbek
Jôunieh
Târaya
Aajaltoun
Mt Sannine
2628
Nahr el Litani
En Nabi
Chbât
Jdaïdeh
Mrouj
Broummana
Maaraboûn
Zahlé
Rayak
Baabda
Aaley
Qabb
Eliâs
Aïn
Zhalta
Damour
Beit ed
Dine
El Masnaa
As Saadîyât
En Nabi Yoûnés
Chhime
Joub
Jannine
Saïda
Jezzine
Lac de
Qaraoun
1713
1700
Dahr
el Ahmar
Rachaïya
DAMAS
Mazraat
Khaïzarne
Jarjoûaa
Zeftâ
Nahr el Litani
Hasbaïya
Aadloun
Nabatiyeh
Marjayoun
Srîfa
Tyr
Aadaïssé
Ghajar
Tebnine
Naqoura
Bent
Jbaïl
ISRAËL
Mont Liban
La Bekaa
Anti-Liban
Mont-Hermon
SYRIE
autoroute
route principale
route secondaire
petite route
ville, agglomération
rivière
plage
port
aéroport international
aéroport
poste frontière
2628
sommet (altitude)

INFORMATIONS PRATIQUES

Si le Liban a retrouvé progressivement ses touristes, il reste que trois décennies de guerres, d'instabilité chronique et de troubles divers ont rendu la destination problématique. La reconstruction va certes bon train, surtout à Beyrouth. Certaines régions toutefois, notamment le sud, mais aussi dans la banlieue de la capitale, sont encore très marquées par la longue période de conflit. D'autant que l'aviation israélienne a encore massivement bombardé le pays en 2006, ajoutant aux morts et aux destructions une gigantesque marée noire ! Les Libanais cependant ont repris eux-mêmes les choses en main, s'organisant localement pour nettoyer, aménager et sauvegarder le patrimoine naturel et culturel (l'Etat, miné par la corruption et les luttes de clans, reste dramatiquement déficient).

Ainsi le Liban est-il un pays qui bouge très vite, parfois pour le pire (rivalités politiques, tensions sociales, règlements de comptes et assassinats, urbanisme saccageur, etc.), parfois pour le meilleur: une extraordinaire capacité d'adaptation, l'ouverture et l'accueil des touristes, une créativité débordante, la mobilisation grandissante en faveur d'un développement durable. Pour certaines d'entre elles, les informations qui suivent sont susceptibles de modifications assez rapides, notamment en ce qui concerne les formalités (visa), les déplacements (à l'aune des tensions intérieures et régionales) et le cours de la monnaie (fortes et brutales variations).

COMMENT SE RENDRE AU LIBAN

Il existe plusieurs moyens pour se rendre au Liban, le plus simple et le plus rapide restant évidemment le transport aérien. Certaines compagnies assurent des vols directs quotidiens au départ de l'Europe – la **MEA** bien sûr (*Middle East Airlines*), la compagnie nationale créée en 1945, qui a «avalé» Air Liban en 1963, **Air France**, **Swiss** et encore **Lufthansa** – ou avec escale, comme par exemple **Cyprus Airways**, la compagnie chypriote. De Chypre justement (Larnaka), on pouvait relier le port de Jounieh par ferryboat. Une formule tout à la fois *douce* (une approche des côtes libanaises comme l'ont vécue les voyageurs de l'ère romantique) et économique, qui permettait en outre de coupler agréablement un séjour au Liban et à Chypre, l'autre «pays des cèdres». Cependant, ces dernières années, les interruptions ont été nombreuses, au point de se demander si ce mode de transport allait disparaître. Début 2011, la liaison n'était pas assurée. Il conviendra donc de s'informer. Par la route enfin (4500 km au départ de Paris), il faut transiter par la Turquie et la Syrie (dans ce cas, se procurer son visa pour le Liban avant le départ et se renseigner auprès des services consulaires syriens).

AGENCES DE VOYAGES

EN FRANCE

Clio
34, rue du Hameau, 75015 Paris
tél. 0826 10 10 82 (0,15 € la minute)
www.clio.fr

Explorator
1, rue Gabriel Laumain, 75010 Paris
tél. 01 53 45 85 85, www.explo.com

Litour (Havas Voyages)
9 avenue de l'Opéra, 75001 Paris
tél. 01 44 86 08 80, www.litour.com

Maison des Orientalistes
76, rue Bonaparte, 75006 Paris
tél. 01 56 81 38 38
www.orientalistes.com

monliban.com
135, bd Haussmann, 75008 Paris
tél. 01 53 43 70 44, www.monliban.com

Orients
27, rue des Boulangers, 75005 Paris
tél. 01 40 51 10 40, www.orients.com

STI Voyages (Sakartours)
16, rue Brunel, 75017 Paris
tél. 01 55 37 23 45, www.stivoyages.fr

EN SUISSE

Géo-Découverte
12-14, rue du Cendrier, 1201 Genève
tél. 022 716 30 00, www.tourorient.ch

Planète Bleue
44, rue de Lausanne, 1201 Genève
tél. 022 906 40 10, www.planete-bleue.ch

Tourorient
11, rue du Mont-Blanc, 1201 Genève
tél. 022 909 12 12, www.tourorient.ch

EN BELGIQUE

Condor International
112-114, bd Adolphe Max,
1000 Bruxelles, tél. (2) 223 14 14,
www.econdor.be / www.condorsa.com

Trans-Orient
171, rue Edith Cavel, 1180 Bruxelles
tél. (2) 375 15 60, www.transorient.be

AGENCES AU LIBAN

Adonis Travel and Tourism
PO Box 156, Jbeil
tél. (+961) (9) 949 599,
www.adonistravel.com

Klat Travel
Adib Ishak Street, PO Box 16-5023,
Achrafiyeh, Beyrouth
tél. (+961) (1) 200 315

Kurban Tours
KTS Tourisme Voyages
Sioufi Garden, Achrafiyeh, Beyrouth
PO Box 11-1954 Beyrouth
tél. (+961) (1) 368 958,
www.kurbantours.com
tél. à Paris 01 42 68 68 16

Nakhal & Cie
Avenue Sami El-Solh
Immeuble Ghorayeb, Beyrouth
tél. (+961) (1) 389 389
www.nakhal.com

Skyways
Sin El-Fil Blvd., Rahme Center
PO Box 55-339, Beyrouth
tél. (+961) (1) 510 185

VISA ET FORMALITÉS DE DOUANE

Pour entrer au Liban il faut un **visa touristique** (durée un mois, prolongation possible jusqu'à trois mois), délivré gratuitement à l'arrivée (sauf entrée par la Syrie : se procurer le visa avant le départ). Il est toutefois nécessaire de fournir une **adresse complète** sur place, d'un hôtel ou d'un particulier. Attention ! le passeport doit être valable au moins trois mois après la fin du séjour et ne comporter aucun tampon israélien. Pour ceux qui veulent passer par Damas, ou au contraire se rendre en Syrie à partir du Liban, il faut également contacter les services consulaires syriens (aucun visa pour la Syrie ne peut être obtenu au Liban).

FRANCE

Ambassade du Liban
3, Villa Copernic, 75016 Paris
tél. 01 40 67 75 75, fax 01 40 67 16 42
www.ambassadeliban.fr

Section consulaire
123 avenue de Malakoff , 75116 Paris
tél. 01 40 67 26 36, fax 01 40 67 26 27

Office du tourisme
142, rue du Faubg-St-Honoré , 75008 Paris
tél. 01 43 59 10 36, fax 01 43 59 11 99
www.lebanon-tourism.gov.lb

SUISSE

Ambassade du Liban
10, Thunstrasse, 3074 Muri
tél. 031 950 65 65, fax 031 950 65 66

Mission du Liban auprès de l'ONU
28, Parc des Mayens,
1218 Le Grand-Saconnex, Genève
tél. 022 791 85 85, fax 022 791 85 80

BELGIQUE

Ambassade du Liban
2, rue Guillaume-Stocq, 1050 Bruxelles
tél. (2) 645 77 65, fax (2) 645 77 69

CANADA

Ambassade du Liban
640 Lyon Street
K1S 3Z5, Ottawa (Ontario)
tél. (613) 236 5825, fax (613) 232 1609
http ://lebanonembassy.ca/fr

LIBAN

Ambassade de France
Rue de Damas, Espace des Lettres
Ras El-Nabaa, Beyrouth
tél. (+961) (1) 420 000
fax (+961) (1) 420 013
www.ambafrance-lb.org

Ambassade de Suisse
Immeuble Bourj Al-Ghazal
Avenue Fouad Chéhab, Achrafieh
Adresse postale :
Riad Al Solh, BP 11-172
1107 2020 Beyrouth
tél. (+961) (1) 324 129
fax (+961) (1) 324 167
www.eda.admin.ch/beirut

Ambassade de Belgique
Bâtiment Lazarieh Bloc A, 10e ét.
Rue Emir Béchir, Beyrouth
BP 11-1600 Beyrouth
tél (+961) (0)1 976 001
fax (+961) (0)1 976 007
www.diplomatie.be/beirut

Ambassade du Canada
1er étage, Immeuble Coolrite
43 Autoroute Jal El Dib
Adresse postale :
BP 60163 Jal El Dib
tél. (+961) (4) 713 900
fax (+961) (4) 710 595
www.canadainternational.gc.ca/lebanon-liban

COMPAGNIES AÉRIENNES AU LIBAN

Mea Middle East Airlines
Head Office - P.O.Box : 206
BRHIA Airport Road, Code 0111, Beyrouth
tél. (+961) (1) 629 999
fax (+961) (1) 623 195

Alitalia
Service clientèle, UVBEY
Rome Street Liberty Tower Building
8th Floor, Hamra, Beyrouth
tél. (+961) (1) 754 883

Air France
170, Saad Zaghloul street -Foch
BP 11/1243, Beyrouth
tél. (+961) (1) 977 977
fax (+961) (1) 977 970

Lufthansa
City Office, Gefinor Center
Bock B, 10th Floor, Beyrouth
tél. (+961) (1) 347 007
fax (+961) (1) 349 001

CARTES ET PLANS

On se procure aisément des **cartes** du Liban (routières et/ou touristiques), avant le départ ou sur place (en librairies et centres commerciaux de type *ABC*). On mentionnera la carte *Lebanon & Beirut* au 1:190 000 (*International Travel Map* 2011), récente et précise, disponible en Europe. Pour information, le Ministère du tourisme (immeuble sur la rue Hamra) diffuse gratuitement une carte (*Tourist map* au 1:333 000), insuffisante comme carte routière mais de bonne facture et assez détaillée, qui indique entre autres les limites des *mohafazah* (régions administratives) et les sites touristiques.

Pour ce qui est des **plans urbains**, on peut se procurer avant le départ *Beirut, city map and guide* au 1:10 000 (Geo Projects 2011) et sur place *Beirut Downtown* au 1:6000 ainsi que la *Minimap* (centre historique) au 1:3200. Les hôtels offrent à leurs clients un plan de bonne qualité, suffisant pour une promenade simple. A savoir aussi que pour les passionnés de la capitale libanaise, les éditions Zawarib ont mis en vente (15 000 LL) un atlas illustré et très détaillé de Beyrouth – *Greater Beirut Atlas/From Dbayeh to Dahyeh* («de Dbaiyeh, au nord de Beyrouth, jusqu'à la *dahyeh*, la banlieue sud») – qui indexe tous les noms de rues ! Il est par contre plus difficile de se procurer les plans des autres villes, introuvables à l'Office du tourisme (Ministère) et en librairie à Beyrouth. Se renseigner sur place. On conseillera enfin de se munir d'une **boussole**, moins pour se diriger dans le pays (même si en ville elle peut éviter de partir à contresens ou de «tourner en rond») que pour s'orienter sur les sites archéologiques (par la même occasion, penser à se munir d'une lampe de poche).

Une table de *mezzé*: à l'arrière-plan, salade d'artichaut, huile d'olive, *ftayer, labné, mtabal*; à l'avant-plan, *kebbé, homos, labné*

ARGENT ET DÉPENSES

Les Libanais ont toujours été très fiers de leur monnaie, la **livre libanaise** (LL sur place; LBP, *Lebanese pound*, sur le marché des changes). En 1975, le taux officiel était de 2,5 LBP pour 1 US$. Jusqu'en 1985, soit tout de même après dix années de guerre, elle s'est fort bien maintenue, aux alentours de 10 LBP pour 1 US$. Du coup, en 1998, son effondrement a été ressenti comme une catastrophe supplémentaire: huit ans après la fin du conflit, il fallait environ 1300 LBP pour obtenir un dollar! A partir de là, l'économie libanaise s'est progressivement «dollarisée», au point qu'aujourd'hui on ne fait plus vraiment la distinction entre les deux unités monétaires. C'est ainsi que les billets libanais (d'une valeur de 100 000, 50 000, 20 000, 10 000, 5000 et 1000 LBP) sont mélangés aux *billets verts*. Reste ensuite à faire soi-même le tri et la parité (en avril 2011, 1 US$ = 1502 LBP). Il faut donc jongler, sachant que la monnaie est rendue indistinctement en livres ou en dollars, tandis que les factures sont généralement éditées elles aussi dans les deux monnaies. Quant à l'euro et au franc suisse, à la même période, le change était respectivement de: 1€ = 2195 LBP / 1 CHF = 1712 LBP.

Le **change** peut s'effectuer indistinctement dans les banques, les hôtels et auprès des «changeurs» de rue, notamment à Hamra (comparer les taux proposés). Des pièces circulent encore (500 et 250 *piastres*, une demie et un quart de livre libanaise); elles sont jolies à conserver comme souvenirs.

Les **cartes de crédit** sont acceptées dans de nombreux endroits (se souvenir toutefois qu'une taxe est prélevée sur les transactions), et l'on peut retirer de l'argent dans les distributeurs.

Concernant le **coût de la vie**, les choses sont très contrastées. L'hôtellerie et la restauration vont en effet de la chambre de standing à l'hébergement simplissime, du restaurant gastronomique au snack de quartier. Entre les deux, évidemment, des écarts de prix considérables: entre 200 et 300€ la nuit d'un côté, 20€ de l'autre (mais néanmoins proche du centre ville); 40€ le repas par personne d'un côté, 5€ de l'autre (pour une nourriture goûteuse). Entre les deux, une gamme très large, avec généralement l'assurance d'un service et de produits de qualité (les rubriques qui suivent fournissent des informations sur les prix).

EAU ET ÉLECTRICITÉ

On s'en doute, ces deux services ont subi de graves dommages pendant la guerre. En 1992, leur réhabilitation avait été chiffrée à environ 350 millions de dollars: 80 % des sources du pays étaient contaminées, les dix-huit usines de traitement de l'eau étaient toutes endommagées, et 10 % seulement des cent-vingt centres de chlorification fonctionnaient! Il convient de toute façon d'éviter de boire l'eau du robinet.

Côté électricité, EDL (*Electricité du Liban*) a fait de très gros efforts afin d'assurer au pays une alimentation soutenue et régulière. Toutefois, le niveau à peine imaginable des dégradations, auxquelles se sont ajoutés les violents bombardements israéliens de 2006 (entre autres la destruction de la centrale de Jiyeh), continuent d'avoir des répercussions, notamment dans les quartiers excentrés et les campagnes (les populations ont pieusement conservé les générateurs...) En 2010 encore, un Européen pouvait être surpris de la faiblesse de l'éclairage urbain, y compris dans le cœur de Beyrouth (attention où l'on met les pieds !), tandis que les coupures d'électricité étaient encore assez fréquentes. Aspects pratiques : courant alternatif 220 V et prises standards.

SANTÉ ET ENVIRONNEMENT

Là encore le Liban revient de (très) loin. La piètre qualité de l'eau et les coupures fréquentes d'électricité n'ont évidemment pas rendu la tâche facile en matière de santé publique. Pour autant, il n'a jamais manqué de médecins et de pharmaciens. Pour le voyageur à jour avec ses vaccinations (penser aux rappels), le pays ne présente pas de risques majeurs. Les organismes internationaux mettent naturellement en garde contre la consommation d'eau du robinet et de légumes crus. Plus limités, les risques de rage et de typhoïde, ainsi que l'hépa-

Moment de détente : les hommes se retrouvent volontiers pour fumer le narguilé

tite, sont néanmoins signalés dans les zones reculées. Quant au VIH, faut-il encore rappeler les règles élémentaires d'hygiène ? On fera aussi attention lors de la fréquentation des plages publiques, qui sont généralement polluées et parfois souillées par des déchets potentiellement dangereux. La qualité de l'eau de mer est plus que mauvaise, d'autant que la marée noire de 2006 a laissé des traces ; on choisira donc la promenade plutôt que la baignade.

On l'a dit, hôpitaux, cabinets médicaux et pharmacies ne manquent pas. Pour les voyageurs individuels, il faut toutefois penser à vérifier avant le départ sa couverture soins et rapatriement.

L'environnement dans son ensemble a subi (et subit toujours) des agressions lourdes : pollution des cours d'eau et des nappes phréatiques (hydrocarbures, métaux lourds, substances chimiques...), de la Méditerranée (rejet des eaux usées, hydrocarbures, décharges sauvages...), de l'air (circulation dense, notamment à Beyrouth). Une fois encore, les années de guerre et d'abandon ont eu des répercussions dramatiques. Des efforts sont toutefois en cours, tant au niveau des services publiques que de la population. A ce propos, il faut saluer les nombreuses initiatives locales (nettoyage, écotourisme, valorisation du patrimoine, agriculture solidaire, etc.), dans une région où l'espace public est généralement peu respecté (voir notamment www.livelebanon.net). A cela s'ajoute le changement climatique, qui a pour principale conséquence la diminution du nombre des jours de pluie ainsi qu'une pollution atmosphérique accentuée en été.

TÉLÉCOMMUNICATIONS

Sachez qu'en 1993, un peu plus de la moitié des appels intérieurs et seulement 30 % des appels extérieurs aboutissaient... La guerre, encore et toujours. Mais dans ce domaine les choses ont bien changé. Le réseau de télécommunication s'est vite refait une santé, tandis que la téléphonie mobile a connu un développement spectaculaire (ici on dit *cellulaire*) : tous les opérateurs européens « passent », sauf dans quelques zones reculées ou d'altitude. Idem pour l'internet haut débit, accessible dans les hôtels et les cybercafés.

Pour ce qui concerne le courrier, les Libanais n'y ont de toute façon jamais beaucoup eu recours. Reste que l'on peut expédier des cartes postales comme on le ferait de n'importe où.

FÊTES LÉGALES ET JOURS FÉRIÉS

Fête nationale, le 22 novembre. 1er janvier et 1er mai. Les fêtes chrétiennes : dimanche et lundi de Pâques, Noël, Assomption. Les fêtes musulmanes (célébrées surtout dans les régions de peuplement sunnite et chi'ite) : le mois de Ramadan (qui avance chaque année de onze ou douze jours), suivi de l'*Aïd el Fitr* (jour de rupture du jeûne) et de l'*Aïd el Kébir* (la principale fête musulmane),

Mawlid (*Mouloud*, la naissance du Prophète), le Nouvel An (calendrier musulman dont l'An 1 – *Hégire* – correspond à la fuite de Mahomet à Médine en 622), l'*Achoura* (jeûne équivalent au *Yom Kippour*), dont les chi'ites* ont fait une période de « deuil ».

FUSEAU HORAIRE

En hiver le Liban est à GMT +2, en été à GMT +3, soit une heure de plus que les pays européens (respectivement à GMT +1 et GMT +2). Le changement d'heure s'effectue aux mêmes dates (les derniers dimanches d'octobre et de mars).

HÔTELS, RESTAURANTS, BARS

Quand s'engagea la *bataille des grands hôtels* à Beyrouth, en 1976, ce fut toute la fierté d'un pays très touristique qui s'effondra. La majeure partie des installations touristiques furent endommagées par la guerre, notamment la plupart des hôtels de la capitale. En 1991, on ne dénombrait plus que 40 % des chambres disponibles seize ans auparavant. Ceci étant, le dynamisme légendaire des Libanais allait faire des merveilles. Aujourd'hui le **parc hôtelier** est à la fois dense et divers, même si c'est surtout l'offre haut de gamme qui domine (voir p. 296). Ces dernières années s'est aussi développé l'hébergement rural et le camping dans les réserves naturelles, par exemple dans celle du Chouf (www.shoufcedar.org). Se renseigner auprès du Ministère du tourisme.

Côté **restaurant**, il n'y a que l'embarras du choix : restaurants traditionnels, snacks, sandwicheries, pizzerias ou bars à *sushi*, il y a en a pour tous les goûts et toutes les bourses. On rappellera ici que les habitudes libanaises sont évidemment très *orientales*: on déjeune et on dîne assez tard, en moyenne une à deux heures plus tard qu'en France. Le repas du soir est le plus sophistiqué, c'est notamment l'occasion de prendre son temps et de déguster des *mezzé*, puis de poursuivre la soirée en chantant et en dansant. Les snacks proposent d'excellents sandwichs à la mode levantine, faits de pain moelleux garni des délicieuses préparations que recèle la cuisine libanaise.

Pour ce qui est des **bars**, là aussi l'offre est grande. Le Liban a toujours été (et reste) le seul pays arabe à connaître une vie nocturne digne de ce nom. Les années 1990 ont vu une explosion des lieux alternatifs ou branchés, dont la réputation a parfois franchi les frontières (Beyrouth est devenu une étape obligée pour les DJs en vue). Les alcools et les cocktails, assez généreux, ne sont en général pas hors de prix : (en 2010), un double *Jack Daniels* coûte 10 000 LL, soit environ 6 € ; un *arak* ou une *Almaza* (la très bonne bière locale), 5000-6000 LL dans un bar nocturne ; le café, environ 4000 LL dans un lieu touristique (sinon autour de 1000 LL). Un plat libanais dans un snack d'Hamra, entre 6000 et 8000 LL (éviter si possible les cafés et les restaurants du centre ville, très chers).

Salines près d'Enfé

DÉPLACEMENTS À L'INTÉRIEUR DU PAYS

Pour se déplacer au Liban, il n'y a que la route. Le **réseau routier** libanais a évidemment beaucoup souffert de la guerre civile, et récemment encore des raids israéliens de 2006, dont les séquelles étaient toujours visibles au sud en 2010. Les nombreux chantiers en cours occasionnent inévitablement de grosses difficultés de circulation (l'amélioration du réseau routier est l'une des priorités des députés et de la municipalité de Beyrouth).

Les règles de conduite par contre n'ont rien à voir avec la situation politico-militaire ou l'état du réseau: on conduit ici beaucoup «au feeling», pas nécessairement de manière volontairement dangereuse, mais plutôt curieuse (pas ou peu de respect de la priorité, circulation à contresens, etc.). Quant à la conduite de nuit, notamment hors agglomération, elle est déconseillée. Une autre difficulté réside dans la rareté des indications, hormis sur les grands axes.

L'avantage par contre est le (faible) **prix des carburants**: 0,35 LL le litre de SP98 et 0,25 LL le litre de gasoil (en 2010), soit environ 0,22 € et 0,16 € – ce qui explique peut-être que le pays compte en moyenne 2,5 véhicules par habitant! Il faut toutefois savoir que l'entrée ou la sortie des grandes villes, à commencer bien sûr par Beyrouth, constituent une véritable épreuve (affirmer que l'on peut passer du nord au sud du Liban «en 3 heures» relève du fantasme).

Côté **location**, aucun problème, toutes les enseignes internationales sont présentes, tandis que les loueurs locaux jouent les prix «cassés». Attention: pour conduire au Liban, il faut être en possession d'un **permis international** (valable trois ans), obtenu en France, en Suisse et en Belgique sur simple demande auprès des autorités compétentes (prévoir un délai). Au final on l'aura compris: les risques sont supérieurs aux avantages. Pourquoi alors ne pas profiter du savoir-faire des chauffeurs de taxis et de minibus, qui eux pour le coup savent se faufiler et trouver les «vrais» raccourcis?

TAXIS, TAXI-SERVICE, MINI- ET MICROBUS

Ni trains, ni trams, et peu de bus; les transports publics au Liban brillent par leur absence. Pour autant, il est aisé de se déplacer en ville comme dans l'ensemble du pays en ayant recours aux mêmes moyens de transport que les habitants. Ces dernières années, les **taxis** se sont développés. On entend par «taxis» les véhicules récents équipés de compteurs, qui prennent en charge le client d'un point à un autre selon un itinéraire direct (le taxi tel qu'on le connaît). A ceci près que le chauffeur «oublie» parfois le compteur, préférant négocier la course de gré à gré... Il faut alors avoir une idée assez précise de la distance et du prix que l'on est prêt à payer. Ces taxis sont de toute façon incontournables au départ de l'aéroport (compter un maximum de 20 US$ pour relier le centre ville).

Ensuite, le plus commode est de recourir aux **taxis-services** (on dit tout simplement *service*). C'est sans conteste le moyen de transport collectif le plus simple, le plus répandu et le moins onéreux. Ce sont généralement des voitures fatiguées (certaines Mercedes ont allègrement leurs 200 000 km), qui prennent le client là où il se trouve, dans la rue ou le long des routes. Moyennant un prix modique (en principe à partir de 1000 LL), il charge et décharge les personnes au gré des arrêts. On indique sa destination et l'on paye à l'avance. Attention toutefois, on pourra vous proposer l'option «taxi», dans ce cas vous paierez les cinq places (trois à l'arrière et... deux à l'avant). Pour trouver un *service*, pas besoin de chercher: les chauffeurs racolent à coups de klaxon! (ce qui est passablement agaçant quand on se promène). L'originalité de ce transport est que l'on n'est jamais seul et que l'on se promène beaucoup (le chauffeur fait de nombreux détours et cherche continuellement à remplir son véhicule). Et puis les prix n'ont rien à voir avec le prix des taxis: à titre d'exemple, un trajet place des Martyrs – Musée national, soit environ 2,5 km, revient à 1000-1500 LL (maximum 2000 LL) avec un *service*, au minimum à 5 US$ en taxi, c'est-à-dire entre cinq et sept fois plus cher (le rapport est plus souvent de 1 à 10).

Encore moins cher, il existe les **minibus** et les **microbus** (*minis* et *micros*). Sur le même principe que les *services*, ils emmènent entre dix et vingt personnes (voire plus), pour un coût encore moindre (centre ville – Dora, soit environ 6 km, pour 1000 LL). Pour en «attraper» un, le mieux est de marcher le long des grands axes dans la direction choisie (demander alors confirmation au chauffeur). Ils sont idéals pour les liaisons urbaines: au départ de **Dora** (est de Beyrouth) pour aller vers le nord (Byblos, Batroûn, Tripoli), de **Cola** (Mazraa) pour la Bekaa, le sud et la Syrie.

En combinant *services*, *minis* et *micros*, on peut aller partout au Liban, y compris dans des lieux éloignés des grands axes, pour un coût modique.

Pour être complet, signalons que des **bus** desservent les grands centres urbains au départ de la **gare routière du port de Beyrouth**, avenue Charles Hélou.

BEYROUTH

« Ce qui nous frappe ici, ce sont les types humains. Sous ce rapport, la différence d'aspect entre la ville turque et la ville arabe est absolue. On retrouve partout, sous ces costumes variés et fantaisistes, avec quelques modifications de famille et de tribu, la haute et maigre stature, les muscles d'acier, le front large et saillant du Sémite. Voici les Druses noblement drapés dans leurs *abayes*, des cheiks damasquins, des Bédouins plus chétifs et sordides, des Grecs (on appelle improprement de ce nom en Syrie les Arabes de religion orthodoxe), des gens de la Montagne et du désert; mais l'élément maronite est celui qui domine dans le commerce.

Les musulmanes et les jeunes filles chrétiennes sont entièrement voilées, les mères de famille décolletées d'une façon qui, j'en appelle à tous les voyageurs en Syrie, n'offre rien d'attrayant. En traversant le quartier juif, nous rencontrons quelques jeunes filles d'une beauté caractéristique. Mieux que dans la hideuse juiverie constantinopolitaine, ces femmes ont gardé avec une fidélité merveilleuse le galbe et l'expression de visage connus sous le nom de type juif; tel les plus anciens documents nous le font connaître, tel la tradition l'a fixé dans le modèles des vieux maîtres, tel je le retrouve ici: grands yeux, sombres et doux, ovale fin et mat, grâce impérieuse et sauvage; ainsi devait être Esther affrontant le jugement d'Assuérus.

A la tombée de la nuit, nous allons nous asseoir devant un petit café sur la grande place de Beyrouth: de nombreux oisifs, gens du peuple, moukres, chameliers, marchands, attendent comme des statues, le narghilé tout chargé à la main, le coucher du soleil. Nous sommes en Ramazan, le carême mahométan, et la loi sévère du prophète défend toute nourriture ainsi que le fumée du tabac avant la fin du jour. Le musulman observe rigoureusement ces prescriptions: tous les Orientaux, à quelque religion qu'ils appartiennent, sont les fidèles gardiens des

PHOTOGRAPHIE

Depuis la fin de la guerre, l'évacuation de la «zone de sécurité» et le départ des Syriens, les photographes respirent enfin au Liban. Les restrictions restent toutefois nombreuses. L'armée est en effet présente un peu partout, tandis que la paranoïa ambiante, notamment dans le centre de la capitale, fait de tout photographe un «espion» en puissance! Rester vigilant donc et ne pas insister (les gardes de sécurité de l'entreprise HAWK ont le regard sévère). Se souvenir aussi qu'on est en Orient et que les susceptibilités sont grandes, notamment en ce qui concerne les femmes. Concernant les lieux culturels, savoir que le Musée national n'autorise que les photos sans flash et que celui de l'AUB les prohibe.

pratiques extérieures et matérielles. Dès que le coup de canon libérateur a retenti, les pauvres croyants aspirent voluptueusement une bouffée de *tombéki*; même après ce jeûne de quatorze jours, le besoin de tabac est plus fort chez eux que celui de la nourriture.

Tandis que nous quittions le café au milieu d'un nuage de fumée digne des dieux d'Homère, un bon coche jaune, comme ceux de notre enfance, avec un conducteur qui sonnait de la trompe, déboucha sur la place: c'était la diligence de Damas, dont l'arrivée est l'événement quotidien de Beyrouth. Grâce à l'industrie de quelques Français, une excellente route, la meilleure de l'empire sans contredit, relie les deux grands centres de la Syrie; de confortables diligences font en quatorze heures le trajet de Beyrouth à Damas. Il est piquant de retrouver aux portes du désert les traditions perdues de Laffite et Caillard.

Tous ces jours-ci, nous avons parcouru la ville, visité les Pins, triste et monotone promenade où de longs pins écimés sortent seuls du sable rougeâtre, dormi le soir au bruit aimé de la mer déferlant contre les assises de la tour de Fakhr-ed-Din, organisé notre caravane, rendu visite à ces amis de quelques jours qui nous ont si cordialement accueilli à Beyrouth. La plupart des Maronites d'une certaine classe sont sortis du collège des Lazaristes à Antoura ou de nos écoles européennes; je ne saurais dire combien j'ai été charmé par leur distinction d'idées et de manières, par cet heureux mariage de la culture occidentale et de la noblesse naturelle aux races arabes.»

Vicomte de Vogüé, extrait de *Syrie-Palestine, Voyage aux pays du passé*, Plon, Paris 1876, cité par Jean-Claude Berchet, *Le voyage en Orient, Robert Laffont, 1985*

APERÇUS CULTURELS

de **A** (*Archéologie*) à **V** (*Vigne & Vin*)

En 1993 a été créé un **Ministère de la culture** (*Direction des Antiquités*, *Culture* et *Enseignement supérieur*), qui bénéficie théoriquement de plus de 2 % du budget de l'Etat (www.culture.gov.lb). La culture reste toutefois très dépendante de l'initiative privée.

ARCHÉOLOGIE A l'image de ses voisins, le sous-sol du Liban regorge de richesses archéologiques. Depuis la Préhistoire, toutes les cultures de la Méditerranée et de l'Orient se sont ici côtoyées, chevauchées, affrontées. Dans certains sites ont été exhumés des vestiges uniques et irremplaçables : ceux de l'époque phénicienne bien sûr – on pense notamment au sarcophage d'Ahiram, découvert à Byblos et sur lequel figure le plus ancien témoignage de notre alphabet, mais aussi au sanctuaire d'Echmoun, près de Saïda –, les joyaux de l'architecture sacrée antique – les dizaines de sanctuaires romains monumentaux, comme ceux de Baalbek, de Niha ou de Dakoué, dans un état de conservation parfois remarquable –, les vestiges de forteresses croisées (Byblos, Saïda, Tripoli...), ou encore des exemples de l'urbanisme arabe de l'ère 'Umayyade (Aanjar).

Activité florissante depuis le XIXe siècle (Renan inaugura la première *mission archéologique* en 1860, lors de l'intervention française), l'archéologie a aussi beaucoup souffert de la guerre. Le travail en effet fut souvent interrompu, tandis que les fouilles illégales ont parfois irrémédiablement détruit (au moins partiellement) des sites et fourni le marché clandestin en objets, mobiliers ou éléments d'architecture divers ; certains ont purement et simplement été dérobés dans les musées ou les édifices religieux. On oublie aussi trop souvent l'urbanisme sauvage, qui a parfois colonisé des espaces potentiellement riches en vestiges. Fort heureusement l'archéologie a retrouvé son rythme de croisière (nombreux chantiers et campagnes de fouilles), même si l'urbanisation galopante et incontrôlée demeure (à Beyrouth bien sûr, mais pas seulement) et que la conservation et la protection de certains sites posent problèmes.

Et puis il y a une controverse qui n'a pas fini de diviser les Libanais : les destructions causées par la guerre rentrent-elles *aussi* dans le champ de l'archéologie, à tout le moins de la protection du patrimoine ? Au fur et à mesure en effet que les bulldozers de *Solidere* (la société en charge de la reconstruction du centre de la capitale) rasent les ruines de guerre, on peut se demander quelle est la part de la nécessité (bâtir, sachant toutefois qu'il ne s'agit pas de « reloger »)

Pages précédentes : Plantation d'oliviers

et de la volonté manifeste des responsables politico-financiers d'imposer au Liban une sorte d'amnésie, sur fond d'effacement des «traces» embarrassantes (en langage policier on parle de *scènes du crime*...)

ART & ARCHITECTURE L'archéologie et la fièvre des collectionneurs ont permis au Liban de posséder des *trésors* issus de toutes les cultures méditerranéennes et proche-orientales. Des vases décorés de l'époque néolithique, à l'architecture mamelouke et ottomane, c'est non seulement la profusion, mais aussi l'originalité qui caractérisent le patrimoine artistique libanais. Certains toutefois ne manqueront pas de poser la question de l'existence, réelle ou supposée, d'un art spécifiquement «libanais», de l'expression d'un «génie national». Ici comme ailleurs, ce débat n'a pas lieu d'être, surtout à l'heure d'une *globalisation* qui fait voler en éclats ces appréciations étriquées et douteuses.

Du *génie*, les Libanais en ont, à coup sûr. Cela a commencé avec les Phéniciens, qui, bien qu'issus du creuset cananéen, n'en ont pas moins développé sur le littoral levantin, puis dans leurs colonies outre-mer (Carthage) une civilisation originale. Une civilisation qui s'est exprimée dans la manière de vivre, les cultes, ou encore la production artisanale, même si l'on peut sans craindre l'anachronisme parler d'une véritable «industrie» de la pourpre et du verre. Bien plus tard, certains traits de la spécificité libanaise se feront remarquer par exemple dans l'architecture traditionnelle, qui a puisé à des sources multiples, et reconnaissable à sa finesse et à ses lignes: les palais de Deïr el-Kamar, Beit ed-Dîne ou Moukhtara bien sûr, mais aussi les demeures plus sobres, elles aussi en pierre de taille, percées d'élégantes ouvertures en ogive et coiffées d'un toit de tuiles rouges. Fines et élancées en ville (certaines ont été admirablement restaurées – voir notamment à Beyrouth, où quartiers et rues sont signalés comme «traditionnels» par des panneaux) – elles sont plus rustiques et austères dans les villages de montagne.

On regrettera aujourd'hui un manque d'inspiration et de volontarisme, la reconstruction du centre ville de Beyrouth, qui aurait pu être un chantier novateur, étant à cet égard très décevante (on se souvient que la *Foire internationale de Tripoli*, réalisée entre 1968 et 1974, est l'œuvre de l'architecte brésilien Oscar Niemeyer). Ce sont plutôt des *designers* qui s'expriment aujourd'hui, des architectes d'intérieur, comme par exemple Bernard Khoury, le concepteur du fameux night-club beyrouthin *B018* (voir «Les quartiers Est», El-Karantina).

Dans le domaine des arts plastiques (et de la scène artistique en général), le Liban a beaucoup souffert de multiples handicaps, à commencer bien évidemment par un climat de violence, non seulement peu propice à la création (sauf à considérer la guerre comme un «catalyseur émotionnel»), mais aussi responsable de l'exil de nombre d'artistes. Reste que le mouvement avait été lancé de longue date (avant 1975), par les frères Basbous à Rachana (*Parc international des sculptures* en plein air, créé en 1994), le plasticien Sami Rifaï, le peintre Samir Khaddaje ou encore le peintre et sculpteur Hussein Madi, plusieurs fois

exposés au *Salon d'automne* du Musée Sursock à Beyrouth. Aujourd'hui, les galeries beyrouthines les plus connues (*Agial*, *Sfeir-Semler*, *Mogagab Karam* et *Janine Rubeiz*) exposent les artistes contemporains, qui ont toutefois du mal à être reconnus par un *establishment* frileux et assez conservateur. Voir aussi le prometteur BAC (*Beyrouth Art Center*), un centre d'art contemporain ouvert en 2009 (voir « Les quartiers Est », Gemmayzeh).

CINÉMA Le cinéma libanais, c'est une longue et riche histoire. Au lendemain de la guerre civile, les rares salles de cinéma encore ouvertes ne projetaient plus que des « films d'action » mettant aux prises baroudeurs virils, karatékas ultra-violents et *Rambo* de tous poils ! Cela ne signifiait pas que le cinéma libanais était mort, juste qu'il avait été contraint, lui aussi, au silence ou à l'exil.

Au printemps 1993, Jocelyne Saab, réalisatrice libanaise installée à Paris, organisait à l'*Institut du monde arabe* une manifestation intitulée « Beyrouth, mille et une images », une rétrospective du cinéma libanais entre1933 et 1980. Manifestation au cours de laquelle furent notamment projetés des films de Georges Nasser, le premier réalisateur à avoir rompu avec le modèle égyptien (*Le petit étranger*, 1958). 1993, ce fut aussi l'année du décès de Maroun Bagdadi, le réalisateur d'*Hors la vie* (1991), un film noir mais somptueux sur fond de guerre et d'enlèvement.

On s'en doute, de nombreuses réalisations (longs et courts métrages, reportages, installations vidéo) ont la guerre comme sujet central. Une violence « tribale », dont Bohran Alaouié, comme par un pressentiment aux horreurs qu'allait connaître le Pays des Cèdres, avait témoigné dans son documentaire *Kafr Kassem* (1974), le récit du massacre des habitants d'un village palestinien par les Israéliens en 1956. Bohran Alaouié (*La lettre du temps de guerre*, 1984), Jocelyne Saab (*Une vie suspendue*, 1985), Philippe Aractingi (*Vol libre au Liban*, 1990), Samir Habchi (*El-Aasar*, 1992), Randa Chahal Sabbagh (*Nos guerres imprudentes*, 1995) : ils ont tous mis en scène le conflit, la violence (la sauvagerie), la fracture confessionnelle, Beyrouth en ruine, les identités piégées par l'histoire, les rapports sociaux et les intérêts contradictoires. Un traumatisme qui a continué (et continue) d'alimenter la production cinématographique libanaise, comme par exemple *Dans les champs de bataille* (2004) de Danielle Arbid, *Je veux voir* (2007) et *Khiam* (2008) de Joana Hadjithomas, ou encore Hany Tamba, cette fois sous un angle humoristique, avec *Une chanson dans la tête* (2008).

La réalisatrice du moment s'appelle Nadine Labaki (*Caramel*, 2007), qui tournait en 2010 un long métrage au titre évocateur : *Et maintenant, on va où ?* Précisons encore que dans la « seule démocratie du monde arabe », ainsi que le Liban aime parfois à se présenter, les scenarii doivent être communiqués à la Sûreté nationale, qui les fait lire... à des experts religieux chrétiens et musulmans !

Enfin il existe un *Festival du film libanais*, qui se tient chaque année à Beyrouth (www.neabeyrouth.org). La IXe édition, en août 2010, fut l'occasion de mettre à l'honneur la jeune scène libanaise, avec Roy Arida (*La chaleur des autres ne réchauffe pas*, 2009), Sirine Fattouh (*Perdu/Gagné*, installation vidéo-photographique 2008) ou Rami Kodeih.

CUISINE On dit que la cuisine libanaise est l'une des meilleures du monde... Les Libanais ont en la matière hérité d'une tradition culinaire enrichie de toutes les finesses orientales. Qui ne connaît les savoureux ***mezzé***, ces hors-d'œuvre qui sont d'abord un régal pour les yeux ? A l'origine, il y a la culture ottomane et son raffinement légendaire. Du Levant jusqu'au Caucase, des siècles de domination turque ont en effet profondément imprégné les habitudes alimentaires : la cuisine, la pâtisserie, le café (*kahwa*), le thé *(chaï),* les boissons alcoolisées (le *raki* en Turquie, l'*ouzo* en Grèce, l'*arak* au Liban et en Syrie). Côté « plats », on ne compte pas moins d'une quarantaine de spécialités (on avance parfois des chiffres bien plus élevés), dont les « incontournables » que sont le *taboulé* (*tabouleh*, salade de persil, échalotes et tomates hachées, blé concassé), le *fattouch* (salade de légumes frais et pain arabe grillé), le *homos* (*houmous*, purée de pois chiches amalgamée à l'huile de sésame), le *mtabal* (*moutabal*, purée d'aubergines grillées et de sésame), le *baba ganoush* (caviar d'aubergines), le *foul* (fèves et pois chiches), le *kebbé* (viande d'agneau ou de veau hachée, assaisonnée et servie crue, frite ou grillée), le *labné* (*labneh*, fromage blanc), et puis les feuilles de vigne farcies, la cervelle d'agneau, le foie, etc.

Les **viandes** sont le plus souvent servies grillées (*kafta* et *chawarma*). Quant au **poisson**, on en mange d'excellents en bord de mer (la pollution de l'environnement marin laisse toutefois planer le doute sur la qualité). Tout cela bien évidemment accompagné de **pain libanais** (le *markouk*), une large crêpe cuite sur une tôle bombée sous laquelle est installé le foyer (le *saj*) et arrosé d'**eau minérale** *Sannine*, d'*arak*, de **bière** *Almaza* (toujours servie glacée) ou de **vin** (voir plus loin « Vigne & Vin »). Pour finir, les **pâtisseries** (*baklava*) ont aussi une réputation méritée et l'on conseillera d'essayer certaines spécialités, comme par exemple l'*ousmalliyé*, des filaments de semoule mariés à du fromage blanc. Les **glaces** et les **sorbets** sont ici une vieille tradition (on les signale à Tripoli dès le XVIIe siècle). Pourtant, ce que l'on trouve communément s'apparente le plus souvent à de la glace industrielle.

Il n'est pas possible ici de faire le tour complet de la table libanaise, d'autant que les spécialités régionales abondent (en montagne, la cuisine est plus « rustique »). Précisons que les restaurants ont l'habitude de servir le menu type, c'est-à-dire les *mezzé* puis la viande (les Libanais en sont de gros mangeurs). A vous de bien spécifier votre choix (les prix grimpent vite !), en demandant la carte (rarement présentée) ou en pointant vos envies. Pour les petites faims, les **sandwichs** et les **pizzas** locales sont d'un excellent rapport qualité-prix.

EDITION & MÉDIAS La tradition intellectuelle et l'esprit d'indépendance ont été des facteurs déterminants dans le développement de l'édition et de la presse au Liban. Certains remonteront aux époques les plus anciennes, lorsque les marchands de Byblos diffusaient une graphie qui devait faire fortune, l'alphabet, sur un support universel, le papyrus (*bublos* en grec). C'est néanmoins l'essor de l'imprimerie en caractères arabes, installée pour la première fois en 1733 au couvent Saint-Jean de Kounchara – un siècle auparavant, une presse en caractères syriaques avait été installée dans un autre couvent –, qui permit une large diffusion des ouvrages, puis de la presse (on dénombrait huit cents imprimeries au Liban en 1996 !). Au XIXe siècle, Gérard de Nerval, de passage au couvent d'Antoura, dans le Metn, découvrit fortuitement d'anciens numéros d'un journal intitulé *L'Ermite de la Montagne*, imprimé par les religieux ; preuve que le « virus de l'information » touchait même... les ermites. La *Nahda* (la « Renaissance », initiée en Egypte au début du XIXe siècle), ce grand mouvement intellectuel qui secoua l'Orient arabe et auquel le Liban prit une part active, favorisa l'explosion de l'édition. Depuis, le Pays des Cèdres fait figure d'espace privilégié, malgré les soubresauts de l'histoire et de la guerre. En outre, dans les années 1960 le pays accueillit un grand nombre de réfugiés politiques, notamment syriens. On compte aujourd'hui des dizaines de journaux et magazines papier et/ou électroniques, parmi lesquels un grand quotidien (***L'Orient-le-Jour***) et un hebdomadaire (***La Revue du Liban***) en langue

Taboulé, spécialité libanaise par excellence

française. On trouve aussi assez facilement la presse étrangère en librairie. Des **librairies** qui ont retrouvé le dynamisme d'antan et où l'on trouve toute la littérature libanaise et internationale, y compris les ouvrages polémiques ayant pour sujet la politique, la géopolitique, la guerre civile, les «affaires», etc., avec un grand choix d'ouvrage en français (entre autres adresses: *Antoine*, sur Hamra, *El-Bourg* (immeuble An-Nahar), et *Virgin Megastore*, place des Martyrs, ou encore la *Librairie internationale*, immeuble Gefinor, rue Clémenceau, quartier Hamra).

Quelques mots encore sur le ***Salon du livre francophone de Beyrouth***, organisé chaque année par le Syndicat des importateurs de livres, et qui se tient fin octobre au BIEL (*Beirut International Exhibition Leisure*, près du port). La XVIIe édition (2010) avait mis Albert Camus à l'honneur.

Côté audiovisuel, le PAL («paysage audiovisuel libanais») «explosa» en 1985, à la faveur de la décomposition de l'Etat. Les trois canaux «historiques» de *Télé-Liban* furent alors rapidement dépassés par une dizaine de chaînes pirates en 1990, une quarantaine en 1992, une soixantaine en 1993... auxquelles il fallait ajouter près de 200 stations radio! Ce furent les Forces libanaises* qui lancèrent le mouvement, d'abord avec la *LBC* puis avec *Canal 33*. Ensuite, tout le monde ou presque s'y mit: chefs de milices, financiers, ministres, dont le premier d'entre eux, Rafic Hariri (assassiné en 2005), propriétaire de *Futur TV* (le Hezbollah* quant à lui possède *Al Manar TV*). La loi sur les médias adoptée par l'Assemblée au printemps 1994 devait mettre un peu d'ordre dans le PAL, en limitant à une quarantaine le nombre de stations autorisées à émettre. Certains ont alors un peu facilement crié à la censure, ce qui a pu parfois être le cas... Néanmoins, on précisera que les trois quarts des «programmes» étaient (et demeurent) le plus souvent composés de spots publicitaires et de séries B.

LANGUE L'**arabe** est la langue officielle de la République libanaise depuis 1943. Le long intermède du Mandat*, ainsi qu'un fort mouvement migratoire et une tradition d'ouverture, ont favorisé le développement du **français** et de l'**anglais**, qui sont aujourd'hui les enjeux d'une polémique qui dépasse le cadre strictement linguistique. En effet, la francophonie fait les frais de l'offensive tous azimuts lancée par *Uncle Sam* (car c'est bien de l'*américain* qu'il s'agit, et non de la *langue de Shakespeare*). En outre les dirigeants de Damas, qui ont eu leur mot à dire au Pays des Cèdres, n'étaient pas mécontents du déclin (tout relatif) du français, qui symbolisait à leurs yeux l'étouffement du nationalisme syrien, mais aussi l'insupportable liberté de penser des intellectuels francophones!

Concernant la communication usuelle, il en est ici comme ailleurs: la maîtrise des langues étrangères dépend du niveau d'études. A ceci près que de nombreux Libanais ont eu accès très jeunes à l'enseignement du français et de l'anglais (les écoles chrétiennes dispensent l'enseignement en français). Et puis, la réputation (méritée) de «terre d'accueil» favorise grandement les contacts: de passage à Beit Meri, dans la montagne à l'est de Beyrouth, en 1843, Gérard de Nerval a eu toutes les peines à se défaire de cette hospitalité, qu'il jugeait envahissante. Alors qu'il refusait un rafraîchissement parce qu'il avait bu tout son soûl chez le *cheikh** du village, une jeune femme se précipita sur lui avec une cruche: *«Tourid leben?»* (tu veux du lait?); je ne pus refuser d'en boire, et j'allais tirer quelques pièces de ma ceinture, lorsque, sur le mouvement seul de ma main, on me fit des signes de refus très énergiques.»

Il n'y aurait, à vrai dire, pas beaucoup d'intérêt à donner un lexique très complet. Les quelques mots et expressions qui suivent ne sont là qu'à titre indicatif, afin que le visiteur ne soit pas trop démuni face à tant d'attention... En arrivant au Liban, inutile de chercher à passer inaperçu: on verra tout de suite que vous êtes un *ajnabi*, un étranger. En tant que tel, vous aurez naturellement droit à tous les égards: *Ahlan wa sahlan*, «salut et bienvenue», ou plus simplement *Mahraba* (bonjour), suivi du traditionnel *Kifak anta ?* (comment vas-tu ?); les plus religieux ajouteront quelque formule du type *Bismillah al rahman al rahim* («au nom de Dieu clément et miséricordieux»). Et puis il ne faut pas s'étonner si l'on donne facilement du *Habibi*, que l'on peut traduire par «mon ami» ou «mon chéri», selon le degré de familiarité de l'interlocuteur. Les remerciements s'expriment simplement: *Choukrane* (merci), ou encore *Islamo*. Si l'on partage un repas, *Sahtaïn* (bon appétit) est de rigueur. Enfin, la formule la plus usuelle et la plus facile pour prendre congé est *Allah maak* (que Dieu t'accompagne). Parmi les autres expressions de la vie courante, on peut retenir *Saba el kheir* (que le jour soit béni, soit «bonjour») et *Massa el kheir* (bonsoir), *Tfatdal* (s'il vous plaît, je vous prie), et puis bien sûr *naam* (oui) et *laa* (non). Sachez enfin que la plupart des phrases sont ponctuées de *yallah!* (allez!), comme par exemple *yallah bye!* (allez, salut! ciao!).

Pour terminer, voici une petite liste de mots qui vous permettront de vous situer dans **le temps** et dans **l'espace**: *el-ahade* («le premier», soit dimanche), *el-tneine* («le deuxième», lundi), *el-tlété* («le troisième», mardi), *el-arbaa* («le quatrième», mercredi), *el-khamise* («le cinquième», jeudi), el-joumaa (littéralement «l'assemblée», le jour de la prière collective, le vendredi), *el-sabète* (samedi). *El-bâreh* (hier) et *boukre* (demain).

Sur la route (*tarik*): *dahr* (un col), *derb* (un chemin), *jabal* (une montagne), *jisr* (un pont), *karÿat* (un village, mais on utilise plutôt *kfar*), *madinat* (la ville), *tell* (la colline).

L'architecture et l'urbanisme: *bâb* (la porte), *beit* (la maison), *borj* (la tour, aussi *majdel*), *deïr* (le couvent), *hosn* (le château fort), *jameh* (la mosquée), *khirbé* (la ruine), *knissé* (l'église), *khan* (le caravansérail, l'entrepôt), *mina* (le port), *qalaat* (la citadelle), *souk* (le marché, mais aussi une rue commerçante).

La nature: *aïn* (la source, aussi *nabaa*), *arz* (le cèdre), *bahr* (la mer), *birké* (l'étang ou le lac), *ghâb* (la forêt), *jeziré* (l'île), *joûn* (la baie), *moughara* (la caverne ou la grotte), *nahr* (la rivière, le fleuve), *sahel* (la plaine), *saha* (le désert), *wadi* (le ruisseau, le torrent).

Quant à la prononciation... Le *h* est toujours très aspiré (par exemple dans *marhaba*) et le *kh* guttural et raclé (comme pour la *jota* espagnole, qui en a hérité), les *r* sont roulés. Ceci étant, le pays est certes petit mais les accents n'en sont pas moins très marqués. Tendez l'oreille.

LITTÉRATURE Il n'est pas question de faire le tour complet de l'histoire de la littérature libanaise : en 1948, on recensait déjà plus de cinq cents auteurs de langue française ! Disons pour faire simple que le mouvement littéraire fut lancé dans la seconde moitié du XIXe siècle, et qu'au début du siècle suivant, il se fit l'écho du débat sur la *question nationale*. Parmi les grands noms de la littérature francophone, on retiendra ceux de K. T. Khaïrallah et de Chekri Ganem, tous deux installés à Paris aux alentours de 1900. De son côté, Gibran Khalil Gibran (1883-1931), qui émigra aux Etats-Unis, incarne la littérature libanaise de langue anglaise. Plus proche de nous, Charles Corm (1893-1963), qui fonda *La Revue phénicienne* en 1920, devint le chef de file d'une littérature *libaniste*, qui glorifie le passé phénicien. Dans son sillage ont émergé Hector Klat, Elie Tyane et Michel Chiha, une génération tout entière acquise à la culture française. La troisième génération, celle de l'indépendance, fut marquée par la personnalité des poètes Georges Schéhadé (1905-1989), Fouad Gabriel Naffah (1925-1983) et Salah Stétié, ainsi que des romanciers Vahé Katcha (1928-2003) et Andrée Chedid (1920-2011). La guerre civile enfin est venue bouleverser les manières de penser et d'écrire. Les poétesses Marcelle Haddad Achkar (*Papiers de guerre lasse*, 1981) et Nohad Salameh (*Passagère de la durée*, 2010), ou encore Elie Maakaroun (*Vers un Liban harmonieux*, 2009), expriment le désarroi, la souffrance et la honte. Quant à ceux qui ont longtemps refoulé, ils ont immanquablement été rattrapés par le traumatisme et les terribles questions existentielles qu'il a générées. Ainsi l'auteur à succès Amin Maalouf, lauréat du Prix Goncourt 1994 pour son roman *Le Rocher de Tanios*, publiait-il quatre ans plus tard *Les identités meurtrières*, un livre d'une transparente lucidité. Impossible aussi de ne pas mentionner Elias Khoury (*Un parfum de paradis*, 1992, *Le petit homme et la guerre*, 1995... *Le Coffre des secrets*, 2009) ou Sélim Nassib (*L'Homme assis*, 1991, *Fou de Beyrouth*, 1992... *Un soir à Beyrouth*, 2007) qui ont, chacun à leur manière, traduit par écrit les images fortes d'un Beyrouth populaire.

La littérature libanaise contemporaine est représentée par des auteurs de talent comme Anwar Accawi (*L'enfant de la Tour de la Lune*, 2010), les romancières Hoda Barakat (*Le laboureur des eaux*, 1999) et Imane Humaydane Younes (*Mûriers sauvages*, 2007), Wajdi Mouawad, auteur, metteur en scène et comédien surdoué né en 1968 (*Littoral*, *Forêts*, *Seuls... Un obus dans le cœur*, 2008), Rabee Jaber, né en 1972 (*Berytus, une ville sous terre*, 2005) ou encore Hyam Yared, poétesse et romancière née en 1975 (*L'armoire des ombres*, 2006). De nom-

Luthiers à l'ouvrage dans le village de Ras Baalbek

breuses femmes, parmi lesquelles deux «électrons libres», Salwa Al Neimi et Joumana Haddad. La première est syrienne, certes, mais son style et son audace la rangent aux côtés de la seconde, journaliste littéraire au quotidien libanais *An-Nahar*, auteure de poèmes et romancière, animatrice d'un magazine culturel en ligne (www.jasadmag.com). Toutes deux ont mis leurs qualités littéraires au service de la condition de la femme dans le monde arabo-musulman, par le biais notamment d'un sujet qui dérange: le sexe. Salwa Al Neimi fait de son héroïne une érudite de la littérature érotique arabe (*La preuve par le miel*, 2008), tandis que Joumana Haddad plonge la sienne dans le monde (parisien) de l'échangisme (*Les amants ne devraient porter que des mocassins*). En «tuant» Shéhérazade, la mythique princesse bavarde et voluptueuse des *Mille et Une Nuits* (Joumana Haddad) «revendique la liberté de dire pénis dans le monde arabe alors que des femmes sont torturées, violées, lapidées.» (www.iloubnan.info, novembre 2010).

MUSIQUE Comme dans tous les pays arabes, au Liban la musique est partout: dans la rue, chez les commerçants, dans les immeubles et les voitures. De la musique traditionnelle à la variété, toute la gamme des mélopées orientales y passe – et là comme ailleurs, il y a un peu tout et n'importe quoi! Mais c'est justement cet assemblage hétéroclite et très souvent inaudible (pour les Occidentaux), qui donne toute sa dimension à l'univers sonore proche-oriental. Les artistes sont nombreux et la notoriété de certains s'étend bien au-delà du Liban. Car c'est aussi l'une des caractéristiques de cette musique, que d'être appréciée dans l'ensemble de l'aire culturelle arabo-musulmane. Tout le monde connaît le succès planétaire de la *diva* égyptienne Om Kalsoum. Dans un registre plus moderne, la Libanaise Fairouz, adulée dans son pays, jouit elle aussi d'une réputation internationale. La liste des artistes est longue, des stars confirmées de la chanson que sont Majida El Roumi, Samira Tawfic et Ragheb Alama, à la jeune génération. Mais la scène musicale libanaise, ce ne sont pas que des artistes de variété (Fairouz elle-même s'exprime dans des genres différents, de l'oriental au jazz et à la comédie musicale). C'est aussi le *oud* de Marcel Khalife, le jazz-rock de Rabih Abou-Khalil, ou encore la musique sacrée chantée par la religieuse Marie Kayrouz. Au Liban même, outre les festivals, notamment le plus prestigieux, celui de Baalbek, on trouve aisément à écouter des chanteurs populaires, qui se produisent dans les restaurants et les boîtes.

SPORT On ne sera qu'à moitié étonné d'apprendre que les Libanais sont des passionnés... de football. Rien là de très original, si ce n'est que les balles et les ballons ne font en principe pas très bon ménage. La *Cité sportive* de Beyrouth fut dévastée par les Israéliens en 1982, anéantissant pour longtemps l'esprit d'équipe et la performance gratuite. Pourtant, des sportifs ont refusé la fatalité et ont continué à espérer dans un retour à des valeurs plus humanistes.

La fin de la guerre n'a toutefois pas supprimé d'un coup les vieilles haines: à Beyrouth-Ouest au début des années 1990, les matchs se déroulaient sous l'étroite surveillance de l'armée syrienne, les soldats faisant même parfois irruption sur le terrain pour calmer des joueurs trop nerveux! En mai 1992, après dix-sept années d'interruption, le championnat de volley-ball du Liban reprenait. La même année, aux Jeux Olympiques d'Albertville, le skieur Ernest Majdalani faisait bonne figure, en arrivant respectivement 57e et 58e du *géant* et du *super-géant*. On avait presque oublié que le Liban est un pays de montagnes et de montagnards! En plus du foot, du ski alpin et du volley, les athlètes libanais sont présents dans l'alpinisme, le basket-ball ou encore la course automobile.

Le touriste a la possibilité de fréquenter l'une des **six stations de sports d'hiver** du Liban, les pistes des *Cèdres* (la station de haute altitude) culminant à 3000 mètres! (détails sur www.skiliban.com). La montagne offre aussi de **nombreux itinéraires de randonnée** dans les parcs et réserves naturelles, à commencer par les forêts de cèdres de Bcharré et du Chouf, mais aussi dans la vallée de la Qadicha (deux sites pour plus d'informations: www.shoufcedar.org et www.lebanontrail.org).

Côté **sports aquatiques**, à noter que l'on pratique le canoë, le kayak et le rafting sur l'Oronte (www.assirafting.com). Reste la *Grande Bleue*, ses eaux turquoises et ses longues plages de sable fin... Malheureusement, cette image du Liban a totalement disparu ou presque. L'urbanisation et la pollution ont en effet dramatiquement défiguré et altéré le littoral libanais. Certes, il existe encore quelques portions de côtes, sinon «sauvages», du moins préservées, loin des centres urbains et des installations industrielles. En revanche, la **baignade** en mer est quasi impossible, à tout le moins déconseillée, du fait du grave niveau de pollution (hydrocarbures, produits chimiques, pollution organique, morceaux de métal et autres). Les plages elles-mêmes peuvent s'avérer problématiques, du fait de déchets multiples. Ainsi, ce que les dépliants touristiques et les sites internet appellent «plages» correspond en fait à des **plages privées**, des espaces payants, soit de «vraies» plages, nettoyées, entretenues, aménagées – mais alors la qualité de l'eau n'est évidemment pas assurée –, soit des *bains* (c'est le cas à Beyrouth) équipés de piscines. Quoi qu'il en soit, il n'y a que là que l'on peut espérer propreté, quiétude et liberté, notamment pour les femmes. Reste qu'au Liban on peut pratiquer à peu près tous les sports nautiques: motonautisme, scooter des mers, ski nautique, planche à voile, plongée (plusieurs clubs à Beyrouth, Jounieh, Enfé).

VIGNE & VIN «Le pays du lait, du miel... et du vin!» La région est en effet familière de la vigne depuis la Haute-Antiquité. Dans la Bible, Damas apparaît déjà comme un grand centre viticole: les vins d'*Helbon* ainsi que le fameux *Chalyton* sont même exportés. Intimement associé au principe de vie – dans la Genèse, le *Livre d'Hénoch* identifie l'arbre d'Eden comme un cep de vigne plutôt que comme un pommier, ce qui semble en effet plus logique –, le vin était très apprécié des Phéniciens, au point qu'ils en abreuvaient leurs morts au moyen de tuyaux... L'islam et les interdits coraniques sont toutefois venus contrarier une activité jusque-là très dynamique, réduisant même parfois les vignobles de façon drastique (les chrétiens, faut-il le rappeler, ont besoin de vin pour célébrer l'Eucharistie). Au Liban, c'est au XIXe siècle que redémarra la production, à l'initiative des Pères Jésuites de Ksara. Les relations de voyage font maintes fois mention de la grande qualité des vins libanais, préférés en général à ceux de Chypre. Le vignoble libanais profite des soins attentifs de producteurs soucieux de maintenir la tradition et la qualité. De la région de Chtaura sont issues trois appellations de renommée: le ***Ksara***, le ***Kefraya*** et le ***Domaine des Tourelles***, principalement des vins rouges. Il faut aussi mentionner le ***Château Musar***, produit à Ghâzir près de Jounieh, ainsi que le cru apprécié de ***Sebaal***, au Mont-Liban (à mi-chemin d'Ehden et de Zgortha). Le Liban produit aussi une délicieuse anisette locale, l'**arak**, assez proche de l'ouzo grec et du raki turc, comme eux consommée en apéritif ou en accompagnement de plats (attention! cet alcool titre allègrement ses 50° et plus). Dans la campagne autour de Zahlé, on repère très facilement à l'odeur les petites distilleries artisanales...

Distillerie à Menjez

GÉOGRAPHIE, ESPACE ET TERRITOIRE

Plus réduit qu'Israël (mais plus grand que la Palestine), le Liban est objectivement un petit pays. Si l'on ne s'en tient en effet qu'aux chiffres (10 452 km^2), le Pays des Cèdres fait figure de territoire plutôt exigu, presque entièrement «enveloppé» par l'immense voisin syrien. Toutefois, cette vision strictement cartographique a le tort d'ignorer l'extrême diversité du pays le plus contrasté de la région et, partant, le plus singulier : du littoral à l'Anti-Liban, de la plaine du Aakkar au Jabal Aamel, c'est une succession de paysages et de reliefs qui n'ont aucun équivalent dans la région. Sans tomber dans les clichés de la grande époque du tourisme (les années 1960-70), on dira en effet que l'on peut (théoriquement) passer rapidement des sommets enneigés du Mont-Liban aux eaux chaudes de la Méditerranée. Sauf que pour réaliser un tel exploit, il vous faudra braver les inextricables bouchons routiers, qui sont devenus l'une des plaies du Liban. Quant au plongeon dans la *Grande Bleue*, vous devrez sans doute vous contenter de la piscine d'une plage privée ! (Difficiles d'accès, généralement sales et polluées, les plages publiques n'invitent guère à la baignade.)

LES FRONTIÈRES

Le tracé de la frontière de «l'Etat du Grand-Liban» est un tracé colonial, arrêté par la France en 1920 et qui devint effectif en 1934. Déjà à cette époque, c'était un sentiment de confusion qui dominait, tant les litiges étaient nombreux. Libanais et Syriens faisaient en effet référence aux «frontières historiques et géographiques» et aux «frontières naturelles» pour justifier leurs *droits légitimes* sur telle ou telle portion de territoire. Soucieuse d'étouffer les revendications des nationalistes syriens, la France allait donner la préférence à un Grand Liban indépendant, au détriment d'une Syrie divisée en quatre Etats. Le tracé de la frontière avec la Palestine, sous mandat britannique, allait lui aussi donner lieu à des litiges et à de longues tractations. Il est ressorti de ce tracé qu'il fut à l'origine de bien des frustrations. Car pas plus au Liban qu'ailleurs il n'existait de «frontières naturelles», si ce n'était peut-être une certaine entité du Mont-Liban, moins géographique d'ailleurs que culturelle et politique. Il aura ainsi suffi que le vent de l'Histoire tourne, pour que prennent corps les multiples revendications territoriales des exigeants voisins du Liban : celles des Syriens évidemment, qui continuent de réclamer une «Grande Syrie» ; celles des Israé-

Le port de Byblos

liens ensuite, qui semblent n'avoir pas encore abandonné leur vision biblique de la « Terre promise » (*Eretz*) ; celles des Palestiniens aussi, soucieux de se ménager un « refuge » ; celles des fondamentalistes enfin, qui rêvent d'une « république islamique » sans frontières.

Depuis le retrait israélien du Sud-Liban, en 2000, la frontière entre les deux ennemis suit un tracé appelé *Ligne bleue*, qui résulte d'une délimitation faite par l'ONU. Un tracé imparfait puisqu'il prive le Liban d'un périmètre très fertile, les Fermes de Chebaa (40 km^2), qui se situent au tripoint des frontières libanaise, israélienne et syrienne. Ajoutons enfin que la *ligne bleue*, théoriquement surveillée par les contingents de la FINUL*, est presque quotidiennement violée par les Israéliens sous des prétextes plus ou moins fallacieux, voire «baroques» : en août 2010, en cherchant à déraciner des arbres (!) côté libanais, *Tsahal* a provoqué des échanges de tirs meurtriers.

LE PAYS DU LAIT ET DU MIEL

Le Liban est mentionné soixante-quinze fois dans la Bible ! Pour être précis, c'est de la montagne libanaise qu'il s'agit, mais parfois aussi de l'Anti-Liban et de la plaine de la Bekaa. Quand, dans le désert du Sinaï, Moïse s'adresse à Dieu, il le supplie de le mener sur le chemin de la *Terre promise*: « Que je puisse, de grâce, passer et voir le bon pays qui est au-delà du Jourdain, cette bonne montagne et le Liban » (Deutéronome III, 21-29). Dans Josué XI (16-22), il est fait mention de la cité cananéenne de Baal-Gad, « dans la vallée du Liban [la plaine de la Bekaa] sous le mont Hermon ». Plus loin, il est question des peuples « qui habitent la montagne du Liban », les Philistins, les Cananéens, les Sidoniens et les Hévéens, « depuis le mont Baal-Hermon jusqu'en direction de Hamath ». Il y est surtout question des multiples richesses que renferme le pays, et notamment les fameux cèdres, recherchés pour leur bois d'une qualité inégalée (le roi Salomon l'importa en quantité pour le temple qu'il fit bâtir à Jérusalem), mais aussi les parfums, le vin et le miel. Sans oublier la neige, dont le Liban (*Loubnan* en arabe, «blanc») pourrait tenir son nom : blancheur des sommets enneigés des monts Sannine (2628 m) et du Qornet es-Saouda (3083 m). Mais il pourrait aussi s'agir d'une autre blancheur, celle du *labné* par exemple (du lait caillé égoutté), sans doute l'une des plus anciennes spécialités culinaires au monde !

Dans tous les cas, le Liban est associé à la richesse et à la profusion. Ce sont d'abord les innombrables sources (*aïn*), qui font de la montagne libanaise le « château d'eau » du Levant. La Bible, encore elle, chante en effet la « fontaine des jardins, les puits d'eaux vives et les ondes qui descendent du Liban ». C'est aussi une activité pastorale qui remonte aux premiers âges de la domestication. Quant au miel, à l'instar du lait, auquel il est généralement associé, il symbolise à la fois la richesse, le raffinement et la douceur (il entre pour une bonne part dans les délices érotiques du *Cantique des Cantiques*). Reste que les Saintes Ecritures sont plutôt vagues en ce qui concerne l'étendue du Liban (Iahvé n'est manifestement pas un bon géomètre). Une lacune qui permit aux thuriféraires du «Grand Israël» de ne revendiquer rien moins que le Sud-Liban (Théodor Herzl l'évoque dès 1896 dans son livre *L'Etat juif*). C'est qu'au-delà des références bibliques, les nationalistes juifs ont bien compris l'importance stratégique d'une région riche en eau, des sources du Jourdain au fleuve Litani. De leur côté, les Syriens lorgnent sur la plaine de la Bekaa, véritable «grenier à blé» de l'Etat du Grand-Liban. Leur longue présence militaire (1976-2005) a pu aussi s'interpréter comme une tentative d'annexion à peine déguisée. Israël ou la Syrie, c'est une vieille histoire qui se répète inlassablement au Liban, celle de conquérants – Egyptiens, Babyloniens*, Assyriens*, Grecs, Romains, etc.) avides de s'emparer d'une terre regorgeant de richesses. A Tel Aviv et à Damas cependant (mais aussi à Téhéran et à Ryad), on devrait prendre le temps de méditer un oracle du prophète Habacuc qui, fustigeant le roi de Babylone Nabuchodonosor qui terrorisait alors le Liban, lui lança cet anathème: «car la violence faite au Liban retombera sur toi» (*Le Livre d'Habacuc*).

DE MER ET DE MONTAGNE

Le Liban, c'est d'abord une montagne qui tombe dans la mer. Une montagne d'autant plus impressionnante qu'elle surgit au moment où l'on s'y attend le moins. Au début du XXe siècle, Maurice Barrès entreprit le voyage vers le Levant sur la trace des croisés et des Romantiques: «Après trente-deux heures de navigation, ce matin, quand nous touchons Beyrouth, rien qu'un immense brouillard, épais, universel et tout chargé de pluie. Aucun Liban! Faut-il le chercher à droite, à gauche, au-dessus de nos têtes?» (*Une enquête aux pays du Levant*, 1923 – voir bibliographie). L'arrivée par la mer réserve bien des surprises au voyageur quand, après une nuit de navigation en provenance de Chypre, il découvre la masse imposante du Mont-Liban. Ici comme ailleurs, le transport aérien a tué ce charme subtil du premier contact. La mer et la montagne sont l'essence même du Liban. Historiquement, le «Grand-Liban», qui inclut la plaine de la Bekaa et un versant de l'Anti-Liban, est une nouveauté. L'entité libanaise, personnifiée par ses émirs, a en effet toujours été centrée sur le Mont-Liban, montagne-refuge pour les minorités persécutées. Les Libanais semblent d'ailleurs s'être réconciliés avec cette montagne qu'avaient un temps détrônée les Phéniciens, peuple tourné vers la mer. Il est vrai que la référence à l'Antiquité phénicienne avait l'immense avantage d'élargir l'espace mental d'une population confrontée à une grave crise identitaire. Ce furent notamment les émigrés qui perpétuèrent l'image du Libanais voyageur et commerçant «par nature», légitimant ainsi un fort mouvement migratoire aux origines moins «nobles». Depuis la fin de la guerre civile, les racines montagnardes ont,

Les arbres de Dieu

A lui seul, le cèdre incarne l'esprit et l'histoire du Liban. Mentionné maintes fois dans la Bible, qualifié par Lamartine de « monument naturel le plus célèbre de l'univers », il en est tout naturellement devenu l'emblème national en 1943, lorsque le pays a accédé à l'indépendance. Pendant les années de guerre civile, il a symbolisé les souffrances et les espoirs de toute une population : arraché, tronçonné, décapité, brûlé – ou au contraire « renaissant » –, il fut pour le Liban ce que l'olivier fut pour Athènes.

Fascinés tout autant que les peuples de l'Antiquité par ce « monument » exceptionnel, les Arabes l'ont baptisé *arz er-Rab*, « le cèdre de Dieu ». Sa puissance naturelle, son extraordinaire longévité (il existerait encore quelques spécimens authentiquement millénaires) lui ont en effet conféré des vertus qui dépassent largement le strict cadre de la botanique. Il faut néanmoins savoir qu'il y a de « vrais » et de « faux » cèdres, certaines essences jouant les imitations ! Il y a une dizaine d'années, le mètre cube de bois précieux se négociait autour de 3000 dollars, de quoi évidemment aiguiser les appétits et donner des idées aux braconniers. Ces arbres sont aujourd'hui l'objet non seulement d'une véritable vénération, mais aussi d'un programme de protection et de développement (voir notamment www.shoufcedar.org).

Quelques mots enfin sur les « cèdres-voyageurs », métaphore de l'émigré libanais. On a identifié le plus ancien au Jardin des Plantes, à Paris, un *Cedrus libanicus* planté en 1734 par le botaniste Bernard de Jussieu. Plus discret, mais surtout beaucoup plus jeune, un beau spécimen s'est épanoui non loin de là, dans un petit square de l'île Saint-Louis. Une plaque nous apprend qu'il fut mis en terre en 1993 conjointement par Jacques Chirac, alors maire de Paris, et Rafic Hariri, premier ministre... du Pays des Cèdres.

semble-t-il, retrouvé quelques vertus, quand le pèlerinage aux sources de la spiritualité levantine emprunte les «sentiers sacrés du Liban». Oubliez Beyrouth, Tripoli, Saïda et Tyr; plongez-vous dans la beauté sauvage de la vallée de la Qadicha; ressourcez-vous dans le saint des saints du *génie national*! (Le poète national, Khalil Gibran, n'est-il pas né à Bcharré, à 1400 m d'altitude?)

Le Mont-Liban, c'est une grande arête orientée nord-sud, parallèle au littoral, qui s'allonge sur plus d'une centaine de kilomètres, et large au maximum d'une trentaine. La masse la plus imposante est constituée par la chaîne s'étendant du Aakkar à Zahlé. La route internationale Beyrouth-Damas profite d'ailleurs d'une dépression entre le Jabal el-Knissé et le Jabal el-Barouk pour franchir cet obstacle naturel. Avec ses 3083 m, le Qornet es-Saouda est le point culminant du Liban. C'est là que prennent naissance de nombreux cours d'eau, et il n'est d'ailleurs pas rare d'y trouver de la neige en plein mois d'août! Au sud de la route internationale s'étend la montagne du Chouf. Moins élevée qu'au nord (les altitudes dépassent rarement les 1500 m), cette montagne se singularise avant tout par son peuplement mixte chrétien et druze, même si la guerre a fait s'entredéchirer ces deux communautés, jusqu'à la quasi-élimination de la présence chrétienne. Si le Mont-Liban proprement dit constitue le noyau historique du Liban, le Chouf quant à lui personnifie l'indépendance politique du pays. Y sont en effet concentrés les palais des émirs, notamment à Beit ed-Dîne, que Béchir II choisit comme capitale au début du XIXe siècle.

L'unité de la montagne libanaise, c'est d'abord sa richesse naturelle, notamment sur son versant occidental, la région la plus arrosée du Proche-Orient. Il y règne un climat méditerranéen humide, propice à la forêt et à l'arbre fruitier. C'est l'espace de prédilection du cèdre (*arz* en arabe), cet arbre tellement attaché à la terre libanaise que le pays fraîchement indépendant en fit son emblème national. Et pourtant, il se fait rare, cet «arbre de Dieu» que les Anciens disaient planté par Iahvé en personne! Dès la Haute-Antiquité, on se l'arrachait à prix d'or, les Egyptiens pour leur flotte et le roi Salomon pour son temple sur la colline de Sion. Les fameuses forêts de cèdres ont laissé place à des bois plus ou moins fournis, disséminés dans la montagne à Bcharré, Arz Tannourine et au Jabal Qaraqif (Mont-Liban), ainsi que dans le Jabal el-Barouk (Chouf). Ces dernières années toutefois, les autorités et les associations de protection de la nature ont pris les choses en main (voir encadré ci-contre), afin d'éviter que le cèdre ne soit plus qu'un souvenir ou juste une image sur un drapeau et les étiquettes des bouteilles d'arak...

L'autre originalité de la montagne libanaise, c'est bien sûr l'eau. Dans ce Proche-Orient qui en manque cruellement, le Liban fait figure d'espace privilégié. On ne compte plus les sources (*aïn*), à l'origine d'innombrables torrents (*wadi*), qui vont grossir rivières et fleuves (*nahr*). L'eau, partout ou presque, c'est la grande surprise du voyage libanais! Certes, l'Egypte a le Nil et la Palestine le Jourdain. Mais rien dans la région n'est comparable à ce réseau hydrographique exceptionnel, formé du Nahr Qadicha, du Nahr Ibrahim, du Zahrani, du Litani et de l'Oronte, pour ne citer que les plus importants. Une richesse naturelle abondante, qui n'est toutefois pas à l'abri de l'urbanisation galopante et de l'anarchie ambiante. La guerre a bien évidemment accéléré l'altération de cours d'eau-dépotoirs, alors aussi peu respectés que les individus. Arrivées sur le littoral ou dans les vallées, les rivières ont du mal à se frayer un passage au milieu des détritus industriels ou ménagers, et rejoignent des plages déjà souillées par une pollution dramatique. En 1991, la vision du Nahr Qadicha à Tripoli était assez effrayante, tout comme l'était celle du Nahr Beyrouth, devenu un égout à ciel ouvert ! La décennie 2000 a donné lieu à des études, qui n'ont pu que constater les dégâts : urbanisation galopante (doublée d'un phénomène récent de rurbanisation), rejet des eaux usées, concentration de produits dangereux, notamment engrais et pesticides, pollution des nappes phréatiques ; plus qu'une question d'esthétique (les paysages), il s'agit d'abord d'un problème de santé publique.

Il reste fort heureusement des paysages qui ont conservé un aspect originel, comme par exemple la vallée de l'Oronte (Nahr al-Aassi) dans le Hermel. Ce fleuve « capricieux » (*aassi*) – il est le seul à couler en direction du nord – offre au voyageur un grand moment d'émotion, lorsqu'il découvre sa vallée luxuriante et ses flots rafraîchissants au milieu d'un vrai désert ! Dans ces lieux préservés, les Libanais viennent chercher le calme et la détente, et on conseillera à ceux qui parcourent la région en été d'en faire autant... Les restaurants de plein air ont d'ailleurs su profiter de ce don de la nature, en s'installant le long des cours d'eau, ou carrément à leurs sources. L'autre montagne qui barre le pays à l'est, c'est l'Anti-Liban, le *Jabal al-Charqui* (« la montagne orientale »). Son aspect aride, austère, mais néanmoins grandiose, vient du fait qu'en stoppant les nuages, son « grand frère », le Mont-Liban, le prive d'importantes précipitations. Ce qui ne l'empêche pas de se couvrir lui aussi de neige en hiver. D'une altitude moyenne de 2300 mètres, cette chaîne annonce les espaces désertiques de l'hinterland arabe. Au sud, le Mont-Hermon a sauvé la mise en donnant naissance au Jourdain, le fleuve nourricier de la Palestine.

Et la mer, alors, la *Thalassa* des Grecs, la *Mare nostrum* des Latins ? Dès son arrivée au Liban, Maurice Barrès emprunta « le petit chemin de fer (qui) court le long du rivage phénicien ». On le constate, le chantre de « l'identité nationale » ne s'embarrassait pas trop de considérations historiques : le rivage ne pouvait être que *phénicien* ! Et il était vrai que pour lui, Tripoli, Beyrouth, Saïda et Tyr demeuraient d'abord des *cités phéniciennes*. Le commerce n'y était-il pas resté florissant, malgré les envahisseurs et les guerres, preuve que « l'âme phénicienne » continuait de hanter les lieux... Pourtant, on est bien en mal aujourd'hui de trouver trace sur le littoral libanais d'un passé glorieux et universel. Certes, les sites archéologiques sont là pour rappeler que les civilisations se sont succédé sur cette côte propice à la navigation et au commerce. Mais là encore

Pont naturel à Jisr el-Hajar, dans le Metn

l'urbanisation a parfois irrémédiablement défiguré les paysages. La guerre notamment a favorisé le mitage des régions côtières, envahies d'implantations sauvages, parmi lesquelles de nombreux complexes touristiques. Tout ce qui a pu échapper à cette privatisation est généralement pollué. Une pollution visible (détritus en tous genres) mais aussi sournoise, alimentée par des cours d'eau infectés (voir plus haut). Et puis si cette pollution chronique ne suffisait pas, les raids israéliens de l'été 2006 se sont chargés d'en rajouter une couche : en bombardant sciemment la centrale électrique de Jiyeh, à une trentaine de kilomètres au sud de Beyrouth, ils ont provoqué une gigantesque marée noire (environ 13 000 tonnes d'hydrocarbures), souillant 140 kilomètres de côtes, jusqu'en Syrie !

Malgré cela, le littoral libanais a conservé une certaine puissance évocatrice. Ce contact étroit entre la mer et la montagne n'a aucun équivalent dans la région (on songe plutôt à la Corse). Nulle part ailleurs en effet le contraste n'est aussi saisissant entre un littoral étouffant et une montagne vivifiante toute proche. D'ailleurs, en fin de semaine ou pendant les vacances, les citadins trouvent naturellement le chemin de la montagne : les soirs d'été, la route internationale a des allures d'autoroute parisienne un dimanche de printemps ! Car si les Libanais sont très attachés à *leur* mer, ils en redoutent à juste titre les effets climatiques. Du sud au nord, de Ras en-Nakoura à Tripoli, la mer n'est séparée de la montagne que par une étroite bande côtière. Par endroits, le Mont-Liban s'est même risqué à venir tutoyer la *Grande Bleue*. Par deux fois en effet, l'autoroute du littoral (qui suit l'antique tracé de la *via maris*) doit emprunter un tunnel pour franchir l'obstacle, au Narh el-Kalb, à 15 km au nord de Beyrouth, mais surtout à Ras ech-Chekka, peu après Batroûn. Au nord de Tripoli, le relief laisse place à une plaine côtière qui s'évase vers la Syrie, pour atteindre une largeur d'une quinzaine de kilomètres environ à hauteur de la frontière. A la sortie nord de Tripoli, l'autoroute descend vers cette plaine sans autre équivalent au Liban. L'asphalte longe alors le bord de mer, profitant des plates étendues de sable. Quant à la ligne de chemin de fer (désaffectée) et à la route de Homs, elles préfèrent tirer directement vers la Syrie intérieure. Si le sable fin n'est pas une denrée rare au Liban – d'immenses étendues sableuses se succèdent presque sans discontinu de Beyrouth à Tyr –, il se fait discret entre Beyrouth et Tripoli. Par contre, on y voit encore – mais pour combien de temps ? – des salines, dans la région d'Enfé, à une quinzaine de kilomètres au sud de Tripoli. Quoi qu'il en soit, la mer reste une des fiertés du peuple libanais, et sa sauvegarde dépendra, ici comme ailleurs, du degré de mobilisation des habitants.

UN DON DES DIEUX : LA BEKAA

Passé la montagne, il n'est même plus question d'un *arrière-pays*, mais carrément d'une autre planète ! A moins de 30 km à l'intérieur, la plaine de la Bekaa déroule son long ruban fertile. Coincée entre Mont-Liban et Anti-Liban, cette vallée en altitude (une moyenne de 900 m, jusqu'à 1100 m) s'allonge sur 120 km du nord au sud, pour une largeur n'excédant jamais la douzaine de kilomètres. C'est une des grandes originalités de l'espace libanais. En effet, cette plaine bénéficie d'une irrigation naturelle exceptionnelle, grâce à l'Oronte, au Litani et à l'Hasbani (par contre les précipitations sont absolument nulles de mai à octobre). On a pu dire à son propos qu'elle était depuis l'Antiquité le « grenier à blé » du Liban, même si les années 1970 ont vu s'y développer des cultures moins « nourricières » : le haschich et le pavot. La guerre devait évidemment favoriser le développement de cette agriculture illicite, qui génère en principe des revenus sans comparaison avec l'agriculture traditionnelle. Ces dernières années, des efforts ont été entrepris afin de promouvoir des cultures de remplacements susceptibles de valoriser les terres de la Bekaa. On aurait tort cependant de penser que la drogue constitue l'essentiel de l'activité agricole.

Lorsque l'on vient de Beyrouth et que l'on descend (littéralement) vers la Bekaa, la première impression est celle d'un immense jardin, tant le paysage semble plus façonné par l'homme que par la nature. Celui-ci a su profiter de ce don pour faire pousser les céréales et la vigne, puis plus tard la pomme de terre et le tournesol. Toute cette végétation se détache sur le fond aride des pentes occidentales de l'Anti-Liban, comme une oasis dans le désert. Arrivé dans la plaine, c'est le rouge de la terre qui impressionne ; une terre riche et lourde qui fait tellement défaut au Proche-Orient. On l'a dit, l'eau est partout présente au

Liban. C'est néanmoins dans la Bekaa qu'elle est la plus abondante. Le Litani notamment constitue la pièce maîtresse de ce réseau hydrographique. Si ce fleuve a fait l'objet de nombreux projets «verts» de la part de l'Etat, la plupart sont toutefois restés dans les cartons, hormis le barrage élevé entre Aïtanit et Qaraoun, à l'origine d'une retenue d'eau de 6 km de long (le lac de Qaraoun) destinée à l'intensification des cultures dans le Sud, et au bord de laquelle les habitants viennent pique-niquer et canoter.

Dans la Bekaa centrale, Baalbek dissimule des sources nombreuses et abondantes. Cette oasis a su si bien charmer les hommes qu'elle a réussi à attirer les Phéniciens, pourtant farouchement attachés à leurs cités littorales. Ils sont venus y adorer la divinité solaire Baal... qui développe ici tout son talent: en été, la pureté du ciel de la Bekaa tranche avec l'air chargé d'humidité du littoral et la brume d'altitude. Ainsi les guides touristiques pouvaient-ils dépeindre Baalbek comme «une oasis de verdure (...), une petite ville que ne quitte jamais un certain air de fête» (*Le Liban aujourd'hui*, 1974). Entre-temps la «petite ville» s'est agrandie et «l'air de fête» a fait place à la chape de plomb imposée par les fondamentalistes! A son extrémité septentrionale, changement de décor: la Bekaa présente un aspect désolé, voire désertique. L'élevage du mouton constitue ici l'essentiel de l'activité agricole, et le voyageur ne peut manquer de croiser des troupeaux sur les routes poussiéreuses, menés par des bergers faussement débonnaires. Dans le Hermel, l'aspect désertique est parfois saisissant. Pourtant, là aussi, l'eau est fidèle au rendez-vous. Dans la région d'el-Aïn par exemple (un nom évocateur, littéralement «la source»), l'Oronte irrigue toute une vallée verdoyante. A El-Laboué, les restes d'un grand canal rappellent que les Anciens savaient déjà domestiquer les bienfaits de la nature. Plus au nord, près de la ville de Hermel, les noms sont sans équivoque: *Wadi* Brit, *Wadi* el-Karm, *Wadi* er-Ratl, *Wadi* et-Tourkmane, Mazraat *Aïn* ez-Zarka, etc.

La Bekaa méridionale quant à elle profite des largesses du Litani et développe une activité maraîchère prospère. La passivité de l'Etat, puis la guerre, sont venus contrarier (le mot est faible) des projets économiques et d'aménagement prometteurs. En coopération avec des acteurs extérieurs, notamment l'Union européenne, le Ministère libanais de l'agriculture a toutefois relancé des projets de développement (www.localiban.org). S'ouvrent ensuite le Sud et le Jabal Aamel, région pauvre et fière, longtemps soumise aux diktats des belligérants. Dès les années 1960, les raids presque quotidiens de l'armée israélienne ont plongé le Sud dans la torpeur, forçant la population à la résignation ou à l'exode. Puis ce furent les invasions de 1978 et 1982, qui se soldèrent par l'occupation d'une «zone de sécurité» conjointement par les Israéliens et l'ALS* (Armée du Liban Sud), une milice libanaise inféodée à Israël. Un Sud en état de guerre perpétuelle, qui a longtemps ressemblé aux *territoires occupés* en Palestine.

EXIT

HISTOIRE

INTRODUCTION

L'histoire du Liban est à l'image du pays: dense, contrastée et très émotionnelle. En ce début de XXIe siècle, certains Libanais continuent de parler des Phéniciens comme s'il s'agissait de leurs grands-parents! Un trait de caractère moins anodin qu'il n'y paraît, qui a pu parfois alimenter un discours idéologique douteux. Ce n'est en effet pas un hasard si ce sont les nationalistes maronites*, dans les années 1930, qui ont «ressuscité» leurs *ancêtres* phéniciens, à une époque où certaines *racines* permettaient de légitimer des revendications territoriales et une hégémonie politique. Il s'agissait alors de conforter l'idée d'un «Grand Liban», de la Méditerranée aux montagnes de l'Anti-Liban, du Djebel Akroum à la Galilée, et ce au détriment du nationalisme syrien. La puissance mandataire (la France) venait de doter le Pays des Cèdres de frontières distendues, inespérées, qui dépassaient largement le cadre strict du Mont-Liban, la seule entité géographique spécifiquement *libanaise*.

Pour les maronites* triomphants, la référence à l'Antiquité réglait la question de la diversité ethno-confessionnelle, fondement du Liban moderne, en faisant l'impasse sur l'arabité et l'islam. La *Phénicie* devait dès lors connaître un succès qui ne s'est jamais démenti. Aujourd'hui encore, elle joue un rôle éminemment psychanalytique, dans un Liban toujours en proie à une crise identitaire grave. Car le *Phénicien* a l'avantage d'être (presque) parfait: aventurier, entreprenant, négociant génial, inventeur (et diffuseur) d'une culture universelle (l'alphabet et la Bible); sans compter qu'à de rares exceptions près – des alliances stratégiques afin de protéger les routes maritimes et les *emporia*, les comptoirs commerciaux – il n'est jamais apparu comme un agresseur, tandis qu'il fut au contraire victime de tous les impérialismes de l'époque, égyptien, assyrien, grec ou romain (la destruction de Carthage). Il permet en outre de faire avaler la pilule amère de l'émigration qui, pour les Libanais comme pour les autres, est d'abord un constat d'échec. Forcé à l'exil aux quatre coins de la planète, le «Libanais-Phénicien» peut toujours se dire qu'il agit là par atavisme, et non sous la pression conjuguée des guerres à répétition, des rivalités sectaires et des crises économiques.

Pourtant, avec le temps, un autre héros de la saga libanaise est venu jouer les trouble-fête et faire concurrence au *Phénicien*: le *moine*. Avec les moines on oublie les grands espaces maritimes et l'hinterland désertique, pour s'ancrer dans la *libanité*, au cœur d'une montagne majestueuse et austère. Une montagne

Pages précédentes: Vestiges du temple romain, Baalbek

qui est ainsi devenue un espace-refuge, un asile pour tous ceux qui ont joué avec le feu du confessionnalisme ou en ont été victimes. Après des décennies de guerre civile, de terrorisme, d'occupation étrangère et de remise en cause de l'hégémonie chrétienne, les maronites* du Liban se sont repliés sur un espace confessionnel homogène: le *Marounistan*. De fait, l'effondrement de l'Etat et la partition du pays ont mis à l'honneur le concept de «cantonisation» – un néologisme qui a finalement cédé la place à un autre, sans doute plus explicite: la *libanisation* –, que les peuples de l'ex-Yougoslavie ont repris à leur compte lors d'un conflit extrêmement violent (1991-1995); conflit qui, à bien des égards, s'est apparenté à la guerre civile libanaise (1975-1991), notamment sous l'angle du «nettoyage ethnique». En extirpant leurs racines du littoral pour les replanter profondément dans les hautes vallées de la montagne libanaise, les *libanistes* – entendre tous ceux qui défendent une «spécificité» libanaise, qui font du pays un modèle, à savoir généralement les chrétiens mais aussi, de plus en plus, les druzes* – ont joué une carte à la fois géopolitique, culturelle, politique et économique. Géopolitique parce que malgré la (les) guerre(s), le Mont-Liban est resté le centre de gravité des chrétiens libanais – mais aussi le lieu privilégié de leurs (sanglants) règlements de comptes... Culturelle parce que la montagne fut (et demeure) un espace d'intense activité intellectuelle, notamment à l'époque de la *Nahda* (la «renaissance arabe» au XIXe siècle). Politique car le clergé et les responsables civils ont décidé, la paix revenue, d'en faire le lieu de la désobéissance et du «renouveau libanais». Economique enfin en tentant de donner à cet espace un nouvel essor. On remarquera par ailleurs que les druzes* du Chouf jouent exactement la même carte, avec une réussite certaine. Mais à la différence de la *Phénicie*, cosmopolite par nature, très peu de Libanais peuvent se réclamer de cette «ascendance» montagnarde. En abandonnant l'idée d'un Liban «pluriel», d'un *melting pot*, même (très) imparfait, au profit d'un sectarisme nécessairement porteur de violence, les Libanais ont laissé se développer une culture de la discorde (*fitna* en arabe), qui a favorisé la division et le repli identitaire, aujourd'hui incarné par le puissant «parti de Dieu» (le *Hezbollah**), d'obédience chi'ite*, le seul à s'être efficacement opposé à l'occupation israélienne du Sud-Liban (1982-2000) et à la violente agression de l'été 2006.

Si les armes se sont heureusement tues – l'odeur de la poudre n'a toutefois jamais disparu de l'espace libanais, ainsi qu'en témoignent les multiples attentats, comme celui qui a coûté la vie au premier ministre Rafic Hariri, en février 2005, ou encore les combats autour du camp palestinien de Nahr el-Bared, au printemps 2007 – d'autres armes, idéologiques celles-là, ont pris le relais. Pourtant, malgré les déchirures profondes et les agressions répétées de ces trois dernières décennies, le Liban est toujours là, reconstruit avec plus ou moins de bonheur ou laissé en l'état, mais toujours là. Une propension à traverser les pires épreuves, qui n'a pas manqué d'alimenter le mythe (un de plus) de la «résurrection perpétuelle», celui d'une nation qui, à l'image d'un certain oiseau fabuleux, renaît de ses cendres… A l'évidence, l'Histoire n'est pas chose aisée à enseigner au Pays des Cèdres. Chacun en effet, piégé par son appartenance (son «identité»), y va de sa version et de son interprétation, faisant généralement preuve d'un révisionnisme outrancier. Aux uns et aux autres on aura envie de conseiller un texte lumineux de Salah Stétié, publié en introduction à l'édition 1975 du Guide bleu Hachette (*Un pays sous un arbre*, pp. 17-36), dans lequel le poète libanais, né en 1929, dit que l'histoire du Liban est *« la plus singulière des histoires : une histoire bien plus vaste que le Liban. »*

IL ÉTAIT UNE FOIS LA PHÉNICIE

Les querelles sur les origines feraient presque oublier que l'histoire du Liban ne commence pas avec les Phéniciens, loin s'en faut. Identifiées sur le littoral près d'Aadloun, à quelques kilomètres au sud de Sarafand, les plus anciennes traces d'occupation humaine, qui remontent au moins au Paléolithique moyen, soit environ 300 000 ans, attestent de l'ancienneté du peuplement. Mais c'est surtout du Néolithique, il y a environ 10 000 ans, que datent les établissements les plus significatifs. C'est en effet l'époque à laquelle l'homme s'est sédentarisé et s'est adonné à l'agriculture. Les fouilles menées à Byblos (Jbeil) ont mis au jour des vestiges prouvant que cette cité était active bien avant l'arrivée des Phéniciens – des traces similaires ont été repérées à Ugarit, sur le littoral syrien, rappelant, s'il était nécessaire, que le destin des deux pays est scellé depuis longtemps.

Le Liban est inclus dans ce que l'on nomme communément le *croissant fertile* (un espace au nom évocateur qui court de la Mésopotamie à l'Egypte), une gâterie de la nature dans un environnement plutôt désertique. Et il est vrai que c'est un territoire insolemment riche, gonflé de sources abondantes et généreuses. C'est dans ce *croissant* que sont nées les premières civilisations, celles de la domestication, de la vie en société (les cités-Etats) et de l'écriture (vers –3200). Les Phéniciens quant à eux ne se sont fait connaître qu'au troisième millénaire, sur le littoral d'Ugarit à Tyr. Qui sont-ils ? Ce peuple est un rameau des Cananéens, un ensemble disparate de communautés parlant des langues très voisines. Des Cananéens à qui les Hébreux, alors en voie de sédentarisation – peuple nomade d'origine sémitique, les Hébreux migrèrent du Sud mésopotamien jusqu'en Haute-Egypte vers 1750 av. J.-C. –, cherchèrent querelle afin de s'emparer du riche *pays de Canaan* chanté par la Bible (XIIIe siècle av. J.-C.).

L'originalité des Phéniciens réside principalement dans leur dynamisme. Ils égrainèrent la côte de cités marchandes autonomes (des cités-Etats dirigées par des rois), d'où sont ensuite parties les nombreuses – et parfois audacieuses – expéditions coloniales en Méditerranée. Au Liban même, ces cités ont pour

Site archéologique de Byblos

VINGT-CINQ SIÈCLES D'ÉPOPÉE PHÉNICIENNE

Vers 2750 av. J.-C.	fondation de Tyr (d'après Hérodote)
18e siècle	les Hyksos envahissent la Phénicie
Début du 16e siècle	les Egyptiens imposent leur protectorat
13e-12e siècles	apparition de l'écriture phénicienne (l'alphabet)
12e siècle	premières expéditions vers la Méditerranée occidentale ; fin du siècle : expansion assyrienne vers la Phénicie
–969 / –935	Hiram, roi de Tyr ; contacts amicaux et commerciaux entre Tyr et Jérusalem
–814	fondation de Carthage par les habitants de Tyr, en réaction à l'expansionnisme militaire assyrien
Fin 8e, moitié du 7e siècle	les Phéniciens fondent des colonies à Malte, en Sicile, en Afrique du Nord, en Sardaigne et en Espagne
–700	prise de Tyr par les Assyriens
–677	destruction de Sidon
Début du 7e siècle	domination babylonienne sur la Phénicie
–555 env.	début de la domination perse
–332	conquête de Tyr par Alexandre le Grand
–64	la Phénicie est incluse dans l'Empire romain

Temple aux obélisques, 1900-1600 av. J.-C., Byblos

noms Botrys (Batroûn), Byblos (Jbeil), Bérytos (Beyrouth), Sidon (Saïda) et Tyr (Sour); Arados (Arwad) et Ugarit en Syrie; Sébaste (Sivas) en Turquie; Askalon (Ashkelon) en Palestine. De Phénicie *stricto sensu*, qui correspondait à peu près à ce que l'on appelle aujourd'hui le *Levant*, ces habiles navigateurs sont partis fonder des cités outre-mer: dans l'île de Chypre toute proche (longtemps reliée au Liban par ferryboat – voir «Comment se rendre au Liban»), où ils faisaient commerce du cuivre, en Afrique du Nord (Carthage), en Espagne (Cadix), où ils chargeaient l'étain et l'argent, en Sardaigne, en Sicile, à Malte et en Italie tyrrhénienne. Partout les fouilles ont livré du matériel archéologique varié: sarcophages, bijoux, terres cuites, bronzes (un alliage de cuivre et d'étain), mosaïques, verreries. Des pièces parfois exceptionnelles, que l'on peut notamment admirer au Musée national, qui a rouvert ses portes en 1997, ou encore au musée de l'Université américaine (AUB).

Le dynamisme des Phéniciens ne se réduisait toutefois pas au seul commerce international. A l'origine d'une civilisation brillante et pacifique, ils furent aussi les zélés sectateurs de divinités orientales, aux premiers rangs desquelles Baal* bien sûr, le dieu éponyme de Baalbek, mais aussi Eshmoun*, le dieu guérisseur de Sidon, Melkart*, aussi appelé *Baal de Tyr*, ou encore Tammuz*, une divinité d'origine babylonienne. Ce panthéon (qui n'a rien d'exhaustif) devait d'ailleurs influencer les civilisations suivantes, le monde grec notamment. Mais les Phéniciens se sont surtout illustrés par la diffusion de l'alphabet, ce système de vingt-deux signes qui allait faire fortune dans le monde gréco-romain. Il convient pourtant de rappeler ici que ce sont les Syriens qui sont les initiateurs de cette graphie, reprise et diffusée par les Phéniciens de Byblos.

La Phénicie ne constitua jamais un seul royaume, mais une mosaïque de cités-Etats fières de leur indépendance. Une indépendance qui faisait figure de prouesse, tant les voisins avaient – déjà! – les dents longues. A la fin du XVIIIe siècle avant notre ère, les Hyksôs*, un peuple belliqueux sans doute originaire de Haute-Syrie, entreprirent la conquête de la Phénicie et de la Basse-Egypte. Ils parvinrent à dominer la région pendant plus d'un siècle avant d'en être expulsés par les pharaons, qui profitèrent de cette reconquête... pour imposer leur protectorat aux cités phéniciennes. Ce fut le début d'une époque faste pour les maîtres de l'Egypte, qui mirent à la raison les empires rivaux: les Hittites*, installés en Asie mineure, et les Assyriens* de Haute-Mésopotamie. Les Phéniciens furent donc soumis – ils payaient tribut et prêtaient main-forte aux expéditions navales égyptiennes – mais conservaient néanmoins une très large autonomie commerciale. Au XIIe siècle av. J.-C., ils parvinrent même à s'émanciper de la tutelle égyptienne, devenue trop lourde pour les pharaons. Les monarques de Tyr jouèrent alors les locomotives, lançant des expéditions audacieuses en Méditerranée – au Xe siècle, Hiram, souverain de Tyr, devint l'ami des rois d'Israël, David puis son fils Salomon, à qui il fournit du bois de cèdre pour la construction du Temple de Jérusalem, entièrement détruit par Nabuchodonosor II trois siècles plus tard. Jusqu'au VIIe siècle av. J.-C., la prospérité des cités ne se démentit pas. Colonisation tous azimuts, artisanat florissant (l'industrie de la pourpre notamment), échanges fructueux ; la civilisation phénicienne était alors à son apogée. Les siècles qui suivirent furent par contre ceux d'une lente décadence, marquée par une vassalité de plus en plus contraignante. Les Assyriens* d'abord, puis les Babyloniens* et les Perses, soumirent aisément des cités minées par des querelles intestines, entre Sidon et Tyr principalement. A la domination politique succédèrent la violence et la répression : Tyr fut prise en l'an 700 avant notre ère, tandis que Sidon était rasée par le roi assyrien Assarhaddon (–677), qui fit déporter sa population. Un siècle plus tard, Tyr était à nouveau soumise par Nabuchodonosor II. Quant à Sidon, elle fut une nouvelle fois détruite (brûlée), cette fois par le Perse Artaxerxés III (vers –540). C'en était (presque) fini de la Phénicie. Les derniers coups viendront de la conquête d'Alexandre le Grand avec la prise de Tyr, en l'an –333, qui se solda par un massacre géant. L'effondrement de son empire, en –323, ouvrit une période d'anarchie dont les Phéniciens firent les frais. Seule la conquête romaine, au Ier siècle av. J.-C., permit aux cités marchandes de retrouver quelque dynamisme. Une *pax romana* qui fit rêver plus d'un Libanais pendant les heures sombres de la récente guerre civile et de l'occupation…

Pour clore l'épisode phénicien, on se doit ici de rappeler l'un des récits les plus fameux de la mythologie grecque, celui de l'enlèvement de la princesse *Europe*. Quand, confrontés aux vicissitudes d'un Proche-Orient déboussolé, les Libanais affirment que leur destin est aussi lié au nôtre, ils n'ont peut-être pas tout à fait tort... Que dit cette légende ? Qu'Agénor, roi de Tyr, eut une fille qu'il appela *Europe*, qu'elle était belle comme le jour et qu'elle avait la peau blanche et veloutée – des « canons », on le constate, qui ont traversé les époques et les modes. Il se trouve que Zeus en personne tomba follement amoureux de cette jeune fille et qu'il décida séance tenante d'en faire l'une de ses maîtresses. Désireux de l'aborder incognito, le maître du ciel prit l'apparence d'un taureau blanc aux cornes dorées en forme de croissant de lune. *Europe* trouva l'animal à son goût, et s'enhardit même à le chevaucher... Zeus prit sur-le-champ la direction de la Crète, afin de consommer en toute quiétude cette idylle naissante et prometteuse (il prit soin de se cacher d'Héra, épouse jalouse et très rancunière !). *Europe* eut trois enfants de l'illustre locataire du mont Olympe et en fut remerciée par une avalanche de présents. En souvenir de cette princesse aventureuse, les Anciens accordèrent le nom d'Europe à l'une des quatre parties du monde. Les historiographes ont voulu voir dans cette légende une personnification de la vaste entreprise de colonisation menée par les Phéniciens dans la Haute-Antiquité.

LE MESSIE ET LE PROPHÈTE

A la fin du Ier siècle avant notre ère, l'Empire romain s'étendait de l'Espagne à la Syrie. Rares alors étaient les peuples de la Méditerranée qui échappaient à sa boulimie de territoires. A l'issue des guerres puniques – l'adjectif *punique* (*poenicus* en latin) fait référence à la cité de Carthage, fondée en 814 av. J.-C. par les Phéniciens de Tyr – les Romains avaient rasé la cité rebelle (146 av. J.-C.) et s'étaient emparés de ses possessions en Afrique du Nord et en Espagne. La Grèce et la Méditerranée orientale furent à leur tour conquises; une conquête qui se solda notamment par la création de la *Provincia Syria*, constituée à l'époque de Pompée (106-48 av. J.-C.), dans laquelle fut intégrée la Phénicie. Des Phéniciens qui n'eurent pas trop à se plaindre de ce nouveau maître, puisqu'il leur accorda une grande autonomie et leur reconnut – insigne honneur! – la citoyenneté romaine*. Les ports reprirent du service, «l'occupant» aménagea les centres urbains et les sanctuaires, les Lettres et les Sciences rayonnèrent à nouveau dans tout l'Orient. Mais cette culture qui s'épanouit alors sur le rivage levantin et en Syrie requérait plus le qualificatif de «gréco-romaine» que de «phénicienne».

En 395 apr. J.-C., l'empire fut partagé: la *Pars occidentalis*, avec Rome comme capitale, et la *Pars orientalis* (l'Empire byzantin), sous le contrôle de Constantinople. En cette fin du IVe siècle, la romanité n'avait plus grand-chose à voir avec les premiers conquérants. Une symbiose culturelle s'était effectuée. Surtout, un événement proprement extraordinaire avait révolutionné le vieux monde gréco-romain: l'avènement du christianisme. Pendant trois cents ans en effet, les Romains avaient livré une lutte sans merci aux sectateurs du Christ. Pourtant au IVe siècle, malgré les persécutions – ou au contraire grâce au martyrologe et à l'abnégation d'une communauté soudée autour de ses évêques –, le christianisme était parvenu à s'imposer au cœur même de l'Empire, à Rome, pour en devenir la religion officielle en 394. En Orient, la nouvelle religion connut d'emblée un immense succès. Elle venait vivifier des pratiques vieillies et décadentes. La Syrie notamment fut très réceptive au message de l'Evangile. D'ailleurs, Syriens et Phéniciens fournirent un lot important de persécutés et de martyrs. Ce fut à Antioche que, pour la première fois, en l'an 43, les disciples reçurent le nom de *chrétiens*, ceux qui reconnaissent en Jésus de Nazareth le «messie» (*christós* en grec), annoncé dans la Bible. En 57, l'apôtre Paul était de passage à Tyr, où il trouva une petite communauté très active. Les conversions se multiplièrent et la région se couvrit d'églises et de monastères (*deïr* en arabe). L'ascétisme, ou la foi poussée jusqu'aux limites de la raison, devint l'arme idéale du prosélytisme chrétien. Siméon par exemple – originaire du village de Sisan en Syrie, il reçut le surnom de « stylite» parce qu'il passa trente-sept ans au sommet d'une colonne! – fut l'une des figures les plus marquantes de cette expression d'une foi sans concession. Comme il fallait s'y attendre, de *persécutés* les chrétiens devinrent *persécuteurs*. Les idoles païennes furent renversées, les temples saccagés – Baalbek-Héliopolis fut d'abord abandonné, puis systématiquement détruit sur ordre des empereurs *chrétiens* –, les vieilles croyances bédouines, notamment le culte des pierres, furent ridiculisées (ce culte a par contre perduré en Arabie, comme en témoigne la *Pierre noire* de La Mecque, respectée y compris par les musulmans). Passée sous l'autorité de Byzance, la Syrie fut partagée. L'antique Phénicie fut scindée en deux : à l'ouest une Phénicie *maritime*, avec Tyr pour capitale, à l'est une Phénicie *libanaise*, qui s'étendait jusqu'à... Palmyre, au cœur du désert de Syrie.

Tyr, mais surtout Beyrouth, connurent une nouvelle période de prospérité, économique – des moines avaient rapporté de Chine l'art de la magnanerie, l'élevage du vers à soie – et intellectuelle, avec le rayonnement de l'Ecole de Droit.

En 555, un séisme particulièrement violent ravagea la côte phénicienne, faisant des milliers de victimes. Expression de la fureur divine ? Fallait-il punir les innombrables hérésies qui fleurissaient en terre « orthodoxe » ? C'est en effet le propre des religions institutionnalisées de générer des dissidences, qui traduisent en fait des rivalités de pouvoir. En 325, le Concile œcuménique* de Nicée avait condamné ceux qui niaient la *consubstantialité* du Christ, c'est-à-dire son caractère divin. Le prêtre Arius d'abord, à l'origine d'une hérésie virulente et très

LA SAGACITÉ D'USÂMA

Pour les Arabes de *Terre sainte*, les croisés, bien que créatures de Dieu, étaient des êtres humains au rabais : veules, ignares, violents, prétentieux, jaloux... – en un mot des *barbares* ! Il faut dire que ces derniers avaient tout fait pour se rendre détestables et même haïssables. Massacres, viols, pillages, destructions, offenses en tous genres ; la liste de leurs méfaits était longue, qui remplissait les lettres de doléances adressées par la population à ses émirs.

Un homme toutefois, plus nuancé dans son jugement, chercha à percer la nature de « l'homme » qui se cachait sous la cote de mailles. Il s'appelait Usâma ibn Munqidh, était syrien et vivait au XIIe siècle. Il écrivit à leur sujet cette sentence très ambiguë, qui témoigne à elle seule de l'abîme intellectuel qui séparait les *Franj* des Arabes :

« Quand on est au fait de ce qui touche aux Francs on ne peut qu'exalter et sanctifier le Très Haut, car on voit en eux des bêtes qui ont la vertu du courage et de l'ardeur guerrière. » (*Kitâb al-I'tibâr*, « Le Livre des Considérations », autobiographie).

Usâma entretint des rapports courtois avec des Templiers, qui représentaient sans doute la « meilleure part » de ces *barbares* (certains s'étaient imprégnés de culture orientale). Il fait même mention d'un chevalier venu accomplir le pèlerinage, avec lequel il se lia d'amitié : « Il fit partie de mes amis intimes, et rechercha tant ma compagnie qu'il finit par m'appeler « mon frère ». Il y eut entre nous une amitié mutuelle. »

populaire, l'arianisme*, puis l'évêque Nestorius (en 431) furent parmi les premières victimes. Pourtant leurs disciples entreprirent de parasiter l'Eglise d'Orient, et leurs dissidences ont survécu jusqu'à nos jours: les nestoriens* et les jacobites* par exemple, réduits à de minuscules communautés (ils seraient quelques milliers au Liban), mais aussi les coptes, qui forment par contre une communauté de plusieurs millions d'âmes en Egypte.

Le dogmatisme et l'intransigeance des empereurs byzantins furent pour beaucoup dans cette éclosion de nouvelles Eglises. Parmi toutes ces dissidences, l'une allait décider du destin du Liban: les maronites*. Originaire d'Antioche, cette secte trouva refuge en Syrie, avant de migrer vers les montagnes du Nord-Liban au début du VIIIe siècle. Solidement implantés dans la vallée «sainte» de la Qadicha, les maronites* allaient ensuite essaimer dans le Kesrouan et le Metn, puis dans le Chouf.

Mais pendant que le christianisme oriental débattait de la *nature* du Messie et s'épuisait en «querelles byzantines», plus au sud un séisme idéologique couvait sous les sables du désert d'Arabie: l'islam. Révélée au Prophète Muhammad vers les années 610, cette religion se réclamait de l'universalité et se voulait définitive. Elle appela donc les juifs et les chrétiens à se joindre à la «communauté des croyants», la *Umma**. On le sait, l'osmose ne se réalisa pas et les musulmans eurent recours au *jihad* – un concept flou que les Occidentaux ont un peu vite traduit par «guerre sainte» – pour affirmer l'autorité du Coran. Pour le coup, la conquête fut foudroyante! Après la défaite des armées byzantines sur le Yarmouk, un affluent du Jourdain, en 636, le drapeau vert de l'islam flottait sur la Palestine et la Syrie, quatre ans seulement après la mort du Prophète... En 660 commença le règne du cinquième calife, Mu'awiya, fondateur de la dynastie des 'Umayyades. Pendant un siècle, les califes 'Umayyades se succédèrent à Damas, la capitale de leur empire, avant d'en être chassés par une autre dynastie, celle des Abbassides (les 'Umayyades régnèrent toutefois sur l'Espagne jusqu'au XIe siècle). Le long épisode 'Umayyade (660-750) fut une période de prospérité pour le littoral libanais, qui profita de l'expansionnisme musulman en Méditerranée, mais aussi pour l'arrière-pays, dont l'agriculture fut mise en valeur – les magasins de la ville d'Aanjar, dans la Bekaa, en témoignent. Les Byzantins furent durement éprouvés par les *rezzou* (razzias) lancés par les cavaliers musulmans, et ne reprirent la lutte... que trois siècles plus tard. Mais de la même manière que les chrétiens d'Orient s'étaient déchirés au sujet de l'interprétation des textes canoniques, les Arabes durent affronter des ennemis bien plus dangereux que les armées du maître de Constantinople: l'hérésie et les luttes intestines. La question de la succession du Prophète allait en effet provoquer un schisme*, conduisant la communauté musulmane à se diviser entre sunnites* (majoritaires) et chi'ites*, les seconds persécutés par les premiers. Avec les Abbassides, l'intolérance et les intrigues s'installèrent dans l'Empire. Les Byzantins en profitèrent pour repartir à la conquête de leurs anciennes possessions, parvenant temporairement à réoccuper Alep (967-975), le littoral jusqu'à Beyrouth, et l'intérieur du Liban jusqu'à Baalbek. Ils butèrent toutefois sur Jérusalem et ne parvinrent donc pas à «libérer» le tombeau du Christ, le *Saint-Sépulcre*. Ce sera d'ailleurs la raison invoquée par l'Eglise de Rome pour organiser une croisade de soutien à l'effort de guerre byzantin.

PÈLERINS ET CROISÉS

En 1095, le pape Urbain II lançait depuis Clermont en Auvergne un vibrant appel à la chrétienté occidentale, afin de venir en aide à ses «frères d'Orient». Ce fut le début d'une grande aventure qui dura deux siècles, poussant des générations d'Européens sur les routes de la *Terre sainte*. Pour l'heure, la première croisade s'organisait dans l'enthousiasme mais aussi dans un joyeux désordre. D'un côté des seigneurs aguerris, parfois maîtres d'immenses domaines et pouvant lever des troupes fidèles et bien équipées (on comptait aussi nombre de petits chevaliers pauvres – voir ci-après); de l'autre une populace inorganisée, fébrile et démunie, menée par un prêcheur charismatique, Pierre l'Ermite.

Si l'Orient fascinait, il n'était pourtant pas totalement inconnu des chrétiens d'Occident, qui accomplissaient avec ferveur le pèlerinage de Jérusalem. Mais avec la conquête arabe, l'accès au Saint-Sépulcre était désormais soumis au bon vouloir des nouveaux maîtres, la papauté désespérant de voir ses ouailles rançonnées par les « infidèles» (de substantielles taxes étaient en effet prélevées sur les pèlerins). Pourtant, si la croisade relevait généralement d'un acte de foi sincère, on sait aujourd'hui que cette entreprise avait aussi pour but «d'assainir» une Europe en proie aux rivalités féodales. L'Occident fut ainsi partiellement «purgé» de ses éléments les plus violents, en premier lieu les jeunes chevaliers sans terres – frustrés (les aînés accaparaient les héritages... et les femmes), incontrôlables et belliqueux, ils ne respectaient généralement pas la «trêve de Dieu», instaurée par l'Eglise, et s'en prenaient volontiers... aux biens du clergé ! –, permettant ainsi à Rome de recouvrer un pouvoir déclinant.

L'expédition démarra à l'été 1096, menée par un duc lorrain, Godefroy de Bouillon. Un an plus tard, après avoir laissé Constantinople, franchi les détroits et traversé la péninsule turque, la puissante armée croisée campait devant Edesse. Elle s'était déjà emparée de Nicée et s'apprêtait à mettre le siège devant Antioche. La ville conquise, la route s'ouvrait jusqu'à Jérusalem, le but ultime. Pendant ce temps-là, les Arabes lançaient des expéditions-éclairs, qui ralentirent les croisés sans pour autant les arrêter (la «croisade populaire», qui s'était rendue coupable de l'assassinat de milliers de juifs, avait entre-temps été décimée par les Turcs en Anatolie).

Jérusalem, la ville «trois fois sainte», fut atteinte en 1099, prise et soumise à un épouvantable massacre. Les cités du littoral, par contre, résistèrent vaillamment: Tripoli fut assiégée cette même année 1099 par le comte de Toulouse,

CHRONOLOGIE DES CROISADES

1095 le pape Urbain II appelle à la croisade

1099 (15 juillet – 22 *sha-bân* 492 de l'ère musulmane) prise de Jérusalem par les croisés. La semaine durant, les Francs massacrent des dizaines de milliers de musulmans et de juifs

1102 prise de Tortose. Formation du comté de Tripoli

1146 le pape Eugène III proclame la deuxième croisade

1148 siège de Damas. Echec de la deuxième croisade

1183 Saladin s'empare d'Alep

1187 appel à la troisième croisade (juillet). Les croisés sont vaincus par Saladin à Hattin (2 octobre), Jérusalem capitule

1192 les croisés reprennent Acre. Richard Cœur de Lion et Saladin signent une trêve de trois ans

1198 le pape Innocent III décide d'une nouvelle expédition pour reprendre Jérusalem

1204 la quatrième croisade est détournée ; les croisés s'emparent de Constantinople

1221 la cinquième croisade échoue devant Damiette

1229-1239 la sixième croisade se solde par la reconquête d'une grande partie du royaume de Jérusalem

1250 la septième croisade tenue en échec en Egypte ; Louis IX (saint Louis) est fait prisonnier

1263 le pape Urbain IV appelle à la huitième croisade

1289 le sultan Qalaoun prend Tripoli

1291 Beyrouth, Saïda, Tyr et Acre tombent aux mains des musulmans; fin des Etats latins d'Orient

Raymond de Saint-Gilles, mais résista dix ans (!) aux assauts combinés des *Franj* [1] par terre, et des Génois par mer; Saïda ne tomba qu'en 1110 et Tyr en 1124. La région conquise, les territoires furent partagés selon la tradition féodale, en plusieurs *Etats latins d'Orient*: d'abord le royaume de Jérusalem, le plus illustre; puis le comté d'Edesse et la principauté d'Antioche; enfin le comté de Tripoli, le royaume de Chypre et le royaume de Petite-Arménie. On l'a dit, les cités du littoral *phénicien* résistèrent plusieurs années. Après un premier échec devant Tripoli, Raymond de Saint-Gilles s'empara de Tortose (Tartus, en Syrie) et de territoires plus au sud, notamment de la vallée du Nahr el-Kébir et de la montagne libanaise. Enfin vaincue, Tripoli devint naturellement la capitale du comté éponyme.

D'abord ébranlés par la conquête (et surtout très divisés), les Arabes allaient réagir vivement et profiter des rivalités entre croisés pour lancer le *jihad*. Les premiers revers ne se firent pas attendre. En 1144, Nur ed-Dîn s'emparait d'Edesse, et de l'ensemble du comté cinq ans plus tard. Surtout, Salâh ed-Dîn (Saladin), gouverneur de la Syrie et de l'Egypte, infligeait une terrible défaite au roi de Jérusalem, Guy de Lusignan. La confrontation eut lieu à Hattin, près du lac de Tibériade, au début du mois de juillet 1187. Pour les croisés, la déroute fut totale! Ils connurent à leur tour l'humiliation, les exécutions et la captivité. Dans la foulée, Jérusalem capitulait le 2 octobre. Cependant, l'anéantissement des Etats latins allait demander encore beaucoup d'efforts, d'autant que les nombreuses croisades qui se succédèrent (huit en tout) allaient parfois connaître de réels succès (voir Chronologie). Il n'empêche, dame Fortune avait définitivement abandonné les croisés. Tripoli (en 1289), Beyrouth, Saïda et Tyr (en 1291), furent abandonnées, tandis que la chute d'Acre, en 1291, sonnait le glas des croisades et marquait la fin des *Etats latins d'Orient*.

Pourtant, ces deux siècles de confrontation ne se résumèrent pas à d'interminables épisodes sanglants, même si ces derniers, reconnaissons-le, ont ponctué l'histoire du Proche-Orient entre les XIe et XIIIe siècles. Ils furent aussi l'occasion d'une rencontre exceptionnelle entre Orient et Occident. A cet égard, certains événements, généralement méconnus, en disent long sur les liens tissés entre Francs et Arabes, pour peu qu'à un moment leurs intérêts aient convergé. Ainsi en cet automne 1244 dans la plaine au nord-est de Gaza, croisés et Arabes, chrétiens et musulmans se retrouvèrent chevauchant côte à côte contre les mamelouks* turcs du sultan d'Egypte (bataille de Harbiyah, 17-18 octobre 1244). Parmi les *Franj* qui périrent ou furent fait prisonniers à l'issue de l'engagement, il y en avait forcément qui étaient nés sur place et parlaient arabe… A l'inverse, seize ans plus tard, le 3 septembre 1260, les croisés ouvraient la voie aux mêmes mamelouks*, partis en urgence stopper la progression des hordes mongoles (bataille d'Aïn Djalout, Palestine, 3 septembre 1260).

---

1. *Franj* signifie «Francs», c'est-à-dire «Occidentaux».

Ainsi, malgré l'état de guerre larvée, les échanges furent abondants et fructueux. Au Liban, au cœur des *Etats latins*, les traces laissées par les *Franj* sont évidemment nombreuses. Dans la société d'abord, puisque ce fut la rencontre historique entre catholiques et maronites*, qui aboutit en 1182 au «retour» de ces derniers à l'orthodoxie romaine. Alliés objectifs des croisés, les maronites* apportèrent leur concours à la «sainte entreprise», parfois même en participant aux expéditions militaires (on a conservé le souvenir d'archers libanais engagés aux côtés des troupes franques). Une alliance qu'ils paieront d'ailleurs très cher, lorsque les mamelouks*, réputés pour leur férocité, ravagèrent le littoral, massacrant ou déportant les maronites*.

Ancien hôpital Saint-Jean-des-Hospitaliers, devenu la Grande Mosquée de Saïda

L'empreinte des croisés, ce sont aussi les nombreux édifices militaires ou religieux qui parsèment la région: de l'église Saint-Jean-Baptiste de Beyrouth, transformée en mosquée, au château de Beaufort (Qalaat ech-Châqif), à un jet de pierre de la frontière sud, en passant par le château Saint-Gilles de Tripoli (Qalaat Sanjil), la citadelle de Jbeil et le *château de la Mer* à Saïda. Citadelles inexpugnables ou modestes tours de garde, églises monumentales ou discrets oratoires, ils nous rappellent que cet Orient fut aussi un temps *latin*.

LES MAMELOUKS* ET LES TURCS

En se libérant des Francs, les Arabes ne pensaient certainement pas tomber sous le joug d'un ennemi (musulman) encore plus redoutable. Car si les Occidentaux avaient pu faire preuve d'une grande violence, les mamelouks* pouvaient leur en remontrer ! Milice sanguinaire composée d'esclaves – des Turcs, des Slaves, des Grecs ou encore des Tcherkesses, originaires des monts du Caucase –, les mamelouks* n'avaient, semble-t-il, qu'une obsession : la guerre ! Au service de la dynastie égyptienne des Ayyûbides, fondée par Saladin, ils entreprirent à la fois de chasser les derniers croisés de *Terre sainte* et de stopper l'avance mongole. Ils s'emparèrent de Jérusalem en 1244 et firent la reconquête de la Syrie sur les Mongols en 1260 (voir ci-dessus). Forts de ces succès, ils décidèrent d'asseoir leur autorité sur l'ensemble de la région. Ainsi les places fortes de Jaffa, Beaufort, Antioche, Tripoli, Saïda et Acre furent-elles reprises aux Francs. On l'a dit, les mamelouks* firent payer aux maronites* leur collaboration avec les croisés et leur trop grand désir d'indépendance (en tant que sunnites*, ils s'en prirent aussi aux chi'ites*). Ils matèrent avec sévérité une rébellion lancée dans le Kesrouan (la montagne au-dessus de Jbeil), annihilant pour longtemps toute velléité d'insoumission. En contrepartie débuta une période de stabilité, propice au redémarrage du commerce. Car si les croisades avaient échoué dans la reconquête des lieux saints, elles avaient par contre favorisé la naissance d'un courant d'échanges fructueux entre l'Europe et le Levant. Les mamelouks* ne remirent pas en cause ce commerce, bien au contraire, et entreprirent même de « nettoyer » la côte de tout ce qui était susceptible de l'entraver (de nombreux pirates francs sévissaient alors, utilisant comme bases arrière les territoires encore aux mains des chrétiens, Chypre et Rhodes notamment).

C'est ainsi qu'à la faveur du retour au calme, le littoral libanais, confié à la garde des émirs du cru, bénéficia d'une large autonomie. Vénitiens, Génois, Catalans et Provençaux furent invités à reprendre leurs activités, et reçurent même l'autorisation de construire sur place des entrepôts (les *khan**), dans lesquels on trouvait tous les produits dont l'Orient était demandeur (fer, bois, draps de laine, poix...) et inversement : or, épices, porcelaine, soieries et tissus de luxe, la *gaze* de Gaza, la *mousseline* de Mossoul, le *damas* (un brocard brodé d'or), ou encore le *baldaquin*, une riche soierie de Bagdad, ville que les marchands toscans nommaient *Baldacco*. Rien ne semblait devoir entraver cette spectaculaire reprise économique (à peine est-il fait mention de quelques expéditions militaires sans lendemain, lancées par les Templiers et les Génois, encouragés par l'interdiction papale de commercer avec les mamelouks*).

Pourtant, le XIVe siècle se révéla fatal au décollage de l'Orient. Les épidémies, les nouvelles invasions turco-mongoles, ou encore la pression économique des Européens, devaient finalement avoir raison des espoirs que les sultans mamelouks* avaient mis dans la pacification du Proche-Orient (eux-mêmes se déchirèrent lors de sanglantes luttes de succession). Les historiens modernes y ont même discerné les causes profondes du retard accumulé par les Orientaux : raréfaction de l'or – forçant notamment l'Occident, avide du *métal jaune*, à aller le chercher toujours plus loin... jusqu'en Amérique –, progression inexorable de la *peste noire*, ravage des confins orientaux par le turco-mongol *Timur-*

Lang (Tamerlan)... Les «plaies» qui s'abattirent sur la région donnèrent pour un temps raison à ceux qui avaient prophétisé un avenir sombre après le départ des Francs. Ceux-ci profitèrent d'ailleurs de la situation pour amorcer leur retour au Levant, sans armes (si l'on excepte quelques expéditions ciblées)... mais avec bagages ! Les Lusignan par exemple, que les Arabes avaient humiliés en Palestine lors la chute de Jérusalem (voir bataille de Hattin), s'installèrent à Beyrouth, obtenant la permission d'y posséder des *khan** bien sûr, mais aussi des églises et des bains ! Montrant la voie, ils furent suivis par toutes les grandes cités marchandes italiennes et françaises. Chacun y trouvant son compte, mamelouks* et Occidentaux nouèrent des relations diplomatiques, créant ainsi une *première* au Proche-Orient : l'établissement de consulats étrangers, véritables «ponts culturels» entre l'Occident et le Levant (une époque qui marque d'ailleurs le retour des pèlerins chrétiens en *Terre sainte*). Ce fut Beyrouth qui profita le plus de ce dynamisme, reléguant à l'arrière-plan Tripoli et Tyr, qui ne parvinrent jamais à recouvrer leur prestige d'antan. Les mamelouks* devaient par la suite subir le sort réservé à tous les conquérants : être dominés à leur tour par plus puissant, en l'occurrence les Turcs ottomans. En s'emparant de Constantinople en 1453, ces derniers mirent fin à dix siècles de présence byzantine. Poursuivant leurs conquêtes, ils s'emparèrent de la Syrie après que les mamelouks* eurent été écrasés par l'armée du sultan Selim Ier à Dabiq, près d'Alep, en août 1516. La Palestine et l'Egypte subirent le même sort. Commença alors pour le Liban une nouvelle ère, celle de la domination ottomane, qui ne s'achèverait... qu'en 1918.

La loi implacable des sultans ottomans devait s'appliquer au Liban comme dans le reste de l'Empire, dans une débauche de raffinement et de brutalité. Au Pays des Cèdres, les Turcs allaient jouer des vieilles rivalités féodales pour maintenir leur autorité. Ils privilégièrent tout naturellement la communauté sunnite* «orthodoxe», majoritairement présente dans les centres urbains du littoral, et laissèrent une certaine anarchie se développer dans la montagne. Car en jouant tour à tour les émirs rivaux et leurs vassaux infidèles, la *Sublime Porte* avait ainsi circonscrit un espace rétif. Manipulés par les Ottomans, les «petits chefs» communautaires (les *cheikh**) s'épuisèrent dans d'interminables vendettas... pour le plus grand profit du sultan.

Il y eut pourtant des Libanais déterminés à contrarier ces projets. L'émir Fakhr ed-Dîne II fut de ceux-là. Originaire d'une grande famille féodale druze* du Chouf, les Banoû Maan, il prit possession de son fief à l'âge de dix-huit ans, vers 1590. Il parvint rapidement à s'imposer en soumettant les émirs rivaux, Banoû Saïfa (nord Liban) et Harfoûch (Bekaa), puis en s'emparant de la Galilée et en s'assurant le contrôle des routes de Jérusalem et de la Palestine. Fakhr ed-Dîne (*Fakardin* pour les Français) sut très adroitement jouer de la diplomatie et de la ruse pour étendre son influence, bien au-delà cependant de ce que les Turcs pouvaient tolérer. Il sut trouver à l'extérieur les appuis qui lui faisaient

défaut au Liban. Il se lia notamment d'amitié avec le Grand Duc de Toscane, qui rêvait de supplanter les Vénitiens au Levant. Toutefois, ses insolents succès militaires, politiques et commerciaux lui valurent l'insigne honneur de devenir la «bête noire» du sultan. D'abord forcé à cinq ans d'exil en Italie, Fakhr ed-Dîne fut finalement emprisonné puis exécuté dans une geôle stambouliote le 13 avril 1635. Lors de son retour au Liban, en effet, il était reparti de plus belle dans son entreprise de conquête, allant jusqu'à mettre en danger le sultanat lui-même ! Ainsi, les Ottomans purent se réjouir d'avoir abattu un rebelle d'envergure, à qui Louis XIV donnait du «Très illustre et puissant Prince». Il reste qu'avec Fakhr ed-Dîne II, c'est une certaine idée *nationale* qui vit le jour au Liban au XVIIe siècle.

La dynastie des Maan neutralisée, les Turcs confièrent l'administration du Liban – qui se résumait à la perception d'un tribut annuel, sur lequel l'émir prélevait une substantielle dîme – à une famille du Sud, les Chehab. Béchir II, qui régna de 1788 à 1840, fut à la dynastie des Chehab ce que Fakr ed-Dîne II fut à celle des Maan: un prince ambitieux doublé d'un fin politique. Avec cette nuance toutefois que, chez lui, la violence était une seconde nature. Il fit en effet assassiner son oncle, l'émir Youssef, et liquida un vassal encombrant, l'émir Béchir Joumblatt, grand seigneur du Chouf. De surcroît, il exécuta les ordres du sultan avec la plus grande sévérité. Pourtant, au contact du réformateur égyptien Mohammed Ali, dont il devint le fidèle allié, il tomba sous la coupe de ce dernier et participa aux aventures guerrières contre la *Sublime Porte*. Mais la tutelle égyptienne se révéla rapidement plus contraignante que celle des Turcs... Surtout, les puissances coloniales, au premier rang desquelles l'Angleterre, s'immiscèrent dans les affaires intérieures de l'Empire ottoman. Usant (déjà) de la désinformation et d'une propagande insidieuse, les agents anglais attisèrent les vieilles rivalités féodales, conduisant à une révolte généralisée des petits émirs frustrés.

L'année 1840 fut une année noire pour le Liban. Cette année-là en effet, Mohammed Ali préféra se retirer de la région, tandis que Béchir II était forcé à l'exil par les Anglais. Livré à l'anarchie, le Liban sombra alors dans la guerre civile et les heurts communautaires. Chrétiens et druzes* s'affrontèrent violemment dans le Chouf, inaugurant une pratique de sinistre mémoire: le massacre interconfessionnel et l'épuration ethnique !

Les Turcs reprirent les choses en main, partageant le Liban en deux *kâymakâ** – «district», administré par un gouverneur, le *kâymakâm* –, l'un au nord de la route Beyrouth-Damas, administré par un maronite*, l'autre au sud, administré par un druze*. Les rêves d'unité de Fakhr ed-Dîne et de Béchir étaient ruinés. Néanmoins d'autres personnalités émergèrent par la suite, comme le chef maronite* originaire du village d'Ehden, Youssef Karam, lui aussi forcé à

Khan el-Kayyâtin, Tripoli

l'exil en Italie où il mourut. Double *kâymakâ** ou pas, les vieilles haines ne devaient pas s'éteindre pour autant. En 1860, druzes* et chrétiens s'affrontèrent à nouveau, dépassant en horreur les tueries de 1840. Des milliers de chrétiens furent systématiquement assassinés dans le Chouf (Deïr el-Kamar), mais aussi à Beit Méri, Zahlé et Hasbaïya. La France décida d'intervenir, en tant que «protectrice» des maronites* – une réminiscence de l'époque des croisades. Des troupes campèrent dans le Chouf et participèrent à la *pacification* du Liban. Elles furent amenées par la suite à jouer un rôle qui dépassait largement le cadre militaire *stricto sensu*. Le déclenchement de la Première Guerre mondiale allait achever de discréditer l'Empire ottoman, par ailleurs miné par les nationalismes triomphants, celui des Arabes notamment. «L'homme malade», comme on avait pris l'habitude d'appeler cet empire tant il allait à vau-l'eau depuis la seconde moitié du XIXe siècle, eut par ailleurs la très mauvaise idée de choisir

DES MAMELOUKS À L'ETAT DU GRAND-LIBAN

1516	sous le règne du sultan Sélim Ier, le Liban est annexé à l'Empire ottoman
1590-1630	l'émir Fakr ed-Dîne II unifie la montagne libanaise. Reprise en main par les Turcs.
1788-1840	allié à l'Egypte, l'émir Béchir II parvient à son tour à unifier le Liban. La fin de son règne est marquée par des affrontements communautaires. Le Liban est partagé en deux *kâymakâ**, l'un druze* l'autre chrétien.
1860	nouveaux affrontements communautaires (massacres des chrétiens). Intervention militaire de la France (Napoléon III).
1861	création du *Mutasarrifiya**, région autonome du Mont-Liban.
1918	défaite de la Turquie. Fin de l'Empire ottoman.
1920	début du Mandat français sur la Syrie et le Liban.
1926	promulgation de la Constitution de l'Etat du Grand-Liban.
1941	combats entre troupes anglo-françaises et troupes fidèles au régime de Vichy.
1943	proclamation de l'Indépendance.
1946	les derniers soldats français évacuent le Liban.
1958	guerre civile : intervention militaire américaine à la demande du président Camille Chamoun.

le camp… des vaincus, celui de l'Allemagne et de l'Autriche ! Sous la double pression des Alliés et des nationalistes arabes, Istanbul perdit le contrôle de ses possessions au Proche et au Moyen-Orient. Le 8 octobre 1918 un corps franco-britannique entrait dans Beyrouth ; le 12 les troupes de la Marine française, les fameux *marsouins*, débarquaient à Tripoli. Pour le Liban s'ouvrait une ère nouvelle, celle de la colonisation française.

Mais quatre cents ans de domination, ça laisse des traces – dans le paysage, dans la société et dans les cœurs. Comme pour les croisades en effet, le long intermède ottoman ne saurait se résumer à des guerres et à des massacres. Urbanisation et administration, us et coutumes, gastronomie et mode vestimentaire, les Turcs ont légué au Liban un cadre culturel et un art de vivre. De plus, cette période aura été celle d'une grande vitalité culturelle, marquée autant par le riche mouvement de « Renaissance » (la *Nahda*) que par des personnalités comme celle de Gibran Khalil Gibran (1883-1931), le grand poète libanais.

Bénéficiant d'une large autonomie intellectuelle, les Eglises chrétiennes jouèrent un rôle éducatif déterminant pour l'avenir du Liban. En 1584, le pape Grégoire XIII établit à Rome le *Collège maronite*, véritable pépinière d'éducateurs pour le Levant. Sur place, les Jésuites multiplièrent les écoles et soutinrent les efforts du clergé maronite*. Les Eglises orientales ne furent d'ailleurs pas en reste : ce fut un religieux d'Alep, Abdallah Zakhir, qui établit en 1733 la première imprimerie en caractères arabes du Liban, au couvent de Mar Hanna (une imprimerie en caractères syriaques avait été installée dès le début du XVIIe siècle dans un couvent proche de Bcharré).

Au XIXe siècle, les missions protestantes firent leur entrée en force et parvinrent même à s'imposer dans le domaine éducatif. Les missionnaires américains développèrent un réseau d'écoles de villages (vingt-et-une en 1867) et fondèrent en 1871 le Collège protestant syrien, qui allait devenir la fameuse AUB *(American University of Beyrouth)*. Stimulés par cette concurrence, les catholiques et les maronites* s'employèrent eux aussi à fonder des établissements prestigieux. C'est ainsi que les jésuites ouvrirent en 1875 l'Université Saint-Joseph de Beyrouth, qui reste encore aujourd'hui la grande rivale de l'AUB.

SOUS LE SIGNE DU PROTECTORAT

En 1920, les Alliés se partagèrent les « dépouilles » de l'Empire ottoman. Tandis que les Britanniques s'installaient en Mésopotamie (Irak) et en Palestine, la France pour sa part recevait l'administration directe de la Syrie et du Liban (en 1861, le double *kâymakâ** avait disparu au profit d'un unique *Mutasarrifiya**). Elle était tout naturellement à l'écoute des maronites*, qui réclamaient la constitution d'un « Grand Liban », au détriment des nationalistes syriens, à qui les Alliés avaient pourtant promis la création d'un Etat arabe indépendant. Le 27 juillet 1920, les troupes françaises battaient l'armée arabe à Maysalun, dans la montagne de l'Anti-Liban, et occupaient Damas. L'administration coloniale s'employa alors à tracer les frontières de la nouvelle entité, qui n'ont guère changé, tout en défendant la création d'un Etat *communautaire*: promulguée le 26 mai 1926, la Constitution libanaise stipulait en effet que «les communautés [seraient] équitablement représentées dans les emplois publics et dans la composition du ministère». La réalité fut bien différente, d'autant que les druzes*, qui avaient fait cause commune avec les Syriens, s'étaient du même coup disqualifiés aux yeux de la France (révolte des druzes* du Hauran entre 1925 et 1927). Quant aux musulmans, traditionnellement plus circonspects, ils avaient l'habitude, du moins les sunnites*, de respecter l'autorité en place. C'est ainsi que les maronites* se taillèrent la part du lion, en monopolisant certains secteurs de l'administration, de l'enseignement et du commerce, et plus tard la présidence de la République! Une situation propice à des violences qui ne dégénéra toutefois pas (... pas tout de suite), chacun, chrétien ou musulman (sunnite* comme chi'ite*), profitant d'une manière ou d'une autre du développement économique et intellectuel impulsé par la France. Routes, chemins de fer, aménagement du port de Beyrouth, commerce fructueux avec la métropole, multiplication des écoles, etc.: la puissance mandataire eut le réel souci de développer la région, à vrai dire très éloignée des «standards» coloniaux traditionnels. Ainsi Maurice Barrès, ce chantre du rayonnement de la France outre-mer, pouvait-il se réjouir de trouver au Liban un *génie* qui, selon lui, faisait défaut en Afrique (le chercheur Michel Seurat l'avait qualifié de «marchand de mirages orientaux»). Visitant l'*Université Saint-Joseph*, il loua «cette maison fameuse qui s'épanouit au sommet de l'édifice scolaire de toutes nos missions d'Orient, et qui peuple de ses élèves formés intégralement à la française, l'Asie mineure, la Perse, l'Egypte et jusqu'au Soudan égyptien».

Indépendant mais sous étroite surveillance – le Haut-Commissaire, qui avait élu résidence au Grand Sérail, à Beyrouth, pouvait à tout moment suspendre la Constitution ou nommer certains députés, ce qu'il ne se priva d'ailleurs pas de faire –, le Liban s'initiait aux subtilités du «gouvernement communautaire». Le jeu politique se résuma toutefois rapidement à une confrontation entre tenants d'un sectarisme déclaré et partisans d'une large ouverture. Chez les premiers on trouvait Emile Eddé, francophile militant et de fait «champion» du Haut-Commissaire. En face, l'opposition se rassemblait derrière Bechara el-Khoury, qui avait su s'entourer de représentants de l'ensemble de la société libanaise. Une société en pleine ébullition, régulièrement au bord du gouffre – en 1936 éclataient des émeutes sanglantes en Syrie et au Liban – une année marquée notamment par la naissance des milices de sinistre mémoire, dont l'initiative revint au maronite* Pierre Gemayel, qui créa la Phalange (*Kataëb**) sur le modèle des organisations paramilitaires européennes. Systématiquement écarté du pouvoir par la France (et même emprisonné quelques temps), Bechara el-Khoury sut adroitement profiter de l'intermède de Vichy et de la libération du

Liban par les troupes britanniques, pour enfin accéder au pouvoir. Entre-temps, lui-même et ses partisans avaient signé un «Pacte national» (1943), qui répartissait les mandats entre maronites* (la présidence de la République), sunnites* (la présidence du Conseil) et chi'ites (la présidence du Parlement).

En 1946, après vingt-huit années de présence, la France retirait ses derniers soldats du Liban. Une présence qui devait profondément marquer le pays, à tel point que certains Libanais font encore aujourd'hui référence à «notre mère» la France. Sans doute l'absence – ou la démission – du «père» (voire son élimination), est-elle l'un des syndromes du *mal libanais*...

LES HELVÉTIQUES

Livré à lui-même, le Liban dut d'abord gérer un espace bien trop vaste pour lui – suprême paradoxe pour un pays pas plus grand qu'un département français! Car si l'unité de la montagne a toujours eu quelque réalité, l'adjonction des villes côtières, de la Bekaa et de la région de Tyr, posait d'évidents problèmes d'homogénéité. Les 800 000 habitants de confessions diverses – à parts égales chrétiens et musulmans, mais avec une prédominance maronite* (plus du tiers de la population totale) – devaient s'inventer un système de gouvernement original, mais plus encore un destin commun. En cela, le «Pacte national», pour imparfait qu'il était, répondait assez bien aux exigences du moment.

Jeune moine maronite devant la statue de saint Maron à Bqaa Kafra

Exodes Libanais

Si l'émigration a toujours tenu une place importante dans le destin des familles libanaises depuis le XIXe siècle, la guerre est venue bouleverser les statistiques et mettre à mal le mythe du « voyageur par nature ». La première émigration significative remonte aux années 1840-1860, lorsque se conjuguèrent crise économique et affrontements communautaires. La principale destination fut alors l'Amérique, cet Eldorado qui drainait tout ce que l'Europe et l'Asie comptaient d'exclus et de persécutés. La généreuse Amérique accueillit alors des Irlandais, des Italiens, des Grecs, des Arméniens, des juifs de Russie, jusqu'à ces fameux *turcos*, émigrés syro-libanais qui venaient tenter leur chance au Brésil ou en Argentine. Par la suite, les restrictions à l'émigration (1929) forcèrent les candidats au départ à choisir de nouvelles destinations, l'Afrique notamment, principalement francophone. L'exode fut tel qu'on estime à 400 000 le nombre d'émigrés libanais entre 1918 et 1939, soit tout de même la moitié de la population ! Se constitua ainsi une « vraie » diaspora (la majorité des nationaux, à tout le moins une part très importante, vit hors du territoire), qui maintint des liens très étroits avec le pays, envoyant régulièrement un argent vital pour la famille ou le clan.

Routes, égouts, électricité, églises ou mosquées... nombreux sont les villages qui doivent tout ou presque à cette manne, estimée à quelque 150 millions de dollars mensuels dans les années 1970 ! Car la réussite était souvent au bout du chemin. Le Libanais savait en effet être docile et travailleur, un peu à l'image de l'Algérien des années 1950. Avec cette différence toutefois, qu'il gravit plus sûrement et plus rapidement les échelons de la société et du mérite. Les fortunes furent nombreuses et devinrent parfois légendaires. A tel point que l'émigré est devenu une image centrale des manuels scolaires : on y apprend en substance que les Libanais « défient le monde » et « construisent le Liban où bon leur semble » ; que le peuple libanais est composé d'hommes qui « quittent le Liban munis uniquement de la force de leurs poignets et l'enthousiasme de leur cœur et y retournent, la tête cou-

Le président de la République, Bechara el-Khoury, et le président du Conseil, Riad es-Solh (plus connu sous le nom de Riad *bey*, un titre honorifique hérité de la période ottomane), réussirent à endiguer les menées subversives des extrémistes de tous bords. Surtout, le décollage économique et l'argent des émigrés favorisèrent la cohésion sociale. L'environnement régional ne s'y prêtait pourtant guère. Ce furent en effet coup sur coup la création de l'Etat d'Israël, en 1948 – et l'afflux massif de réfugiés palestiniens qu'elle provoqua –, la première guerre israélo-arabe qui s'ensuivit, puis une multitude de « révolutions nationales » dans le courant des années cinquante (Egypte, Syrie, Irak). La violence reprit d'ailleurs rapidement ses droits, notamment lorsque les nationalistes

ronnée de lauriers. » En somme une panoplie de clichés, qui font allègrement l'impasse sur les causes profondes du phénomène migratoire. Si l'Amérique et l'Afrique ont été les destinations privilégiées des gens simples, l'Europe connut d'emblée une émigration « de qualité » (on se souviendra que l'émir Fakhr ed-Dîne II s'était exilé cinq ans en Toscane). Avec le Mandat*, la bourgeoisie marchande et intellectuelle trouva naturellement le chemin de la France : à Paris, la rue du Liban débouche... dans celle des Maronites.

La guerre allait naturellement renforcer les flux, puisqu'on estime à environ un demi-million le nombre de départs entre 1975 et 1990. Une émigration majoritairement chrétienne et bourgeoise les premières années, puis de plus en plus diversifiée. Aujourd'hui, les Libanais sont présents un peu partout, jusqu'en Australie et au Danemark. Cependant, le clivage communautaire n'a pas pour autant disparu : ce sont surtout des musulmans chi'ites* que l'on croise en Afrique, sunnites* dans les monarchies pétrolières, et généralement des chrétiens en Europe. On se retrouve aussi par village ou par quartier, à l'image des habitants de Bint-Jbeil, ville du Sud-Liban proche de la frontière israélienne, qui ont reconstruit leur communauté aux Etats-Unis. Le Liban nouveau compte beaucoup sur cette diaspora, estimée entre dix et quinze millions de membres, naturalisés compris (ils seraient 400 000 en Europe, 100 000 en France, plus nombreux encore au Brésil). Des émigrés parés de toutes les vertus, comme l'était par exemple l'ancien premier ministre Rafic Hariri, qui avait construit sa fortune dans le BTP en Arabie saoudite.

Reste que l'instabilité chronique a dissuadé de nombreux émigrés d'envisager un retour définitif. Ceux qui le peuvent alternent leurs lieux de résidence, tandis que les autres reviennent à l'occasion des fêtes, Noël notamment, ou en été (la guerre de juillet 2006 a montré, si besoin était, que le pays pouvait à nouveau plonger dans la violence).

prosyriens du PSNS* (Parti social national syrien), un parti fasciste fondé en 1932 par Antoine Saadé, assassinèrent Riad es-Solh le 17 juillet 1951. Le régime sut néanmoins répondre efficacement à ces tentatives de déstabilisation en condamnant à mort les leaders du mouvement.

Cependant, un autre danger guettait la jeune République : les réminiscences féodales. Au Liban, l'exercice du pouvoir se résume encore trop souvent à des pratiques héritées de l'ère féodale, quand les « patrons » (*cheikh**, émirs et autres « seigneurs de la guerre ») régnaient sans partage sur une multitude de clans en perpétuelle vendetta. Ainsi, de Bechara el-Khoury à Soleiman Frangié, le dernier président « d'avant-guerre » (1970-1976), le clientélisme a-t-il rythmé la vie politique libanaise – à coups de gueule et à coups de fric, mais aussi à coups de feu si nécessaire! Fort heureusement pour le pays, le développement économique spectaculaire a permis d'occuper la population à des tâches plus mercantiles. Les banques levantines se sont enrichies des capitaux du commerce, mais surtout de la *manne* constituée par l'argent des émigrés, ainsi que des fonds en provenance des monarchies pétrolières, vers lesquelles de nombreux Libanais avaient d'ailleurs émigré. On a pu ainsi qualifier, sans doute un peu hâtivement et avec quelque emphase, le Liban de «Suisse du Proche-Orient»... Mais une «Suisse» bariolée et particulièrement agitée! Cependant, il faut aussi reconnaître au Pays des Cèdres le mérite d'avoir généreusement accueilli tout ce que la région comptait comme réfugiés ou exilés, Arméniens (1916), Palestiniens, opposants syriens, Kurdes apatrides, etc.

Le Liban traversa alors tant bien que mal une époque marquée par le conflit israélo-arabe et le nationalisme le plus virulent. En 1958, suite à une intense propagande nassérienne, le pays fut secoué par une crise politique majeure. «Insurrection» pour les uns, «révolution» pour les autres, toutes les composantes politico-confessionnelles en vinrent aux mains, au point de mettre en danger l'unité même du Liban. La capitale fut alors le théâtre d'affrontements violents et d'attentats aveugles, tandis qu'à Baalbek et à Aaley les combats opposèrent insurgés/révolutionnaires et pro-gouvernementaux. On a pu dire à propos de cette crise qu'elle constitua une sorte de «répétition générale» du long conflit à venir: grèves, coups de force des milices, enlèvements, intervention de l'armée, jusqu'au débarquement des *Marines* le 15 juillet 1958 sur la plage de Khaldé, près de Beyrouth! Il aura fallu toute la détermination du général Fouad Chehab et l'exemplaire discipline de l'armée pour en venir à bout. Reste que jusqu'en 1975, le Liban vécut en sursis, derrière le trompe-l'œil beyrouthin de la réussite économique et de l'insouciance. Le pays dut notamment subir la pression croissante de l'activisme palestinien (ils étaient près de 400 000 en 1970, pour moins de 3 millions de Libanais), de la propagande syrienne et de l'arrogance israélienne. Surtout, dans les années soixante-dix, les Etats-Unis avaient inauguré une nouvelle doctrine géopolitique, qui les amena à «lâcher» successivement Chypre (1974) puis le Liban (1975), au profit d'une realpolitik particulièrement cynique. Il aura alors suffi d'une simple fusillade, le 13 avril 1975, pour déclencher un conflit dont le Liban risquait de ne jamais se remettre.

LES GUERRES AU LIBAN

Avant d'aborder cette histoire fragmentée, que tant d'ouvrages ont analysée ou commentée, il convient de commencer par ces chiffres sinistres, cette comptabilité du morbide et de l'horreur: peut-être 200 000 morts, 500 000 blessés et 90 000 handicapés; un demi-million de déplacés et autant d'exilés; et puis encore des centaines d'otages anonymes, victimes des vendettas perpétuelles.

En avril 1975, une semaine après les premières fusillades, on comptait déjà plusieurs centaines de morts et un millier de blessés. Les combats embrasèrent le Grand Beyrouth, jusque dans la banlieue tentaculaire. Pour simplifier à l'extrême, on dira que d'un côté on trouvait les «progressistes», un agrégat de mouvements palestiniens, de partis *révolutionnaires*, de prosyriens, de nassériens et autres, menés par le leader charismatique des druzes*, Kamal Joumblatt – des druzes, notons-le, «oubliés» du «Pacte national». Ils ne sont unis que par leur haine commune des «autres». En face, le *Front libanais*, essentiellement composé des milices maronites* (*Kataëb** en tête), non moins haineuses. L'armée nationale, elle, se désagrégea rapidement. Par centaines, les soldats désertèrent et rejoignirent avec armes et bagages tel ou tel camp. Seul un noyau de légitimistes resta fidèle au gouvernement. Dès l'été, les combats s'étaient étendus à l'ensemble du pays. A l'automne, le vieux Beyrouth était la proie de heurts violents, qui marquèrent le début de la destruction systématique du centre. Un centre qui symbolisait tout à la fois l'héritage antique, le *melting pot* confessionnel – s'y côtoyaient chrétiens, musulmans et juifs – et le dynamisme économique (les souks et les banques). Les assassins se mirent ensuite au travail: dans les environs de la place des Martyrs en décembre, à Damour, puis dans le quartier de la Quarantaine (el-Karantina) en janvier 1976, dans le camp de refugiés palestiniens de Tell el-Zatar...

L'intervention des troupes syriennes, en mai 1976, calma un peu la situation, en stabilisant les fronts. Mais sur le Liban, Damas allait souffler le chaud et le froid, avec le souci de maintenir un état de guerre larvé, jouant les camps les uns contre les autres – en quelque sorte, la bonne vieille méthode ottomane remise au goût du jour! Comme les Turcs un siècle auparavant en effet, les Syriens s'inquiétaient de voir émerger une personnalité susceptible de lever l'étendard de l'indépendance et de la lutte nationale. Ainsi périrent Kamal Joumblatt, Moussa Sadr, Béchir Gemayel, Rachid Karamé, René Moawad et bien d'autres, tous assassinés «sur commande». Avec en prime, à chaque fois, des représailles sanglantes.

Les autres acteurs régionaux, les Israéliens, les Iraniens (1980), les Irakiens... ne furent pas en reste, favorisant ainsi le dépeçage politique et géographique du Liban. En 1978, l'Etat hébreu vint brouiller un «jeu» déjà fort compliqué, en envahissant le Sud jusqu'au fleuve Litani. C'est depuis cette époque que l'ONU maintient une force d'interposition, la FINUL*, renforcée après la guerre de 2006, qui n'a de toute façon jamais pu empêcher Israël d'agir à sa guise au Liban. Mais c'est surtout l'invasion de 1982 qui marqua un tournant important dans la guerre. Car non seulement Israël allait parvenir à arracher un accord de paix au jeune président Béchir Gemayel, ainsi que sa bénédiction pour l'élimination de la résistance palestinienne, mais *Tsahal* (l'armée israélienne) était en outre en position pour se mesurer avec son vieil ennemi, la Syrie. S'ensuivirent les combats les plus violents et les plus meurtriers qu'ait connus le Liban, notamment le siège et le bombardement intensif de Beyrouth-Ouest, où s'était retranchée la direction palestinienne. La suite ne fut qu'une longue descente aux enfers : massacres dans les camps palestiniens de Sabra et Chatila, opérations de « nettoyage » dans le Chouf, violents accrochages entre Israéliens et Syriens dans la Bekaa, début des attentats au camion-suicide et multiplication des prises d'otages, intervention des capitales occidentales.

En 1984, le Liban n'était plus que l'ombre de lui-même ! Les morts, les réfugiés, les otages se comptaient par dizaines de milliers, l'Etat avait quasiment disparu, la « cantonisation » était devenue effective, l'économie était moribonde – la livre libanaise, le « dollar du Proche-Orient », allait s'effondrer l'année suivante –, le trafic de drogue était florissant, l'émigration prenait des allures d'hémorragie ! Dans cet environnement infernal, les vieilles vendettas ne désarmèrent pas, bien au contraire (certains ont même voulu y voir les causes structurelles du conflit). Les maronites* montrèrent la voie, avec l'assassinat par les Phalangistes*, le 13 juin 1978 à Ehden, de membres du clan Frangié. Il s'agissait alors pour Béchir Gemayel, chef des *Kataëb**, d'unifier toutes les mouvances maronites* sous son propre commandement. Toutes les communautés connurent d'ailleurs peu ou prou ces rivalités internes – les milices chi'ites* rivales, Amal* et Hezbollah*, s'affrontèrent durement en 1988 – hormis les druzes*, unis derrière leur chef politique et spirituel, Kamal Joumblatt, puis son fils Walid *Bey*.

L'intermède présidentiel d'Amine Gemayel (1982 –1988) ne changea pas grand-chose à l'imbroglio libanais. Celui-ci n'exerçait en effet un semblant de pouvoir que sur le Palais de Baabda, la résidence officielle du président de la République. Pire, il compliqua les choses en torpillant un accord signé à Damas entre belligérants chrétiens et musulmans (1985), tandis qu'il quittait le pouvoir en laissant derrière lui une «bombe à retardement» : le bouillant général Michel Aoun, à qui il confia le gouvernement par intérim. Ce dernier engagea alors une « guerre de libération nationale » (mars 1989), qui ne « libéra » rien d'autre qu'un flot supplémentaire de violence et de haine ! En octobre, les Syriens (avec la bénédiction des grandes puissances) parvenaient à faire signer un document d'entente interlibanais (les « Accords de Taëf »), aux termes duquel les factions s'engageaient à œuvrer à une réforme en profondeur du système politique. Pendant ce temps-là, Michel Aoun s'épuisait dans une lutte fratricide contre les Forces libanaises* (FL) dirigées par Samir Geagea, qui avait entériné le document d'entente. Beyrouth-Est et le Metn, jusqu'alors à peu près épargnés par la guerre, s'enfoncèrent à leur tour dans la violence. Lâché par tout le monde ou presque, le général n'eut d'autre issue que la reddition et l'exil en France (1991).

Fin de la guerre civile, place des Martyrs, à Beyrouth

Commença alors la mise en œuvre des Accords de Taëf : élection d'un nouveau président, désarmement des milices et pacification du Grand Beyrouth, déploiement de l'armée libanaise – le tout sous l'étroite surveillance de Damas. Mais la violence continua.

Il y eu d'abord, en novembre 1989, l'assassinat du président René Moawad, jugé sans doute trop indépendant. Vinrent ensuite les inévitables règlements de comptes après l'éviction de Michel Aoun. Ce fut aussi l'élimination de certains leaders encombrants, dont Dany Chamoun, chef du PNL (Parti national libéral) assassiné en octobre 1991. Cette violence politique «ciblée» n'empêcha toutefois pas le retour au calme, sauf dans le Sud occupé par Israël, où continuait de sévir l'Armée du Liban Sud (ALS*), une milice libanaise inféodée à l'Etat hébreu, contre laquelle se battaient les milices chi'ites*. Seul le Hezbollah* possédait alors une milice armée, d'une puissance telle qu'elle put tenir tête à l'offensive israélienne de l'été 2006.

Quant à la Syrie, que les termes des Accords de Taëf liaient «fraternellement» au Liban, elle restait omniprésente et entretenait des postes de contrôle et des barrages dans la quasi-totalité du pays, avant un hypothétique regroupement de ses troupes dans la Bekaa, prélude à un retrait définitif. Retrait d'autant plus hypothétique (il ne sera effectif qu'en mai 2005) que le président Elias Hraoui, élu en novembre 1989, et son premier ministre Rafic Hariri, tous deux fidèles alliés de Damas, comptaient précisément sur cette présence pour asseoir leur autorité !

Les principales factions neutralisées – les grands perdants de cette «pacification» furent les chefs de milices chrétiennes, à commencer par Samir Geagea, emprisonné en 1994 – le Liban pouvait enfin respirer et commencer à panser ses plaies. Un pays foudroyé, une population traumatisée, une société déchirée, une économie moribonde – en 1992, le PNB moyen par habitant avoisinait celui... du Sénégal ! ... – il était temps d'arrêter le massacre. Restait à envisager l'avenir. Un avenir qui divisa à nouveau le pays, cette fois entre *reconstructeurs* et *refondateurs*. S'agissait-il en effet de restaurer le Liban d'avant-guerre, comme si de rien n'était ; ou bien fallait-il envisager une nouvelle forme de cohabitation, qui prendrait nécessairement en compte dix-sept années de guerre, de fractures et de bouleversements, y compris internationaux et régionaux : effondrement de l'URSS, guerre du Golfe, accords d'Oslo israélo-palestiniens ? Au début de la décennie quatre-vingt-dix, le Liban choisissait... de ne rien changer ou presque. Issu des Accords de Taëf, le fragile édifice de la «Deuxième République» n'avait certes pas les moyens (ni l'ambition) de transformer le Liban en profondeur. Il s'agissait de maintenir un équilibre politique précaire, dans un pays meurtri sous occupation étrangère. Une gageure, qui remit à l'honneur la bonne vieille recette de la «salade libanaise», qui a pour nom... le «Pacte national».

LES LARMES ET L'ESPOIR: LA LONGUE MARCHE VERS LA PAIX

La guerre du Liban n'eut rien d'un «coup de tonnerre dans un ciel serein». A de nombreuses reprises, les affrontements intercommunautaires avaient secoué et traumatisé une société à l'équilibre politico-confessionnel fragile. A cet égard, les événements de 1958 avaient été de très mauvais augure. Le pays n'avait en effet été sauvé que par la lucidité du général Fouad Chehab et l'intervention musclée des Etats-Unis. Les crises à répétition qui secouèrent la région durant la décennie suivante sapèrent progressivement les fondements ébranlés de la *République du Cèdre*. On a pris l'habitude de fixer le début des affrontements au 13 avril 1975, avec la fusillade par les *Kataëb** d'un autocar rempli de Palestiniens, à Aïn er-Remmaneh dans la banlieue de Beyrouth. Une action de représailles qui survenait après l'assassinat, dans le même quartier, de quatre chrétiens maronites*. Cet *événement* a l'avantage de délivrer un «acte de naissance» au conflit, alors que les causes sont évidemment à rechercher ailleurs. En effet, les tensions sociales et politiques s'étaient exacerbées bien avant cette journée de printemps. Deux mois auparavant par exemple, le 28 février, une manifestation de protestation sociale était durement réprimée par l'armée à Saïda (on dénombra de nombreux morts, dont un ancien député de la ville). On ne sera pas étonné de trouver, aux côtés des manifestants, des militants de la gauche palestinienne, ces derniers étant naturellement solidaires des revendications du prolétariat libanais. A cette nuance près qu'au fil des années, le Sud-Liban était devenu peu ou prou une sorte d'Etat dans l'Etat, une région où les milices armées palestiniennes faisaient régner *leur* loi. En lâchant la bride à son armée, Beyrouth cherchait tout à la fois à réprimer le mouvement social et à briser la puissance des organisations palestiniennes. Les ingrédients du conflit seraient plutôt à chercher de ce côté, dans cet imbroglio politico-socio-communautaire, que dans les affrontements presque coutumiers entre bandes armées rivales.

Chronologie

1975 (avril) La fusillade d'Aïn er Remmaneh est le prélude à des affrontements qui feront plusieurs centaines de morts en une semaine. Dans cette phase initiale du conflit, on parvient à distinguer deux camps: d'un côté le *Mouvement national*, qui regroupe les mouvements palestiniens et la gauche libanaise, ainsi que des organisations prosyriennes et divers petits mouvements communautaires, sunnites* et chi'ites* notamment; en face le *Front libanais*, mené par les *Kataëb** et le Parti national libéral (PNL). En octobre, la « bataille des grands hôtels» marque le début des destructions dans la capitale. Le 6 décembre, «samedi noir» à Beyrouth: après vérification (la confession est indiquée sur les cartes d'identité), les miliciens phalangistes exécutent sommairement deux cents musulmans.

1976 (janvier) des Palestiniens prosyriens de la *Saïqa** et de l'ALP (Armée de Libération de la Palestine) massacrent des centaines d'habitants de la localité de Damour. A Beyrouth, ce sont les milices chrétiennes qui s'emparent du quartier de la Quarantaine, perpétrant là aussi un massacre de civils (au moins un millier). (1er juin) Entrée des troupes syriennes au Liban, à la demande des Phalangistes inquiets des victoires palestiniennes. Damas inaugure sa politique de «ni vainqueur, ni vaincu», jouant les camps et les factions les uns contre les autres. (août) Après un siège de plusieurs semaines, les milices chrétiennes s'emparent du camp palestinien de Tell el-Zaatar, à Beyrouth, causant la mort de 2500 personnes. (2 au 6 novembre) Mise en place de la Force arabe de dissuasion (FAD), composée principalement de soldats syriens (jusqu'à 30 000 hommes). Créée à l'initiative de la Ligue arabe, cette force d'interposition sert en fait d'alibi aux ambitions à peine déguisées de Damas. Les quelques contingents non syriens (saoudiens, soudanais, yéménites et libyens) ne tarderont d'ailleurs pas à se retirer.

1977 (mars) Le 15, assassinat de Kamal Joumblatt. Le leader druze était devenu l'ennemi le plus acharné du gouvernement libanais. Il avait refusé (et saboté) les diverses tentatives de réconciliation nationale, réclamant comme préalable l'abandon du système communautaire (les druzes* sont les grands exclus du «Pacte national»). Cette disparition allait ramener un calme relatif. Entre 1977 et 1981, le pays connut en effet un semblant de normalité.

1978 (février) Premiers affrontements entre les Syriens et le Front libanais: les quartiers chrétiens de Beyrouth sont intensément bombardés. Le «Front» commence à se lézarder: les miliciens phalangistes* reprochent au clan Frangié de faire le jeu de Damas (massacre d'Ehden, le 13 juillet). (mars) Déploiement au Sud-Liban de la FINUL*, dont la mission est de « rétablir la paix et la sécurité et d'aider le Gouvernement libanais à assurer le rétablissement de son autorité effective dans la région» (Résolutions 425 et 426). (août) «Disparition» en Libye de Moussa Sadr, l'imam de la communauté chi'ite*. Nationaliste convaincu, ce dignitaire religieux et homme politique remarquable dérangeait autant les Israéliens que les Syriens. Aujourd'hui encore des doutes demeurent sur les conditions exactes de son élimination.

1979 (avril) Le 18, le commandant Saad Haddad, chef des milices chrétiennes du Sud, proclame «l'Etat du Liban libre». Formée pour partie d'anciens soldats du contingent, l'Armée du Liban Sud (ALS*) devient la milice supplétive d'Israël dans la «zone de sécurité», une ceinture d'une dizaine de kilomètres de profondeur, occupée par l'Etat hébreu lors de l'invasion de 1978.

1981 Les phalangistes* occupent la localité (chrétienne) de Zahlé, dans la Bekaa, menaçant les voies de communications syriennes au Liban. Damas répond par le blocus et le bombardement de la ville.

1982 A la suite de l'invasion israélienne, Yasser Arafat et 11 000 combattants de l'OLP* évacuent Beyrouth sous la protection de la «Force multinationale d'interposition», à la quelle participe la France. (août) Le 23, Béchir Gemayel est élu président de la République. Il est assassiné le 14 septembre. Le 16, des miliciens phalangistes conduits par Elie Hobeika, le chef des services de renseignements de Béchir Gemayel, pénètrent dans les camps palestiniens de Sabra et de Chatila, où ils massacrent plusieurs centaines de civils. Ce crime met en cause la responsabilité directe de l'état-major israélien, puisque les camps se situaient dans une zone contrôlée par *Tsahal*. Le 21, élection à la présidence de la République d'Amine Gemayel, frère de Béchir.

1983 Profitant de la présence israélienne, les milices chrétiennes se précipitent dans le Chouf, sous contrôle de la milice druze* du PSP (Parti socialiste progressiste) depuis sept ans. Entre l'été 1983 et l'été 1985, les miliciens commandés par Samir Geagea sont contraints de lâcher les territoires conquis. Il s'ensuivra une série de massacres et l'exil de la communauté chrétienne, auparavant majoritaire dans le Chouf. (avril) Le 18, attentat au camion-suicide contre l'ambassade américaine à Beyrouth-Ouest (70 morts). Cet attentat est revendiqué par le *Jihad islamique*, une organisation fantôme servant d'écran au Hezbollah*.

L'année 1983 marque la montée en puissance de l'activisme chi'ite* au Liban: attentats – en octobre, les QG américains et français de la «Force multi-

Paysage du Sud-Liban, à la frontière avec Israël

nationale» sont pulvérisés (bilan: 297 morts) –, enlèvements, détournements d'avions, harcèlement des forces israéliennes au Sud (62 morts à Tyr le 14 novembre). Sur la scène politique, Israël parvient à arracher au gouvernement libanais un accord de paix, signé le 17 mai, qui ne sera toutefois jamais ratifié. (novembre) Les diverses parties en conflit se retrouvent à Genève pour des réunions dites «de réconciliation»; négociations qui se poursuivent à Lausanne l'année suivante.

1984 (février) Les milices musulmanes s'emparent de Beyrouth-Ouest, dont elles chassent les chrétiens avant de s'entre-déchirer. (novembre) Le 20, nouvel attentat du *Jihad islamique* contre une annexe de l'ambassade américaine à Beyrouth-Est.

1985 (décembre) Le 28, le président Amine Gemayel torpille un accord signé à Damas entre dirigeants chrétiens et musulmans.

1986 (mars) Le 5, le *Jihad islamique* annonce «l'exécution» de son otage français Michel Seurat (sans doute mort de maladie), enlevé l'année précédente en compagnie du journaliste Jean-Paul Kauffmann. Marié à une Libanaise, le sociologue Michel Seurat dénonçait la politique syrienne, notamment la répression brutale de l'insurrection de Hama (Syrie) en 1980.

1987 (juin) Le 1er, assassinat du président du «Conseil musulman sunnite», Rachid Karamé. Ce leader originaire de Tripoli incarnait une certaine idée de la coexistence pacifique entre les communautés libanaises. Il avait notamment dirigé un gouvernement dit «d'union nationale» en 1984. (février) Le 22, 8000 soldats syriens sont déployés dans Beyrouth-Ouest pour «pacifier» la ville où s'affrontent les milices druzes* et chi'ites*.

1988 L'armée syrienne entre dans les quartiers chi'ites* de Beyrouth-Ouest, où les combats entre Hezbollah* et Amal* viennent de faire des centaines de morts en deux semaines. (septembre) Le 22, fin du mandat du président Amine Gemayel, qui quitte le pouvoir sans successeur (les chrétiens ont refusé un candidat de compromis soutenu par Washington et Damas). Il confie le gouvernement par intérim au général Michel Aoun. De son côté, le sunnite* Sélim Hoss se déclare premier ministre par intérim.

1989 (mars) Le 14, le général Aoun lance sa «guerre de libération» contre l'occupation syrienne. 16 mai, assassinat de cheikh* Hassan Khaled, *mufti* (haute distinction religieuse et judiciaire) sunnite* du Liban. (juillet) Le 27, enlèvement par les Israéliens d'un dignitaire du Hezbollah*, *cheikh** Abdel Karim Obeid (libéré en 2004). (octobre) Le 22, signature en Arabie Saoudite des Accords de Taëf. Soixante-deux députés libanais (sur quatre-vingt-dix-neuf), rescapés de quatorze années de conflit, approuvent un «document d'entente national» qui modifie l'équilibre institutionnel entre les communautés.

Il est notamment prévu d'abolir le confessionnalisme en politique. Cet accord est rejeté par le général Aoun, qui ne lui reconnaît aucune légitimité. (novembre) Le 4, ce dernier dissout le Parlement. Le lendemain, réunis dans une base militaire du Liban-Nord, les députés élisent René Moawad neuvième président de la République. Celui-ci charge Sélim Hoss de former un «gouvernement d'union nationale». René Moawad est assassiné le 22 à Beyrouth-Ouest. Le 24, les députés élisent Elias Hraoui à la présidence. (décembre) Le 8, le président lance un ultimatum au général Aoun, lui ordonnant de quitter le palais de Baabda.

1990 Le début de l'année voit s'affronter l'armée du général Aoun et les Forces libanaises* (FL) de Samir Geagea (Michel Aoun reproche aux FL de ne pas dénoncer clairement les Accords de Taëf). Le «réduit» chrétien (Metn et Beyrouth-Est) s'enfonce dans la violence. (septembre) Le 21, le président Hraoui signe les amendements constitutionnels de Taëf, donnant ainsi naissance à la «Deuxième République libanaise». (octobre) Le 10, Elias Hraoui demande officiellement à la Syrie une aide militaire pour déloger le général Aoun. Ce dernier annonce sa reddition trois jours plus tard. Réfugié à l'ambassade de France à Beyrouth, il gagne la France à la fin août 1991. Le 21 octobre, Dany Chamoun et sa famille sont assassinés à Baabda. Fils de l'ancien président de la République Camille Chamoun, dirigeant du Nouveau Front libanais (NFL) et partisan du général Aoun, il était aussi un vieil ennemi du clan Gemayel.

1991 En début d'année, première étape de l'évacuation de Beyrouth par les milices et timide retour de l'armée libanaise dans le Sud. Au printemps, seconde étape de la pacification: les milices doivent remettre leurs armes lourdes à l'armée. En juillet, l'armée affronte les Palestiniens dans le Sud. (décembre) Le 6, libération de l'otage américain Terry Anderson, après 2457 jours de captivité! Cette libération marque la fin d'une époque noire pour le Liban.

1992 (été) Premières élections législatives au Liban depuis le début de la guerre (les précédentes remontaient à 1972). La nouvelle Constitution porte de quatre-vingt-dix-neuf à cent huit le nombre des députés. (octobre) Le 22, le président Hraoui charge Rafic Hariri de former le nouveau gouvernement.

1993 (juillet) La tension monte dans le Sud après la mort de cinq soldats israéliens dans la «zone de sécurité». A la fin du mois, Israël déclenche une opération de grande envergure afin de neutraliser le Hezbollah*. Les bombardements massifs font plus d'une centaine de victimes civiles et forcent des dizaines de milliers d'habitants à fuir la zone des combats.

1994 (février) Suite à un attentat en «pays chrétien», le gouvernement interdit les Forces libanaises* (FL) de Samir Geagea, qu'il rend responsable de l'incident. Mis en cause également dans l'assassinat de Dany Chamoun, le chef des

Jeunes Palestiniens

FL comparaît devant la justice libanaise, qui le condamne à la détention à perpétuité (juin 1995). A cette occasion, l'organisation *Amnesty International* s'inquiète des «nombreuses irrégularités» qui entacheraient le procès.

1995 Aggravation de la tension à la frontière israélo-libanaise. A la suite d'un accrochage ayant causé la mort d'un officier israélien, des hélicoptères prennent pour cible et tuent Rouda Yassine, un chef local du Hezbollah* (23 avril). Le 20 juin, ce sont trois soldats israéliens qui sont tués dans une embuscade. (juillet) Le 21 à Beyrouth, l'armée réprime des manifestations contre la hausse des prix.

1996 (avril) L'armée israélienne déclenche sa plus grande offensive depuis 1993. Présentée comme une réponse aux attaques menées par le Hezbollah* sur le nord d'Israël et baptisée *Raisins de la colère,* elle cause la mort d'au moins 150 personnes et entraîne l'exode de plus de 300 000 autres. Pour la première fois depuis 1982, Beyrouth est bombardée. Le 18, l'artillerie de *Tsahal* pilonne le QG de la FINUL* à Cana, où se sont réfugiées des familles libanaises (une centaine de civils sont tués). (décembre) Une série d'attentats antisyriens entraînent de vives tensions politiques et l'arrestation de dizaines d'opposants.

1997 (mai) Visite du pape. S'adressant à «l'ensemble du peuple libanais», Jean-Paul II appelle les chrétiens à «faire tomber les murs» et réclame l'égalité des droits entre toutes les communautés du Liban.

1998 Pour la première fois depuis 1982, date de l'invasion du Liban et de la constitution d'une «zone de sécurité», l'Etat hébreu envisage de retirer ses troupes du Sud-Liban. De son côté, Beyrouth exige l'application stricte des résolutions 425 et 426 des Nations Unies (1978).

1999 Nouveaux raids de l'aviation israélienne sur le Liban. Des infrastructures sont détruites ; la capitale est paralysée.

2000 (mars) Le gouvernement israélien approuve la proposition du premier ministre Ehud Barak, d'un retrait unilatéral des troupes israéliennes du Sud-Liban avant juillet 2000. La situation sur le terrain précipite le départ de *Tsahal* (24 mai). (août) Rafic Hariri revient au pouvoir à l'occasion des élections législatives. (octobre) Le Hezbollah* capture trois militaires israéliens dans le secteur disputé des « Fermes de Chebaa », occupé par Israël, aux confins du Liban, de la Syrie et d'Israël.

2001 (juin) Retrait partiel des troupes syriennes du Grand Beyrouth. En vertu des Accords de Taëf (1989), l'armée syrienne aurait dû se replier vers la plaine de la Bekaa en… 1992. (août) Vague d'arrestations de militants chrétiens antisyriens, accusés de « complot contre la sécurité du Liban ». (novembre) Les Etats-Unis exigent du gouvernement libanais (qui refuse) qu'il prenne des mesures contre le Hezbollah*, que Washington considère comme une « organisation terroriste ».

2002 (janvier) Le 24, Elie Hobeika, l'ancien chef des services de renseignements de Béchir Gemayel, responsable du massacre perpétré en 1982 dans les camps palestiniens de Sabra et Chatila, est assassiné près de Beyrouth.

2004 (septembre) Le 2, à l'initiative des Etats-Unis et de la France, le Conseil de sécurité de l'ONU adopte la résolution 1559, qui appelle « au respect de la souveraineté du Liban et au retrait de toutes les troupes étrangères ». Une résolution qui vise naturellement la Syrie. Dans le même temps, le Pays des Cèdres connaît une crise institutionnelle qui provoque la démission du premier ministre Rafic Hariri (octobre) et son remplacement par Omar Karamé, personnalité prosyrienne.

2005 (février) Le 14, assassinat à Beyrouth de l'ancien premier ministre Rafic Hariri. Le Conseil de sécurité de l'ONU exige que toute la lumière soit faite sur les circonstances de l'attentat. Le gouvernement est sur la sellette. Le 18, un front baptisé l'*Intifada de l'indépendance* est créé à l'initiative de l'opposition antisyrienne, qui conduit à la démission le gouvernement Karamé. (mars) Le 8, une coalition prosyrienne manifeste à Beyrouth, qui se traduit politiquement par la naissance d'un mouvement baptisé *Alliance du 8 mars*. Le 16, c'est au tour des antisyriens de faire une démonstration de force dans la capitale : ce jour marque la naissance de la *Coalition du 14 mars*. Depuis cette date, l'affrontement politique au Liban se résume approximativement par une rivalité entre

8 mars et *14 mars*! (avril) La pression internationale (une Commission internationale indépendante voit le jour le 7) ainsi que les manifestations quotidiennes contre la présence syrienne, contraignent Damas à retirer l'intégralité de ses troupes encore stationnées au Liban. (mai) Après l'annulation des poursuites le concernant, le général Michel Aoun, exilé en France depuis 1991, est autorisé à retourner au Liban. Il se lance alors en politique aux côtés de personnalités... prosyriennes ! (juin) Les élections législatives voient la victoire de l'opposition antisyrienne, menée par le fils de Rafic Hariri, Saad. Le 2, assassinat à Beyrouth du journaliste et opposant antisyrien Samir Kassir. Le 21, c'est au tour d'une autre personnalité antisyrienne, l'ancien chef du Parti communiste libanais, Georges Hawi, d'être tué dans un attentat à la voiture piégée. (juillet) Le 12, Elias Murr, ministre de la Défense, est blessé dans un attentat. Le19, le nouveau cabinet libanais, dirigé par Fouad Siniora, intègre des membres du Hezbollah* et d'Amal*. (août) Arrestation de quatre officiers supérieurs, dans le cadre de l'enquête sur l'assassinat de Rafic Hariri (ils seront libérés en avril 2009). (septembre) Le 25, la célèbre journaliste May Chidiac est gravement blessée dans un attentat. (octobre) La commission d'enquête de l'ONU met directement en cause la Syrie. (décembre) Le 12, le député et rédacteur en chef du quotidien *An-Nahar*, Gebran Tueni (classé antisyrien), est tué dans l'explosion d'un véhicule piégé (son portrait géant orne la façade du siège, place des Martyrs).

2006 (juillet) Après l'enlèvement de deux de ses soldats et la mort de huit autres, Israël déclenche une offensive-éclair sur le Liban. Beyrouth et le Sud-Liban sont violemment bombardés, causant de nombreuses victimes (1200 morts), un exode massif de la population et d'importantes destructions. Le Hezbollah* riposte par des tirs de roquettes sur la Galilée et une résistance acharnée sur le terrain. (août) Le 12, le Conseil de Sécurité adopte la résolution 1701, qui exige l'arrêt des combats et prévoit d'augmenter les effectifs de la FINUL*. Le 17, l'armée libanaise débute son déploiement au Sud. (novembre) Nouvelle crise politique, qui voit le départ, du gouvernement, des députés Hezbollah* et Amal*. Le 21, assassinat à Beyrouth du ministre de l'Industrie Pierre Gemayel, fils de l'ancien président de la République Amine Gemayel.

2007 (janvier) L'opposition déclenche une grève générale, qui dégénère en affrontements dans les quartiers musulmans de la capitale. (mai) Les États-Unis, la France et la Grande-Bretagne obtiennent du Conseil de Sécurité de l'ONU la création d'un *tribunal international* pour juger les assassins de Rafic Hariri (résolution 1757). (mai) De violents combats éclatent entre l'armée libanaise et le *Fatah al-Islam*, un groupuscule salafiste* retranché dans le camp de réfugiés palestiniens de Nahr el-Bared, à Tripoli. L'armée ne parvient à reprendre le contrôle du camp que quatre mois plus tard. (septembre) Le 19, un attentat à la voiture piégée coûte la vie à huit personnes, dont le député antisyrien Antoine Ghanem. (décembre) Le 12, assassinat à Beyrouth du général François El-Hadi, pressenti pour remplacer le chef des armées Michel Sleiman, candidat à l'élection présidentielle.

2008 (février) Le 12, assassinat à Damas d'Imad Moughnieh, chef de la sécurité du Hezbollah*. (mai) Conséquence du limogeage du chef de la sécurité de l'aéroport de Beyrouth, un officier chi'ite* prosyrien, et de la mise hors la loi du réseau de télécommunications du Hezbollah*, de violents affrontements opposent partisans de la majorité et de l'opposition dans tout le pays (on dénombre plusieurs dizaines de morts). Le 14, le gouvernement annule les deux décisions. Un «Accord interlibanais» censé régler la crise politique est signé à Doha, au Qatar. Le 25, élection de Michel Sleiman à la présidence de la République. (juillet) Le 11, le premier ministre Fouad Siniora forme un cabinet d'union nationale. Le 16, Israël et le Hezbollah* procèdent à un échange de prisonniers et de corps de soldats morts au combat. (octobre) Le 15, Beyrouth établit des relations diplomatiques officielles avec Damas.

2009 (mars) Le 1er, ouverture à La Haye du *Tribunal spécial pour le Liban* (TSL), chargé de juger les auteurs présumés d'attaques terroristes perpétrées depuis 2005. (juin) La majorité emmenée par Saad Hariri remporte les élections législatives. (août) Défection du leader druze* Walid Joumblatt. (novembre) Cinq mois après les élections, Saad Hariri parvient à former un gouvernement «d'union nationale». Les 19 et 20, il effectue une visite «historique» à Damas.

2010 Israël multiplie les mises en garde contre le Hezbollah* et le Liban. En mai, il accuse la Syrie de livrer des missiles *Scud* à la milice libanaise. (juillet) Le 4, décès de Mohammad Hussein Fadlallah, l'un des principaux chefs spirituels du Hezbollah*. Religieux atypique, il condamnait toutes formes de violence, y compris les attentats du 11 septembre. Le Hezbollah* annonce que le Tribunal international de La Haye (TSL) s'apprête à mettre en cause certains de ses membres dans l'assassinat de Rafic Hariri. (août) Tension à la frontière avec Israël, après la mort de quatre Libanais et d'un officier de *Tsahal*. (octobre) Le 13, visite d'Etat du président iranien Mahmoud Ahmadinejad. Chaleureusement accueilli dans le Sud, il salue la *résistance* des Libanais contre le régime sioniste. (décembre) Le 21, Téhéran fait savoir qu'il dénie à l'avance toute décision prise par le TSL, qu'il accuse d'être inféodé aux Etats-Unis et à Israël.

2011 (mars) le 25, intronisation du nouveau chef de l'Eglise maronite, Mgr Bechara al-Rahi. Réputé pour son franc-parler, il a d'emblée décidé de briser un tabou en acceptant de se rendre en Syrie. La Syrie touchée à son tour par le «printemps arabe»: face à une contestation grandissante, les autorités ont choisi de jouer la carotte et le bâton, le «retour» de ce dernier risquant toutefois de faire chuter le régime et d'entraîner le Liban dans la tourmente.

Pages suivantes: Le Mont-Hermon domine le sud du Liban

SOCIÉTÉ, ÉCONOMIE, CULTURE

LE *MELTING POT* LIBANAIS

Le Liban n'a pas le privilège (ou la malchance, c'est selon) du *multiconfessionnalisme*. Pourtant, sur ce petit bout de terre escarpée coincé entre mer et désert, ce ne sont pas moins de dix-sept communautés officiellement reconnues – au Liban, la confession est mentionnée sur la carte d'identité – qui se sont tant bien que mal essayées à la coexistence. Une coexistence qui perdure cahin-caha, malgré des décennies de haine et de violences. Il convient d'emblée de préciser que certaines communautés sont à peine représentées: les nestoriens* et les jacobites* par exemple, déjà rencontrés à l'époque du christianisme primitif (voir historique), les chaldéens* héritiers des vieux cultes orientaux, ou encore les juifs de Beyrouth et de Saïda, une communauté qui ne compterait plus que quelques membres (qui préfèrent généralement taire leur confession). D'autres communautés, pour minoritaires qu'elles sont, émergent de cet imbroglio ethnoreligieux. C'est le cas notamment des Arméniens, qui ont fui les pogroms ottomans (ils seraient encore plus d'une centaine de milliers), des melkites* (appelés aussi grecs-catholiques) et des druzes*. Ces derniers forment une dissidence assez inclassable, à mi-chemin entre néoplatonisme et islam. Très présents dans le Chouf et le Hauran, ils doivent leur notoriété autant au caractère exclusif de leur religion qu'au rôle prépondérant qu'ils jouèrent dans la formation nationale du Liban (on se souvient des émirs de la dynastie Maan). Viennent enfin les ultra majoritaires, maronites* et musulmans, ces derniers se divisant entre chi'ites* et sunnites*. Les maronites* ont «colonisé» la montagne libanaise au début du VIIIe siècle. Par leur importance numérique et les liens privilégiés qui les lient à l'Occident, ils forment la première force politique du pays, au point de s'approprier la présidence de la République.

La présence musulmane apparaît comme une évidence dans un Proche-Orient livré à la conquête arabe dès le VIIe siècle. Pourtant, la forte représentation des chi'ites*, minoritaires en islam (environ 10 %), constitue une originalité. Cette communauté est issue d'un schisme* survenu lors de la succession du Prophète, lorsque partisans d'Ali, gendre et cousin de Mohammed (ce dernier n'eut pas de fils) et partisans de ses plus proches compagnons (les sunnites*) se disputèrent l'illustre descendance. Vaincus et persécutés, les partisans d'Ali se réfugièrent dans le messianisme (ils attendent le «retour» de leur imam*) et le culte des martyrs, célébrés traditionnellement lors de la fête de l'*Achoura*, qui s'accompagne parfois de débordements mystiques. Leurs revendications politiques se précisèrent dans les années 1970, à l'initiative de leur leader charismatique, Moussa Sadr, et de son *Mouvement des déshérités*. Mais c'est surtout la Révolution iranienne (1979) qui propulsa les chi'ites* libanais sur le devant de la scène internationale, avec la création du Hezbollah* (*Hizb Allah*, littéralement «le parti de Dieu»), le recours à la violence (ils inaugurèrent les attentats suicides) et les enlèvements. Quant aux sunnites*, on les rencontre dans les centres urbains (Tripoli, Saïda mais aussi Beyrouth), où ils s'adonnent depuis fort longtemps au commerce, ainsi que dans le Nord et dans la Bekaa centrale. Dépositaires d'un islam «orthodoxe», ils ont été la communauté la plus docile de lors l'intermède ottoman, les Turcs étant eux-mêmes sunnites*.

A ces communautés souvent implantées de très longue date, il faut ajouter les réfugiés de toutes origines, dont les Palestiniens, de loin les plus nombreux. Chassés de leurs terres par la création de l'Etat d'Israël (1947) et la guerre qui s'ensuivit, les Palestiniens ont trouvé au Liban un espace d'accueil sans équivalent dans la région. Regroupés dans des camps sur le littoral et à Baalbek, ils étaient au moins 400 000 lors du déclenchement de la guerre en 1975. Pour la

L'ÂME DES DRUZES

Fils d'une famille libanaise émigrée en Arabie saoudite, Imad se tue dans un accident de voiture. Originaires d'un village du Chouf, les parents, Saleh et Samia, rentrent au Liban pour y enterrer leur fils. Ils décident de ne pas retourner en Arabie. Un mois après l'enterrement, dans le même village, on fête la naissance du petit Rami... Comme tous les jeunes enfants, Rami appelle sa maman par son prénom, « Samia », sauf que sa mère se prénomme... Siham. Les années suivantes, d'autres signes troublants amènent les parents de Rami à « consulter » un *cheikh**, un dignitaire religieux, qui conclut... en la réincarnation d'Imad dans la personne de Rami ! Dorénavant, Rami rendra régulièrement visite à sa « mère ».

Cette histoire a pour cadre la société druze, une secte originaire du Hauran. Issus du chi'isme*, les druzes* croient en la métempsycose (la « migration des âmes », *taqammus* en arabe) et en la réincarnation. Une réincarnation qui respecte toutefois les confessions (un druze se réincarne en druze) et les sexes. Il en est ainsi depuis le XIe siècle, depuis que la communauté a fui l'Egypte et les persécutions pour se réfugier dans les montagnes de Syrie et du Liban. Les âmes des druzes* se réincarnent indéfiniment.

Femme druze à Rachaïya

plupart, ces réfugiés ont tenté de se bâtir une existence en exil. Certains cependant ont profité de la grande liberté d'action accordée par l'Etat libanais (ou de son impuissance chronique), pour entretenir une force politique et militaire démesurée pour ce petit pays. A tel point que les Libanais en vinrent à baptiser le Sud *Fatahland*, du nom de la principale composante de l'OLP*, tant la présence palestinienne y était importante, voire contraignante. Véritable «Etat dans l'Etat», la résistance palestinienne avait en effet tendance à oublier son objectif premier (le combat contre Israël) au profit d'une véritable mainmise sur une portion de territoire libanais: présence militaire ostensible, barrages routiers et contrôles d'identités, multiples vexations à l'encontre des citoyens libanais, humiliations répétées de la police et de l'armée.

En 1975, la majorité de la population, tout en reconnaissant les «droits légitimes» des Palestiniens, aspirait au retour des *fidayîn* (les militants armés) dans les strictes limites des camps de réfugiés. Balayée par l'offensive israélienne de 1982 et réduite au silence par l'armée syrienne, la résistance palestinienne tenta ensuite de se reconstituer. Depuis une quinzaine d'années, elle doit faire face tout à la fois au rétablissement de la souveraineté libanaise dans le Sud, à la toute puissance du Hezbollah* – qui ne tolère aucune présence «étrangère», fut-elle en guerre contre Israël – et à ses propres divisions, notamment entre laïcs et intégristes (l'épisode sanglant du *Fatah*, en 2007, en fut la meilleure illustration – voir Histoire, p. 90).

Le cas des immigrés originaires de Syrie est un peu particulier. La soumission de l'exécutif libanais au pouvoir syrien pendant deux décennies a bien sûr facilité l'entrée massive d'une main-d'œuvre pauvre, qui a trouvé au Pays des Cèdres un véritable eldorado (Damas y a vu un moyen de se débarrasser à bon compte de ses chômeurs). Il est difficile de connaître le nombre exact de travailleurs, qui avoisinerait le million; un chiffre à peine croyable pour un si petit pays! Très présents dans l'agriculture, la construction et l'entretien de la voirie, les Syriens sont généralement méprisés par les Libanais, qui leur reprochent en outre de transférer leurs (maigres) salaires dans leur pays d'origine, privant ainsi les banques libanaises d'un argent durement gagné.

Il convient aussi de mentionner les populations nomades originaires de l'hinterland désertique, en voie de sédentarisation. Un peu à l'image de nos *Manouches* en Europe, elles sont les victimes désignées de la mauvaise humeur ambiante. Familiers des zones désertiques et des bidonvilles, les Bédouins (auxquels sont généralement amalgamés les *Gitans arabes*) se sont installés dans la Bekaa aride, où ils pratiquent l'élevage, et dans la zone beyrouthine, qu'ils partagent avec les déshérités de toutes origines.

Faisons enfin une place à la main-d'œuvre docile et quasi servile constituée principalement de Philippines, employées de maison tant de la petite bourgeoisie libanaise, que des expatriés. On croise ces femmes asiatiques un peu partout, faisant les courses ou s'occupant des enfants. Une population qui peut aujourd'hui s'approvisionner dans des boutiques où les produits sont estampillés *made in Manille*.

On s'en doute, la guerre a laissé son empreinte dans ce paysage culturel contrasté. Les communautés les plus nombreuses se sont généralement barricadées dans leurs fiefs traditionnels – les maronites* dans le *Marounistan* (Metn et Kesrouan) et à Beyrouth-Est, les druzes* dans le Chouf, les sunnites* dans Tripoli et Saïda –, accélérant ainsi la «cantonisation» du Liban. Certaines se sont créé des «sanctuaires», comme les chi'ites* dans la Bekaa centrale et la banlieue sud de Beyrouth, mais aussi dans le Sud-Liban, où ils continuent de mener une guérilla contre Israël, toujours prompts à mener des expéditions punitives contre la résistance. Les autres ont fait comme elles ont pu, bringuebalées au gré des alliances politiques et des combats, optant souvent pour l'émigration. Et puis il y a ceux qui n'avaient aucune chance de trouver un asile quelque peu sûr au Liban. Les juifs par exemple, que la population, dans un réflexe de peur et d'exaspération, a volontiers amalgamé à l'envahisseur israélien, alors que la (petite) communauté juive libanaise incarnait elle aussi une certaine idée de convivialité et de tolérance (fin 2010, la synagogue *Maghen Avraham*, située dans le centre historique beyrouthin, était en restauration).

Une chose est certaine: le Liban ne retrouvera une véritable stabilité que lorsque les communautés auront décidé à nouveau de pratiquer la mixité. Nous n'en sommes pas encore là, et le voyageur ne manquera pas de constater à quel point certaines régions, le Mont-Liban et le Chouf notamment, sont d'une homogénéité douteuse. Car derrière le discours généreux sur la nécessaire réconciliation nationale, se dissimule parfois le visage d'un Liban suspicieux et exclusif, celui-là même qui a nourri la *fitna*, la discorde. La guerre et les turpitudes politiques qui ont suivi (crises institutionnelles, assassinats, affrontements) ont montré que le consensus était fragile et que les vieilles haines avaient la peau dure. Et s'il est vrai que les Libanais ont été victimes de multiples manipulations et de marchandages cyniques, il est tout aussi vrai qu'ils doivent beaucoup à leur manque de discernement et de tolérance les années de plomb qui les ont brisés. A trop s'en être remis à la fatalité et au pouvoir discrétionnaire (voire totalitaire) des chefs de clans/partis/milices, les Libanais ont oublié que l'heure des comptes viendrait, et que ces petites parcelles de liberté qu'ils pensaient avoir conquises risquaient de se transformer en réduits stériles et sans lendemain.

En guise de conclusion, on rappellera seulement qu'au Liban l'équivalent arabe du mot citoyen *(muwâtin)* n'est apparu dans la Constitution qu'en… 1990! Un pays où les habitants avaient préféré la notion de *communauté* à celle de *citoyenneté*, se préparait nécessairement des lendemains difficiles. Une leçon que les Européens feraient bien de méditer…

BANQUIERS ET PAYSANS (L'ÉCONOMIE)

Les Libanais (du moins certains) le répètent à l'envi: «ils» sont les descendants des Phéniciens, l'une des grandes civilisations de l'Antiquité, qui a donné l'alphabet et la pourpre, et permis la diffusion de la Bible. Ce *Phénicien*, que l'on sort de sa manche chaque fois que le pays traverse une grave crise politique et identitaire, a une fonction éminemment valorisante – une «image-refuge» en quelque sorte, au même titre qu'un quartier de Beyrouth ou un «canton». Le long conflit multiforme, loin d'avoir altéré cette image, lui a au contraire redonné des couleurs: *phénicien* dans l'âme, le Pays des Cèdres a réussi à surmonter ces terribles épreuves et s'apprête à renaître de ses cendres (les Grecs avaient sémantiquement associé la Phénicie – *Phoinikè* – et le Phénix – *Phoinix*). La réalité (passée et présente) est évidemment bien différente.

Le Liban a d'abord profité d'une conjoncture historique des plus favorables. Sans remonter aux époques les plus lointaines, notons que c'est au moment de la désagrégation de l'Empire ottoman et de la mise en place du Mandat* (1920), que le pays a le plus profité de la dynamique impulsée par le capitalisme européen. Protégé par une France coloniale et «civilisatrice», le Liban eut en effet droit à un traitement de faveur, quand la Syrie par contre était punie et humiliée pour avoir manifesté trop ostensiblement son désir d'indépendance. Il reçut alors la rançon de son allégeance: des frontières sur mesure (incorporant un riche terroir), la formation de ses élites, la constitution d'une bourgeoisie d'affaires associée à son homologue métropolitaine, de lourds investissements dans les équipements et les infrastructures. Partant, le Liban des années 1950 allait être en position de force pour jouer un rôle majeur dans la région. La guerre en Palestine, malgré ses conséquences politiques désastreuses, devait même s'avérer finalement payante: le boycott des ports palestiniens profita à ceux du Liban, qui n'avaient pas alors de concurrents sérieux. L'Arabie Saoudite et l'Irak acheminèrent leur pétrole jusqu'à la Méditerranée *via* les terminaux de Zahrani et de Tripoli, les capitaux affluèrent vers la place financière de Beyrouth. Le boom pétrolier des années 1960 ne fit qu'accentuer cette tendance, tandis que l'argent des émigrés venait remplir les coffres de la *Suisse de l'Orient*, comme on aimait alors qualifier la petite république.

Agriculteur chiite dans la Bekaa

Près du site archéologique de Baalbek

Ce fut surtout le secteur tertiaire qui bénéficia de cette croissance exceptionnelle (6 % par an en moyenne). En 1974, il représentait 70 % du revenu national, dont 30 % pour le seul commerce. Le tourisme connut son âge d'or au début de la décennie 1970, le Liban accueillant en moyenne plus d'un million de visiteurs par an ! L'envers de la médaille, ce fut une certaine faillite de l'agriculture et le fort exode rural qui s'ensuivit : originaires du Aakkar, de la Bekaa ou du Sud-Liban, des milliers de petits paysans pauvres sont venus gonfler la banlieue de Beyrouth. C'est là une image peu flatteuse, que les dépliants du *Conseil national du Tourisme* se sont bien gardés de diffuser. Car si la *Phénicie* semble toujours à l'honneur, encore faut-il préciser qu'il existe des *Phéniciens* riches et d'autres... pauvres. En 1958, une enquête montrait que 4 % de « très riches » accaparaient 33 % du revenu national ! Les plus riches, ce sont bien évidemment les « patrons », petits féodaux de la politique et de la finance. Seuls les profits à court terme intéressent les investisseurs et les banques, qui ignorent généralement les projets de développement, accentuant ainsi les inégalités et les frustrations (la reconstruction du centre de la capitale, « vitrine » d'un Liban dynamique, en est la meilleure illustration).

Cela n'aura pas été assez dit : la guerre du Liban, ce fut *aussi* un conflit social. Les années qui précédèrent la déflagration, la colère grondait, amplifiée et relayée par les antagonismes communautaires. Une économie souterraine se développait (avec la drogue notamment), qui ne devait rien au « génie » libanais,

La Fièvre des Bâtisseurs

S'il est une aubaine pour les bâtisseurs, ce sont bien les guerres : on efface tout et on recommence ! La destruction du centre de la capitale appelait donc logiquement sa reconstruction. Toute la question était de savoir ce que l'on allait garder ou raser, mais plus encore pour qui on allait reconstruire. Car derrière tous les projets plus ou moins sérieux se profilait le Beyrouth de demain, et plus largement l'avenir du Liban.

Le premier réflexe fut celui de la méfiance, tant les « grands projets » s'enlisaient généralement dans les sables de la mouvante réalité libanaise. Au début des années 1960 déjà, l'Etat avait fait appel à l'urbaniste français Michel Ecochard (1905-1985), qui connaissait bien la Syrie et le Liban, afin de travailler au nouveau plan directeur de l'aménagement du Grand Beyrouth. L'époque était à la création de villes nouvelles (on pense évidemment à la création de Brasilia par l'architecte Oscar Niemeyer). Michel Ecochard projetait d'en bâtir une non loin de l'aéroport. Le résultat on le connaît : de ville nouvelle, point, mais des quartiers laissés à l'abandon, qui accueilleraient plus tard les réfugiés du Sud chassés par la misère et la guerre. Certains avanceront que la situation régionale et intérieure se dégradant, il n'était plus question dans les années 1970 d'envisager un aménagement de grande échelle. La guerre allait de toute façon renvoyer le débat à plus tard, même si chaque période d'accalmie fut mise à profit pour réparer et construire.

Le grand artisan de cette reconstruction fut Rafic Hariri, qui était apparu dans les années 1980 comme l'un des plus actifs promoteurs de la rénovation du centre ville. A l'époque, il n'avait que l'argent. Dix ans plus tard il avait en plus le pouvoir (il a été nommé premier ministre pour la première fois en 1992). L'année précédente, le Parlement avait ratifié une loi (la 117), qui créait le Conseil pour le Développement et la Reconstruction (CDR)*, chargé de coordonner l'action de l'Etat et des investisseurs privés. Il s'agissait alors de générer un fonds d'investissements (*Solidere*, Société libanaise pour le développement et la reconstruction) propre à la réhabilitation des cent hectares définis dans le plan d'aménagement, auxquels il fallait ajouter les espaces gagnés sur la mer à Minet el-Hosn. Les projets prévoyaient de conserver au centre ville son plan d'urbanisme et son caractère

Pourtant, des personnalités ou des associations s'inquiétaient, à juste titre, des réelles intentions des pouvoirs publics, largement dominés par les intérêts privés ! Qu'allait-on faire des dizaines de milliers de squatters chassés de leurs villages par la guerre, qui n'auraient évidemment plus leur place dans le nouveau Beyrouth ?

d'autant que les responsables politiques étaient parfois les premiers à en profiter. La guerre allait d'autant vivifier cette économie que les capitaux désertaient un pays livré à violence et au pillage : en 1976, le quartier des banques à Beyrouth était mis en coupe réglée par les milices, tandis que les grands hôtels étaient le théâtre d'affrontements sanglants. La « cantonisation » effective du pays se traduisit par l'effondrement de l'Etat (ou vice versa) et le triomphe des

Qu'allait-il advenir de certains bâtiments, qui faisaient partie du patrimoine et de la mémoire des Beyrouthins ? (Le poste de police de la place des Martyrs, une bâtisse d'époque ottomane qui aurait pu être restaurée, fut dynamité !) Quel serait l'avenir des vestiges archéologiques, que l'on ne manquerait pas de mettre au jour au cours des travaux de terrassement ? Vingt ans plus tard, il serait facile de botter en touche en disant que le résultat est mi-figue mi-raisin : certains bâtiments emblématiques ont en effet été conservés et restaurés, comme par exemple l'immeuble de la Municipalité, tandis que des espaces archéologiques attendent de connaître leur sort définitif (on peut s'inquiéter pour l'avenir du *Tell** ancien) ; d'un autre côté, des édifices moins prestigieux (plus « populaires ») n'ont pas réussi à émouvoir les aménageurs, plus préoccupés à faire pousser un peu partout des immeubles de béton, de verre et d'acier.

Architecture beyrouthine de style classique

Une chose est sûre : passées les premières années de l'après-guerre, où la priorité fut de panser les plaies et de renouer avec une existence normale, la population s'est ensuite inquiétée des projets plus ou moins opaques et délirants des « nouveaux bâtisseurs ». Des associations ont été créées, la presse s'est fait l'écho des débats, des contre-propositions ont vu le jour. Bref, un « esprit citoyen » s'est manifesté, une première au Pays des Cèdres ! Signe de ce ras-le-bol des Beyrouthins, conscients en outre de l'exploitation de la « mémoire » de l'ex-premier ministre Rafic Hariri, assassiné en février 2005 à Minet el-Hosn, à quelques dizaines de mètres du mythique hôtel Saint-Georges, c'est sur la façade de ce même hôtel que fut déployée, en décembre 2010, une immense bâche sur laquelle on pouvait lire « STOP *SOLIDERE* ».

milices, la Bekaa pour sa part produisant toujours plus de drogue – au commerce de laquelle toutes les parties ou presque ont d'ailleurs pris part. Le petit peuple, quant à lui, s'est inventé alors une nouvelle forme de vie économique, dans laquelle la famille et la débrouillardise tenaient une grande place. N'oublions pas enfin que l'argent des émigrés a joué pour beaucoup dans la survie du Liban.

Lorsque sonna l'heure de la reconstruction, une question lancinante vint gâcher les «retrouvailles libanaises»: reconstruire quoi, au juste? La paupérisation (parfois extrême) d'une grande partie de la population aurait dû inciter les nouveaux dirigeants à bâtir des projets ambitieux, qui ne se limiteraient pas à la seule «vitrine» qu'est le centre de Beyrouth – *Downtown Beirut*, comme il est aujourd'hui de bon ton de l'appeler. Ainsi les généreux projets de réhabilitation présentés à la Banque mondiale en 1991 (logement, santé, éducation, énergie, etc.) supposaient-ils une bonne dose de détermination et de courage, des vertus qui ont souvent fait défaut dans un passé proche. Quoi qu'il en soit, les années 1990 ont vu le pays renouer avec une certaine prospérité, qui s'est cependant affirmée au détriment des plus pauvres et dans une fuite en avant sans précédent: entre 1992 et 1997, la dette publique libanaise est passée de 1,5 milliards à... 13 milliards de dollars! Un déficit qui aurait tétanisé n'importe quel ministre des Finances européen... Surtout, le Liban a renoué avec ses vieilles habitudes de spéculation et de corruption, l'une et l'autre attisées par les projets pharaoniques de reconstruction du centre de la capitale (société *Solidere* pour la reconstruction de Beyrouth – www.solidere.com).

Pendant ce temps, le niveau de vie d'un tiers de la population n'a cessé de se détériorer, tandis que les fortunes générées par la guerre n'en finissaient pas de défigurer le Pays des Cèdres, en s'investissant dans des projets immobiliers et touristiques tous azimuts. C'est ainsi que le Liban peut aujourd'hui afficher un revenu par habitant très honnête (plus de 6000 dollars), loin derrière l'Europe certes, mais néanmoins premier du classement au Proche-Orient arabe. Une belle prouesse pour un pays meurtri par des décennies de violences, et récemment encore soumis à des bombardements massifs (été 2006). Une prouesse cependant qui cache mal les inégalités et qui, comme aux heures glorieuses des années d'insouciance, résulte plus de la spéculation (financière, foncière, immobilière) que du «travail» (le potentiel agricole reste à peine exploité). L'économie libanaise repose donc sur une grosse *bulle*, dont on imagine aisément les effets si elle venait à éclater.

DÉSIR D'ORIENT (LE VOYAGE)

Même s'il a perdu de son exotisme, le *voyage en Orient* reste une destination plébiscitée par beaucoup d'Occidentaux. Il demeure toutefois très dépendant des aléas politico-militaires, qui font le «charme» de la région. Rendons d'abord hommage ici aux aventuriers, marchands et autres mystiques, qui ont ouvert la voie. Que ce fût en effet l'appétit des richesses matérielles (l'or et les épices) ou la soif de spiritualité, nombreux furent les voyageurs à avoir succombé à la fascination qu'exerça (et exerce toujours) une terre qui vit naître les grandes religions monothéistes. Chacun y trouve «ce qu'il cherche», au terme d'une *quête* qui chez certains prend parfois une dangereuse tournure névrotique. Car avec l'*Orient*, il s'agit d'un « voyage inversé », un « retour » à des origines parées de toutes les vertus : ne dit-on pas que c'est là que se situait le Paradis terrestre (il existe dans la montagne libanaise une ville nommée Ehden)? Mais alors un paradis qui sent le soufre, sur lequel régnerait en maître l'ange exterminateur, et où Adam et Eve eux-mêmes en seraient venus à régler leurs querelles à la kalachnikov !

D'aucuns diront qu'il existe une espèce de « touristes » un peu particulière, de ceux qui recherchent justement des lieux de tension ; manière il est vrai assez excitante, mais passablement dangereuse, d'aller goûter *au fruit défendu*... Cette quête, on s'en doute, ne va pas sans mal. Le mythe en effet se satisfait assez peu de la réalité. Car si l'Orient fascine, il peut aussi décevoir. Il est par exemple aujourd'hui difficile de partir sur les traces des Phéniciens, quand le littoral sur lequel leur civilisation s'est épanouie fait l'objet d'une spéculation foncière effrénée. La guerre d'abord, la reconstruction ensuite, ont en effet laissé le champ (presque) libre aux spéculateurs de tous poils. Notons à ce propos que c'est paradoxalement au Sud, occupé jusqu'en 2000 par les Israéliens, que se trouvent aujourd'hui les plus beaux paysages du Liban. Qu'on le veuille ou non, le Liban a longtemps été une image un peu jaunie, celle d'un pays où il faisait

BEYROUTH, UN « ENFER DÉLICIEUX »

Dans un ouvrage autobiographique, *Les corbeaux d'Alep*, Marie Seurat, l'épouse du chercheur Michel Seurat, mort en 1986 alors qu'il était retenu en otage par des militants intégristes, a su traduire avec force le climat délétère qui régnait sur le Pays des Cèdres pendant les années de plomb. Elle décrit une ville en proie à tous les excès et à tous les fantasmes :

« La guerre comme une drogue [...] Beyrouth remplissait son office d'enfer poétique, nous versant son poison délicieux ! [Elle] mélangeait sans cesse la bande dessinée à la tragédie. » Dans ce « jardin des délices », toutes les extra-versions, ou presque, étaient permises : « Les couples explosent [...] L'homo-sexuel latent passe enfin aux actes. Celui qui n'a jamais osé tromper sa femme franchit le pas. A chacun Beyrouth révèle son diable secret. »

La mort a dressé sa tente au milieu de ce capharnaüm mâtiné de *Sodome*, n'épargnant aucune rue, aucun appartement, aucun recoin. N'existent plus que l'instant et l'éphémère. A quoi bon alors se refuser les petits plaisirs d'une existence en sursis ? Il faut reconnaître que la guerre a donné au Liban une dimension morbide rarement égalée. Certains Occidentaux coincés dans cet « enfer délicieux », ont d'ailleurs pris toute la mesure d'une situation exceptionnelle qui donnait à la vie un piquant particulièrement savoureux.

Marie Seurat, *Les corbeaux d'Alep*, Gallimard, 1989

bon vivre, où toutes les cultures s'étaient donné rendez-vous pour façonner une société sans égale. Sauf que cette *société idéale* s'est précipitée dans une folie meurtrière et destructrice, un maelstrom qui a emporté l'album inachevé d'une famille déchirée.

PRÉCURSEURS ET DÉFRICHEURS

L'une des toutes premières relations de voyage au Levant est celle qu'en fit Hérodote. L'historien grec (v. 484-425 av. J.-C.) privilégia le voyage pour parfaire ses connaissances et mieux comprendre ses contemporains. En parcourant le littoral phénicien, il fit des rencontres surprenantes et pleines d'enseignements. On savait par exemple que les Phéniciens étaient de très habiles navigateurs et qu'ils parcouraient avec aisance cette « mer intérieure » (*Thalassa*) tant redoutée dans l'Antiquité. Ce qu'on ne savait pas encore – et dont on n'a pris la mesure que bien plus tard – c'est que les marins de Byblos et de Tyr étaient en possession de véritables cartes, gravées sur des plaques de cuivre, qui indiquaient « toutes les mers et tous les fleuves ». Très intéressé, Hérodote chercha naturellement à se les procurer. Peine perdue : jaloux de leur savoir, les Phéniciens refusèrent de les lui montrer, encore moins de les lui céder ! Ces cartes en effet étaient des outils redoutables au service de leur domination commerciale. La Phénicie n'était pas devenue une puissance maritime par hasard. On sait par ailleurs que le géographe grec Ptolémée s'appuya sur les informations des marins de Tyr pour l'élaboration de ses propres cartes.

La leçon fut d'ailleurs bien retenue par les grands conquérants de l'Antiquité, à commencer par les Romains. Au fur et à mesure que leur empire s'étendait, ils prirent soin en effet de cartographier leurs conquêtes, en indiquant minutieusement les routes qui quadrillaient leur immense domaine. C'est bien connu, tous les chemins mènent à Rome ! Ainsi, grâce à la *Table de Peutinger*, une copie médiévale du réseau routier de l'Empire romain des IIIe et IVe siècles, on connaît avec précision le tracé de la « voie d'Antonin », la *via maris* qui courait sur plus de 4000 milles (près de 6000 km) du nord de l'Afrique jusqu'au nord du Liban. Sur le rivage phénicien, cette route reliait les cités maritimes de Tyr, Sidon, Beyrouth, Byblos et Antioche. On suppose qu'au moins dans sa section orientale, elle ne faisait que reprendre un tracé beaucoup plus ancien, celui des invasions asiatiques de la Haute-Antiquité. Les voies romaines étaient réputées pour leur robustesse. Empierrées et dallées, elles ont été aménagées dans l'optique d'un empire millénaire. Ainsi les voyageurs mentionnent-ils à de nombreuses occasions ces routes exceptionnelles, d'une longévité d'autant plus grande que certaines furent réutilisées et donc entretenues sans discontinuer jusqu'aux chantiers de l'ère moderne.

En 1843, Gérard de Nerval pouvait contempler depuis les hauteurs de Beit Méri « le ruban jaunâtre que trace le long de la mer cette belle route d'Antonin, où l'on voit sur les rochers des inscriptions romaines et des bas-reliefs persans». Trente ans plus tard un autre voyageur, Eugène Melchior de Vogüé, découvrait à proximité du Nahr el-Kalb (la «rivière du Chien», appelée *Lycus* dans les sources anciennes) «un pavé de dalles antiques, disjointes et brisées [qui sont] un reste de la voie romaine [...] Toute l'antiquité armée a passé là, comme en font foi les archives de cette curieuse route, conservées sur les rochers dans lesquels elle est taillée: des stèles creusées l'une à côté de l'autre dans la paroi de pierre offrent des restes d'inscriptions de toutes les langues et des emblèmes de tous les conquérants qui ont fait halte entre deux batailles dans le vallon du Nahr el-Kalb» (*Syrie, Palestine, Mont-Athos*, 1876). L'un et l'autre font référence aux bas-reliefs gravés sur la paroi rocheuse, certains, les plus anciens, remontant à Ramsès II.

Routes stratégiques, les voies romaines étaient aussi des artères de civilisation. La *pax romana* garantissait en effet un minimum de sécurité aux voyageurs, aux commerçants et aux pèlerins (les grands sanctuaires païens étaient alors très fréquentés). Profitant à leur tour de cette liberté de circulation, les chrétiens inaugurèrent une nouvelle forme de prosélytisme, parcourant sans relâche les routes de l'Empire afin de porter la «bonne parole» des Evangiles. Ils purent ainsi convertir ou renforcer dans leur foi des communautés éparses, avant, le plus souvent, de finir leur existence en martyrs. Paul fut de ceux-là. Ce

Arc de triomphe dans la nécropole de Tyr avec, à droite, les ruines de l'aqueduc

juif né sous le nom de Sha'oul (Saul) à Tarse, ville grecque de Cilicie, ne reçut le nom (romain) de Paul qu'après sa conversion. Comme il le dit lui-même, il a été «saisi par le Christ Jésus» sur le chemin de Damas, alors qu'il conduisait justement une expédition punitive contre ces mêmes chrétiens. Voyageur infatigable, il parcourut la Méditerranée orientale de Jérusalem à Corinthe, fondant des communautés (des *Eglises*) avec lesquelles il restait en contact permanent par le biais de lettres (*épistolê* en grec, les Epîtres) «comme un père qui exhorte ses enfants».

Son premier voyage le mena à Jérusalem, le saint du saint du christianisme. Là il reçut l'enseignement fondamental et partit prêcher sur le littoral palestinien, de Gaza à Césarée. En l'an 49 il longea le littoral phénicien pour se rendre à Antioche. On imagine aisément qu'il emprunta la *via maris*, la route la plus sûre et la plus rapide pour gagner la troisième ville de l'Empire, après Rome et Alexandrie. Car l'évangélisation en terre d'Orient fut d'abord affaire de citadins. Les villes étaient nombreuses et populeuses (Antioche aurait compté plusieurs centaines de milliers d'habitants). Elles concentraient tous les pouvoirs, militaire, politique et religieux, tandis que le cosmopolitisme qui les caractérisait favorisait évidemment les contacts (en plus du grec, Paul parlait l'hébreu et l'araméen). C'est là enfin qu'on trouvait les (faux) messies et les (faux) prophètes, autant de concurrents redoutables pour les chrétiens. Même si elles avaient connu un inexorable déclin, les cités phéniciennes constituaient encore d'importants foyers de civilisation. Les ports de Tyr et de Beyrouth grouillaient d'une population bigarrée, où se côtoyaient marchands et esclaves de toutes nations, originaires aussi bien de Grèce et d'Anatolie que des déserts d'Arabie. L'évangélisation y était alors bien plus «rentable», puisque les nouveaux convertis constituaient autant de futurs missionnaires en terre païenne. Le christianisme s'y est d'ailleurs développé de bonne heure puisque, de passage à Tyr en l'an 57, lors de son troisième voyage, Paul fit la connaissance d'une petite communauté. Réjoui par le dynamisme de ses coreligionnaires phéniciens, il décida de rester quelques jours dans ce haut lieu du paganisme oriental. Gageons qu'il a dû mettre à profit ce court séjour pour s'assurer de la bonne *orthodoxie* de ses ouailles, tant les déviances étaient nombreuses chez les adeptes de la nouvelle religion. Les convertis de fraîche date avaient en effet la fâcheuse manie d'adapter l'enseignement du Christ à leur quotidien, n'hésitant pas à le mâtiner de rituels païens et de superstitions diverses! Arrêté à Jérusalem en l'an 58, l'apôtre fut d'abord emprisonné à Césarée, puis conduit à Rome où il mourut sans doute décapité. On notera que le sixième et dernier voyage de Paul se fit par mer, et que la première escale fut... Beyrouth. Sans doute le bateau qui l'emmenait vers son supplice transportait-il quelque marchandise à négocier.

Les déplacements, on l'a dit, étaient facilités par l'extraordinaire réseau routier construit par les Romains. Mais l'accueil des voyageurs constituait un autre élément déterminant; une tradition qui a d'ailleurs perduré jusqu'à nos jours. Dans l'Antiquité, le nomadisme était une activité largement répandue, indispensable même à la survie d'une économie basée sur les échanges. Pour beaucoup, le voyage était une seconde nature. On ne s'étonnera donc pas du parallèle que les anciens faisaient entre pérégrination et quête spirituelle. Une recherche avide que les Occidentaux déclinèrent sous diverses formes plus ou moins «orthodoxes»: le *Graal* des illuminés, la *Pierre philosophale* des alchimistes, ou encore la *princesse lointaine* des troubadours. Des siècles plus tard, les Romantiques firent à leur tour le voyage vers l'Orient, aux sources mêmes de cette spiritualité – ne disait-on pas que la «lumière» venait de l'Orient *(Ex Oriente lux)*?

Le voyageur n'avait en principe aucune difficulté pour trouver un gîte pour la nuit, voire pour plusieurs jours. Le long du rivage levantin, pour ne s'en tenir qu'à la région qui nous intéresse, s'étaient épanouies nombre de cités prospères, qui accueillaient volontiers tout ce que le bassin méditerranéen comptait de marchands, d'aventuriers, de mercenaires ou de lettrés. Seules les périodes de troubles et les catastrophes naturelles pouvaient contrarier les déplacements. Comme par exemple lors d'un de ces violents tremblements de terre qui ravagèrent la Méditerranée orientale dans l'Antiquité: l'île de Santorin (Théra) fut frappée à plusieurs reprises, la Phénicie le fut durement l'année 555. Les communautés accueillaient d'autant mieux l'étranger qu'il était porteur de nouvelles et d'enseignements. Les chrétiens surent mieux que les autres profiter de cet esprit ouvert et curieux, dans une époque de bouillonnement intellectuel et de décadence des vieilles idoles. A la fin du IVe siècle toutefois, lorsque le christianisme devint la religion dominante (puis officielle) de l'Empire romain, les voyageurs-missionnaires s'engagèrent dans une chasse aux récalcitrants – païens endurcis et hérétiques de tous poils –, oubliant volontiers que les chrétiens des premiers temps avaient pu trouver asile auprès de communautés païennes tolérantes. Passé sous domination byzantine, le Levant dut supporter l'intolérance des *basileus* (les empereurs d'Orient) qui menaient la chasse aux idoles et aux hérétiques, comme Rome l'avait fait avec les chrétiens.

A cet égard, la conquête arabe du VIIe siècle ouvrit des perspectives plus heureuses. Nomades par nature, les Arabes couvrirent la région de caravansérails*, destinés à l'origine aux caravanes de marchands mais qu'utilisaient volontiers les simples voyageurs. C'était le lieu privilégié des rencontres fortuites et des échanges d'informations. Les Arabes furent par ailleurs d'excellents géographes, ayant reçu la tradition grecque (Ptolémée) en héritage. Le remarquable al Muqaddasi, qui vécut au Xe siècle, nous a notamment laissé une carte de la Syrie et de la Palestine sur laquelle on distingue Saïd (Saïda), Sidon et Lattaquié (la Laodicée des Anciens). Au Moyen Age, le pèlerinage en *Terre sainte* se développa, poussant des foules toujours plus nombreuses vers Jérusalem. Ni les Arabes d'abord, ni les Turcs ensuite, n'entravèrent pas ces déplacements (ils prélevaient par contre une substantielle taxe pour l'accès au Saint

ET SI C'ÉTAIT... LE PARADIS TERRESTRE...

A prendre la Bible à la lettre – ce dont ne se privent pas les créationnistes –, le paradis terrestre est parfaitement localisé: quelque part en Mésopotamie, entre Tigre et Euphrate, dans une « plaine » (*édinu* en babylonien, *éden* en hébreu) fertile. Alors pourquoi en avoir cherché les traces ailleurs ? Sans doute parce que cette *quête du paradis perdu* a surtout été une préoccupation des chrétiens, et que sa localisation en Mésopotamie l'éloignait trop de la Terre sainte. Le Levant à coup sûr faisait mieux l'affaire. Le Liban notamment présentait un visage luxuriant, qui s'accordait parfaitement avec l'idée que l'on pouvait se faire du jardin originel : l'eau à profusion, l'agriculture, le lait et le miel... Quant à « l'arbre qui est au milieu du jardin », la *Mishna* (les commentaires de la Thora) l'identifie plutôt à un cep de vigne, cultivée en ces lieux depuis la plus haute Antiquité (la fameuse « pomme d'Adam » ne serait donc en fait qu'un pépin de raisin) ; bref une nature généreuse.

Pour leur part, les voyageurs romantiques ont d'emblée associé Liban et paradis. A l'exemple de Lamartine, qui s'embarqua pour le Levant afin d'y chercher « les souvenirs de l'humanité primitive ». Les abords de ce « paradis » sont par contre fort dangereux, le mouillage ne pouvant s'effectuer que dans quelques rades traîtresses, à une assez grande distance du rivage (en 1952, le paquebot *Champollion* fit naufrage en face de Khaldé, au sud de Beyrouth). Plus loin, il confie qu'il a « suivi Milton [l'auteur de *Paradise Lost*, 1667] dans ses délicieuses descriptions de ce séjour enchanté de nos premiers parents ». La population elle-même semble n'avoir pas changé depuis des millénaires. Ces jeunes femmes notamment, rencontrées dans les environs de Beyrouth. Ces visages « d'une naïveté primitive et simple d'expression, rendus plus enivrants encore par une langueur sereine et voluptueuse, par un jour céleste que le regard des yeux bleus bordés de cils noirs répand sur les traits, et par une finesse de sourire, une harmonie de proportions, une blancheur animée de la peau, une transparence indescriptible du teint, une grâce de mouvements ». Lamartine aurait-il croisé les *filles* d'Eve ? Les *fils* d'Adam ne sont pas en reste : « Les figures de ces hommes étaient douces, sereines, respirant la paix et le contentement. » Mais Milton n'oublie pas de décrire l'arrivée fracassante de Satan, le combat entre anges fidèles et anges révoltés. Satan, qui sait trouver les mots justes lorsqu'il s'agit de l'exercice du pouvoir : « mieux vaut régner en Enfer que servir dans le Ciel ». Une formule reprise à leur compte par les chefs de clans et autres seigneurs de la guerre, du temps de Lamartine (les affrontements communautaires de 1840 puis 1860) et au siècle suivant.

Mais rien n'y fait : l'image du paradis continue de coller au Liban. Le pays peut bien sombrer dans le chaos et l'horreur, il reste pour les Européens un paradis, même livré aux pires atrocités ! En 1990, une exposition de *Médecins du Monde* à l'Institut du Monde arabe, à Paris, accueillait le visiteur avec ce texte :

«1975, 1990, quinze années qui ont transformé le Liban, **paradis sur la terre ou presque** [c'est nous qui soulignons], en un cloaque, un chaudron où bouillonnent en permanence la violence, la passion, l'amour et l'argent. Pourquoi ? Comment ? Par qui ?» Violence, passion, amour, argent: une formule malheureuse marquée au coin du moralisme chrétien, qui sous-entendait à peine que le Pays des Cèdres avait plongé dans l'abîme... à cause de ses «péchés». Consciemment ou non, cette ONG réputée s'était laissée piéger par une imagerie coloniale et moraliste. L'enfer, paraît-il, est pavé des meilleures intentions...

Beyrouth *by night*

Sépulcre, le tombeau du Christ). Avec le développement des flux commerciaux entre l'Occident et l'Orient au XIe siècle, les pèlerins pouvaient aisément s'embarquer sur des bateaux italiens ou français qui cinglaient vers le *Machrek*, l'Orient arabe (*Maghreb* désignant l'Occident). En transformant les pieux pèlerinages en expéditions guerrières, les croisés sont venus bouleverser cet équilibre naissant. Certes les voyageurs étaient taxés, parfois rançonnés ou même réduits en esclavage. Pourtant la première croisade ne saurait être justifiée par les mauvais traitements infligés aux pèlerins. Après tout, l'Occident chrétien s'y connaissait en servitude et en impôts aussi lourds qu'injustes, avec la bénédiction de l'Eglise ! Prétexte donc – si le mot n'était pas anachronique, on pourrait parler de véritable «propagande» – que des foules ignorantes et frustrées reprirent à leur compte. L'imagerie nous a légué des chevaliers lourdement armés, arborant fièrement une croix écarlate sur leur cotte de mailles, affrontant en ligne des cavaliers arabes impétueux maniant l'arc et le *saïf*, le sabre à large lame recourbée, popularisé en Occident sous le nom de *cimeterre*. On oublie cependant que beaucoup d'Européens ont pris, à cette époque, leurs quartiers en Orient, se fondant même dans une société de tous temps cosmopolite. Le religieux Foucher de Chartres, qui participa à la première croisade et en écrivit l'histoire, nous a légué des impressions beaucoup plus pacifiques, brossant le tableau d'un monde moins manichéen que les récits des croisés ne le laissent penser. Extraits : «Celui qui était Romain ou Franc est devenu Galiléen ou Palestinien, l'habitant de Chartres ou de Reims, Tyrien ou Antiochien [...] Un tel a épousé une femme syrienne, arménienne, parfois même une Sarrasine baptisée [...] Celui-ci possède des vignes, celui-là des champs. On se sert des diverses langues du pays [...] Chaque jour des parents ou des amis viennent d'Occident nous rejoindre. Ils n'hésitent pas à abandonner là-bas tout ce qu'ils possédaient ; car ceux qui étaient là-bas pauvres, Dieu ici les a rendus riches. Celui qui n'avait que quelques deniers possède ici des trésors. Tel qui chez lui n'avait même pas une terre, possède ici une ville.»

Avec les croisades, les liaisons par mer sont devenues plus régulières et plus rapides. A la fin du XIe siècle, les ports italiens étaient en relation constante avec Tortose (Tartus, dans le nord de la Syrie), Haïfa, Acre, Tripoli, Beyrouth, Saïda et Tyr. Cependant, la durée des voyages en mer était très aléatoire. Il fallait par exemple compter une vingtaine de jours pour effectuer la traversée entre Marseille et Alexandrie (quarante pour rejoindre Acre) et une trentaine pour faire la jonction entre Aigues-Mortes et Chypre. A titre de comparaison, en 1460, le voyage Venise-Beyrouth se réduisait à une vingtaine de jours. Un voyage qui pouvait parfois prendre des allures de cauchemar, pour peu que des vents violents ou une bande de pirates maures s'acharnassent sur votre navire ! L'épisode des croisades définitivement clos, à la fin du XIIIe siècle, les navires de commerce retrouvèrent leur fonction d'origine, qui était de transporter des marchandises d'un bout à l'autre de la Méditerranée : le fer, le bois et les draps au départ d'Occident; l'or, les épices, les tissus et l'artisanat de luxe en sens inverse. Avec la fin des expéditions militaires à grande échelle – la guerre contre les musulmans se poursuivit en Espagne (la *Reconquista* s'acheva en 1492), puis dans les Balkans contre les Turcs –, c'est tout un monde qui disparaissait, celui de la féodalité et de *l'esprit chevaleresque*. La période qui suivit (le XIVe siècle) vit l'avènement d'une bourgeoisie européenne fortunée, celle des négociants, des armateurs et des banquiers, qui n'envisageaient plus les contacts entre nations, fussent-elles «ennemies», sous le seul angle du «choc des civilisations».

LE TEMPS DES MARCHANDS...

Les marchands furent donc les premiers bénéficiaires de l'arrêt des croisades. L'Orient et l'Occident abordaient la nouvelle période sous le signe des échanges pacifiques, sans toutefois écarter entièrement l'option militaire, notamment lorsqu'un des protagonistes avait tendance à ne plus respecter la règle tacite du jeu commercial (les choses ont-elles vraiment changé?). Les Francs par exemple défendirent pied à pied les territoires conservés à l'issue des croisades (Rhodes et Chypre ne furent conquises par les Turcs qu'en 1522 et 1571). Progressivement la diplomatie l'emportait sur l'affrontement. L'époque était à une meilleure connaissance de l'autre, grâce notamment aux nombreuses relations de voyages, dont certaines connurent un grand succès.

Pour qui voulait faire rapidement fortune, le voyage au Levant offrait des perspectives prometteuses. L'un des hommes les plus riches de son époque, le *Grand Argentier* du roi de France, Jacques Cœur, se lança dans l'aventure en 1432. Il avait déjà réalisé de bonnes affaires, mais ambitionnait de devenir le fournisseur exclusif en produits de luxe de l'entourage de Charles VII. A cet effet, il investit dans une société marchande et se rendit en personne à Beyrouth, puis à Damas. Il fit charger sur ses navires draperies fines, soieries, orfèvrerie et épices. Par chance, toute la flotte put revenir à bon port (Montpellier). Ce coup de génie décida de son avenir, puisque quatre ans plus tard le roi devait lui confier la maîtrise de la monnaie de Paris! Jacques Cœur a alors profité de diverses opportunités, cette fois-ci l'Orient, un autre jour l'Afrique du Nord ou la Baltique. Pourtant un lien sentimental le lia davantage au Levant, à preuve la mode des bains qu'il ramena de Syrie, aménageant une étuve (un *hammam*) dans son propre palais de Bourges. Dans cette course effrénée au profit, les Italiens étaient cependant les meilleurs. Leurs navires de commerce, les *galea de mercato*, sillonnaient la Méditerranée orientale et faisaient relâche dans les ports égyptiens, levantins et turcs.

Les tensions persistantes au XVIe siècle allaient toutefois sensiblement ralentir les échanges, parfois même les geler pendant plusieurs années. En 1499-1500 par exemple, on signala des carences de chargement dans les ports de

Beyrouth et d'Alexandrie. En 1534, les galères vénitiennes n'utilisaient plus que deux itinéraires, ceux reliant Chypre à Beyrouth et la Crète à Alexandrie. Entre 1550 et 1560, un seul navire en provenance de Beyrouth était signalé à Constantinople ! Les périples s'effectuaient de préférence en été, la Méditerranée pouvant s'avérer particulièrement dangereuse le reste de l'année (les aventures d'Ulysse ou des Argonautes, qui affrontèrent les éléments déchaînés, étaient bien connues). Ainsi les traversées au départ de Beyrouth et de Tripoli avaient-elles lieu principalement en août (par « traversée », il faut entendre surtout cabotage).

Si la qualité des voyages s'était grandement améliorée – les navires étaient devenus plus stables et plus confortables –, le temps de transport par contre n'avait pas connu de révolution. A l'exception de quelques records en effet (on signalait plus haut un Venise-Beyrouth en trois semaines), le périple restait assez long, de l'ordre de deux mois pour rejoindre Beyrouth au départ de la *Sérénissime*. Tout était fonction de la taille du navire, de la nature du chargement, de l'état de la mer et… de l'âge du capitaine, les *vieux loups* ayant acquis une expérience irremplaçable.

On l'a vu avec l'exemple de Jacques Cœur, les Français étaient aussi très présents en Orient, où ils entretenaient des sociétés marchandes qui géraient les entrepôts, dynamisaient les contacts et créditaient les *lettres de change*, un outil indispensable au commerce international. En octobre 1574, une *barque* française et une *nave* vénitienne, la *Moceniga*, s'apprêtent à lever l'ancre dans le port de Tripoli. Les lettres commerciales, précieux témoignages pour l'histoire économique, nous permettent de connaître la nature de leur chargement : du macis (de la noix de muscade), de l'arsenic (qui entre dans la composition des peintures et des teintures), des cotons filés, des épices (dont le gingembre), des soies, des *drogues*, etc. Les voiliers anglais quant à eux entretenaient un trafic régulier avec Beyrouth dès le début du XVIe siècle. Tous ces commerçants-voyageurs se retrouvaient le temps d'une escale (c'est-à-dire généralement au moins une semaine, voire plusieurs), dans des ports décrits par tous comme des *Babel* en miniature, dans une animation débordante mais sous bonne garde des milices ottomanes.

Dans son *Histoire de la Syrie* (voir bibliographie), Henri Lammens nous livre une description baroque de Beyrouth « l'opulente », son port et sa population multicolore : « Sur le pont des galères, des caravelles, des *chébecs* [petits trois-mâts arabes à voiles et à rames], des *mahonnes* [galères turques de grande taille] et des *felouques* [frêles esquifs longs et étroits], entassés dans la darse, à l'abri de la chaîne qui ferme le bassin et la massive tour franque restaurée, le long du quai construit par les croisés, dans les bazars tortueux, on rencontrait un

Pont datant du 16e ou du 17e siècle

mélange indescriptible de turbans, de bonnets, de kéffiés de soie, de torses bronzés, de burnous multicolores, de robes fourrées, d'armures damasquinées. Riches négociants et portefaix, seigneurs et faquins, métis et courtiers, foule bariolée d'aventuriers, de forbans, épiciers et marchands d'esclaves, qui s'entremettent entre l'Asie musulmane et l'Europe chrétienne, également prêts à trafiquer de leur accord et de leur discorde.» L'époque était aux échanges d'ambassades et aux *lettres de créance*. Les relations rédigées par les plénipotentiaires constituent des documents de première importance pour mieux comprendre la société orientale et la fascination qu'elle exerçait alors sur l'Occident.

«Mémoires» et autres «Carnets de voyage» devinrent des succès de librairie, pour le plus grand bonheur des lecteurs européens avides d'exotisme. Au tout début du XVIIIe siècle, Antoine Galland publiait à Paris *Les Contes des Mille et Une Nuits* (*Alf Lailah wa Laila*). Ce fut un événement littéraire exceptionnel, puisqu'il signait le début de la mode orientaliste. Le succès fut immédiat et la voluptueuse Schéhérazade devint la coqueluche des salons littéraires! Bien que puritaine dans sa version originale, l'édition n'en laissait pas moins transpirer un exotisme inconnu en France, et deviner même une sexualité débordante... Le retour aux sources a en effet permis par la suite de redonner au texte toute sa vigueur et toute sa verdeur; un texte d'ailleurs fort ancien, puisqu'on le signalait déjà au XIIe siècle. On sait aujourd'hui qu'Antoine Galland a utilisé un manuscrit du XIIIe siècle qu'il avait ramené de Syrie. On découvrit ainsi plus tard que de nombreux personnages des *Nuits* (Aladin, Ali Baba ou Sindbad) étaient des éléments rapportés, héros certes sympathiques mais étrangers aux contes. Qu'à cela ne tienne, toutes ces histoires orientales qui mêlaient merveilleux et société arabe des XIIe-XIIIe siècles avaient un charme irrésistible. L'imaginaire occidental se laissa donc charmer, enflammer même par un récit où la femme, «intraitable ou rusée, soumise à l'implacable destin ou révoltée contre la condition injuste que la loi lui impose, farouchement indépendante ou esclave de la passion» (R. R. Khawam, voir bibliographie) côtoie les princes arabes raffinés jusque dans la violence, les esclaves noirs, amants infaillibles et soumis à leurs maîtresses, le petit peuple des artisans, marchands, pêcheurs, laboureurs et portefaix, ou encore les *djinns* et autres créatures du merveilleux oriental, et par-dessus tout le «Dieu de l'islam», spectateur (dubitatif) de toute cette exubérance! Ainsi *Les Nuits* brossent-elles le tableau d'une société tiraillée entre sa foi et le libertinage. Nos modernes intégristes ne s'y sont d'ailleurs pas trompés, qui qualifient le livre «d'impie» et en condamnent l'édition et la lecture avec la même virulence que pour *Les Versets sataniques* de Salman Rushdie! Galland mettait à la disposition du public les images fortes d'un Orient fantasmé, devenu quelque peu étranger depuis la fin des croisades. Ces dernières avaient pourtant donné lieu à de nombreux récits, qui ne bénéficièrent toutefois pas de la diffusion que permettait l'imprimerie. Pour leur part, les récits arabes des croisades sont riches en descriptions colorées, mais l'évidente barrière linguistique et géographique a empêché leur diffusion en Europe. L'Occident se mit donc à l'heure orientale. Un lectorat très voyeuriste se régalait d'images fortement connotées sexuellement, notamment celles du *harem* et du *hammam*.

... ET CELUI DES CURIEUX

Tous les voyageurs n'étaient pas uniquement à la recherche d'épices ou de voluptueuses esclaves enfermées dans des harems. Certains en effet étaient plutôt intéressés par la manière dont les sociétés orientales se gouvernaient ; esprits curieux en quête d'informations susceptibles d'étoffer la réflexion sur le « gouvernement des hommes ». Les monarchies européennes, intriguées par la manière dont le *Grand Turc* faisait régner l'ordre dans son immense empire, ont elles-mêmes contribué au développement de ces « voyages d'étude ». Du voyage à l'espionnage, il n'y aurait donc qu'un pas ? L'occasion ici de rappeler que les régimes proche-orientaux actuels sont généralement très soupçonneux à l'égard des touristes, y compris au Liban, un pays où la chaleur de l'accueil n'est pas feinte, mais qui n'en demeure pas moins très vigilant quant à sa sécurité. Cette remarque concerne surtout les personnes voyageant en individuel et plutôt en-dehors des itinéraires convenus. Mais revenons à nos « éclaireurs » d'antan.

En 1628 on édita à Paris les *Relations de voyage en terre ottomane* de l'ambassadeur de François Ier, Savary de Brèves. Ce dernier visita notamment la montagne libanaise, à la recherche des fameux cèdres. Ses commentaires sont plutôt empreints de considérations naturalistes. Il fut par exemple étonné de l'impact des différences d'altitude dans la culture de la vigne : alors que fin juin la vigne commençait à fleurir sur le Mont-Liban, il y avait déjà du raisin à Tripoli. Tripoli, où les marchands « d'eau de neige » (morceaux de glace et sorbets) constituaient une grande curiosité pour l'étranger de passage (la grande ville du nord s'enorgueillit toujours de ses fameux glaciers). Cependant, les descriptions et les commentaires ne traitaient pas toujours de sujets aussi neutres que le vin ou les sorbets. Dans un rapport circonstancié (*Voyage au Mont-Liban*) publié en 1675, le jésuite italien Jérôme Dandini, nonce pontifical en mission chez les maronites* à la fin du XVIe siècle, dénonçait « les abus qui règnent dans les monastères », notamment la liberté qu'ont les femmes de s'y promener, d'y manger et parfois même d'y coucher ! Pour leur part, les *Mémoires sur les Turcs et les Tartares* du baron de Tott (1784) font le procès des méthodes ottomanes en territoire conquis, profitant de l'occasion pour exalter le courage de ceux qui s'y opposent : « En parcourant la côte de Syrie, on voit le despotisme des Turcs s'étendre sur toute la plage et s'arrêter, vers les montagnes, au premier rocher, à la première gorge facile à défendre, tandis que les Kurdes, les Druzes* et les *Mutualis* [les chi'ites* libanais], maîtres du Liban et de l'Anti-Liban, y conservent constamment leur indépendance. » On imagine aisément

Un Libanais en Suisse

De grandes fortunes ont été bâties par les Libanais de la diaspora. Carlos Slim Helu, Mexicain d'origine libanaise, a été classé en 2011 par le magazine *Forbes* en tête de la liste des hommes les plus riches du monde, avec une fortune estimée à 74 milliards de dollars. La même source cite dix autres milliardaires d'origine libanaise dont évidemment Rafik Hariri, l'ancien premier ministre qui a bâti son empire en Arabie saoudite, ou le banquier Joseph Safra qui a fait fortune au Brésil. Ce palmarès comprend également un Suisse d'origine libanaise, Nicolas Georges Hayek, qui fut certainement l'un des entrepreneurs les plus originaux et les plus charismatiques que ce pays ait connus au cours de ces dernières décennies.

Nicolas Hayek, né à Beyrouth en 1928 – où il a été éduqué chez les jésuites – est considéré comme le sauveur de l'industrie horlogère helvétique. Celle-ci a en effet traversé, dans les années 1970, une très grave crise due à la concurrence des montres à quartz bon marché dont le Japon inondait alors la planète.

Mathématicien et physicien de formation, mais sans connaissances particulières dans le domaine de l'horlogerie, Hayek se trouvait à la tête de la société de conseils appelée au chevet des deux grandes manufactures horlogères moribondes qui avaient dominé le marché jusqu'alors.

Patiemment, il a restructuré ces entreprises pour n'en faire qu'une seule dont il prendra le contrôle en 1985 et qui sera rebaptisée SMH (Société suisse de microélectronique et d'horlogerie), ramenant ainsi l'industrie horlogère suisse à sa position de leader mondial.

Son véritable coup de génie sera cependant le lancement de la Swatch, au début une montre en plastique, réalisée avec seulement 51 pièces (au lieu des 91 habituelles). Conçue comme accessoire de mode et déclinée en des milliers de modèles, la Swatch – aujourd'hui la montre la plus vendue au monde – a rapidement acquis un statut culte, puissamment aidée en cela par le très médiatique Nicolas Hayek qui portait rarement moins de quatre montres différentes à ses poignets lors de ses apparitions en public !

Swatch Group, qui comprend également des marques de luxe telles que Breguet, Blancpain, Rado, etc., est aujourd'hui le premier groupe horloger du monde avec un chiffre d'affaires de plus de 6 milliards de francs suisses en 2010.

Mais Nicolas Hayek ne s'est pas limité au secteur horloger. Au début des années 1990, il s'associe d'abord à Volkswagen, puis après l'abandon de ce dernier, à Mercedes Benz pour produire la SwatchMobile qui deviendra la fameuse Smart. Il tente alors d'appliquer à l'automobile les recettes industrielles et surtout de marketing qui ont fait le succès de la Swatch : innovation technologique et mise en scène permanente, relayée par des médias séduits par le dynamisme de cet entrepreneur exceptionnel.

Mais la Smart – dont Nicolas Hayek avait rêvé faire la première voiture écologique grand public – n'a pas été aussi révolutionnaire qu'il l'avait souhaité, notamment du fait qu'elle était dotée d'un moteur diesel et non pas électrique. Nicolas Hayek vend ses parts à Mercedes en 1998.

En 2007 il fonde avec des partenaires prestigieux comme l'Ecole polytechnique fédérale de Lausanne ou la Deutsche Bank, la société Belenos Clean Power active dans la recherche et la production de systèmes d'énergies propres et renouvelables.

Nicolas G. Hayek a été l'un des rares grands patrons suisses à être connu du grand public et ses prises de position contre l'establishment bancaire et politique lui ont valu beaucoup de sympathie dans tous les milieux.

Depuis sa mort par arrêt cardiaque en juin 2010, les propres enfants de Nicolas Hayek ont repris la direction de Swatchgroup et poursuivent l'œuvre de leur illustre père.

K.T. Ferrer

Nicolas Hayek, photographie diffusée par le service de presse de Swatch pour le lancement d'une collection.

La Grotte aux Pigeons, à Ras-Beyrouth

l'intérêt d'un tel témoignage, qui pointe la difficulté pour les Turcs d'asseoir leur autorité sur tous les peuples de l'Empire. Le sultan ne serait donc qu'un «despote» de papier...

L'un des plus célèbres voyageurs de la fin de l'Ancien Régime, le comte de Volney, fut aussi un spectateur attentif des mœurs libanaises. Il s'intéressa tout particulièrement à la coexistence entre les diverses confessions, sachant discerner dans chaque communauté les marques de tolérance ou au contraire les comportements sectaires. Il voyait dans les maronites* la communauté la plus instruite, celle qui s'était emparée «de toutes les places d'écrivains, d'intendants ou de *kiayas* (secrétaires).» Il fut frappé par contre par la tolérance religieuse des druzes*, «qui contraste beaucoup avec le zèle des musulmans et des chrétiens [...] Les druzes et les chrétiens vivent en paix» dit-il, «mais je dois dire que les chrétiens montrent souvent un zèle indiscret et tracassier, propre à la troubler» *(sic)*. Toutes ces relations de voyage ont en commun un certain détachement, la volonté souvent affichée par leurs auteurs de jeter un regard «objectif» sur une société parfois proche, mais le plus souvent très éloignée de la leur. On sent qu'ils tiennent à prendre le contre-pied des récits du Moyen Age, qui mêlaient volontiers le réel et le merveilleux. L'humanisme puis les *Lumières* étaient passés par là: la connaissance des autres cultures relevait d'une démarche rigoureuse et moraliste; elle devait dans tous les cas donner lieu à un enseignement vertueux, à destination des souverains bien sûr, mais aussi des sujets. A cet égard, l'Orient constituait un formidable «laboratoire», puisqu'à la fois s'y côtoyaient toutes les richesses, toutes les vanités et toutes les violences de la Terre, mais qu'il était en même temps le berceau de la foi la plus dépouillée, du mysticisme le plus austère. L'islam renvoyait une image paradoxale, fascinante mais aussi effrayante. Quant au *gouvernement des Turcs*, on le condamnait pour son despotisme, mais on le louait pour ses réalisations et sa longévité.

Cette vision allait changer au XIXe siècle, lorsque les diverses *nations* de l'Empire allaient tenter de secouer le joug ottoman, afin que fussent reconnus leurs spécificités et partant leurs droits à l'autodétermination. Les Grecs les premiers engagèrent une épreuve de force qui conduisit à l'indépendance en 1832. Une « guerre de libération » qui leur coûta toutefois très cher, tant la répression qui s'abattit fut d'une extrême férocité. Violence qui irait crescendo au fur et à mesure du démembrement de l'Empire, et qui culmina avec le génocide arménien de 1915 (des Arméniens qui trouvèrent au Liban une terre d'asile). De leur côté les puissances européennes s'engagèrent de plus en plus, soutenant ouvertement telle ou telle *nation* de l'Empire en fonction de leurs propres intérêts. Elles participèrent même militairement, par exemple lorsqu'en 1827 Français, Britanniques et Russes coalisés détruisirent la flotte turque à Navarin, forçant ainsi le sultan à négocier le nouveau statut de la Grèce. La *Question d'Orient*, c'est-à-dire la formation des « Etats nationaux » au sein de l'Empire ottoman, devint l'un des dossiers majeurs des chancelleries européennes. C'était l'époque

Plaine agricole de la Bekaa

où la France commençait à réfléchir à un éventuel statut d'autonomie de la montagne libanaise ; une autonomie en partie déjà acquise avec la mise en place du *Mutasarrifiya** en 1861. Des lobbies influents se constituèrent, qui durent cependant compter avec les partisans d'une « Grande Syrie », qui aurait inclus la montagne libanaise, somme toute assez pauvre, dans un Etat plus grand, plus riche et plus stable ; en un mot plus prometteur pour la France. Apparaissait en filigrane une question qui n'a toujours pas été réglée, à savoir les difficiles relations entres les « Etats-frères » (mais ennemis) que sont le Liban et la Syrie.

L'autre grande nouveauté de ce XIXe siècle, ce fut le triomphe du Romantisme, un mouvement intellectuel et artistique qui puisait ses origines dans l'humanisme et le siècle des Lumières. Tout à la fois littéraire, poétique et philosophique, il privilégiait l'expression des sentiments dans la spontanéité et la complexité du *moi*, plutôt que le classicisme et le naturalisme du siècle précédent. Chez les Romantiques, l'engouement pour l'Orient répondait à des préoccupations plus spirituelles, voire mystiques, qu'ethnographiques. C'était avant tout l'islam, cette « religion des héros » selon le mot de Lamartine, qu'ils cherchaient à pénétrer. Un islam séculaire, tantôt source d'une spiritualité débordante, tantôt instrument de domination, d'intolérance et de despotisme. Pourtant, à y regarder de plus près, cet intérêt pour la religion mahométane cachait mal un désir de domination et d'appropriation du monde musulman par l'*homme européen*. Car si les Romantiques éprouvaient une réelle fascination pour l'islam, ils lui reprochaient toutefois d'avoir coupé l'Occident de ses racines chrétiennes primitives. Les musulmans n'apparaissaient plus alors que comme des « usurpateurs », qui s'étaient saisi de la « foi véritable » pour la transformer – pire encore, pour la pervertir ! Ainsi pour les romantiques le *voyage en Orient* fut-il moins une recherche de *l'autre* qu'un « pèlerinage » aux sources du *moi*. On comprend mieux alors comment a pu s'effectuer le glissement de la fascination à la haine, de l'appropriation au rejet. Déçu par l'original, les écrivains romantiques ont fabriqué de toutes pièces un Orient à la fois fantaisiste et fantastique, un « Orient théâtral » dans lequel l'islam était mis en scène sans trop se soucier des réalités contemporaines. C'est cet *orientalisme* dont nous avons hérité… et dont nous avons tellement de mal à nous défaire. Ne soyons tout de même pas trop sévères avec les voyageurs du XIXe siècle. Ils ont en effet enrichi la littérature et ouvert l'Europe sur l'Orient comme jamais auparavant. Et puis il serait injuste de mettre un Flaubert et un Lamartine sur un pied d'égalité, au prétexte qu'ils ont tous les deux accompli le *voyage en Orient*.

UN DÉSIR D'ORIENT

Si les mentalités ont profondément changé d'un siècle à l'autre, les conditions matérielles du voyage ont elles aussi connu une véritable révolution. Jusqu'aux années 1840 en effet, les déplacements restaient difficiles et aléatoires. Que ce fût par terre ou par mer, il s'agissait encore bel et bien d'une *aventure*, les voyageurs devant subir les contraintes inhérentes aux moyens de transport et aux conditions d'hébergement: le chemin était long, les routes peu sûres, les hôtels rares. Surtout, hors des villes, l'hostilité des populations à l'égard des étrangers était encore grande. Toutes ces contraintes faisaient du *voyage en Orient* un luxe réservé à une bourgeoisie européenne oisive et fortunée. Mais l'argent n'était pas tout. Il fallait aussi compter sur les appuis diplomatiques, indispensables pour mener à bien une entreprise qui pouvait durer plusieurs années, rarement moins d'un an. La seconde moitié du siècle vit le développement de la machine à vapeur, qui allait révolutionner le transport sous toutes ses formes. La marine à vapeur rendit ainsi plus sûres et plus rapides les liaisons portuaires. A titre d'exemple, en 1870, les bateaux-postes des *Messageries* mettaient Alexandrie à six jours de Marseille – du jamais vu auparavant! De plus le voyage pouvait être entrepris à toute époque de l'année ou presque, avec la quasi-certitude que le temps de traversée serait respecté. Le chemin de fer, quant à lui, raccourcit considérablement les distances, les principales liaisons urbaines étant effectives à la fin des années 1850. Il y eut toutefois des exceptions de taille: la Syrie par exemple, où la ligne Beyrouth-Damas ne serait inaugurée qu'à la fin du siècle (jusque-là ce fut la diligence qui assura la liaison régulière, voir encadré p. suiv.).

Cette plus grande facilité de déplacement allait par contre induire un effet pervers. On vit alors en effet débarquer «des foules» – du moins était-ce ainsi que les «puristes» qualifiaient, avec une pointe de mépris, les nouveaux venus – livrant ainsi l'Orient à une pratique qui devait connaître un succès jamais démenti: le tourisme. Nous n'en étions toutefois pas encore là à l'époque héroïque du voyage romantique, les années 1830-1840. Pourtant, les premiers «guides» ont fait leur apparition à cette même époque, même si le premier ouvrage pratique (au sens où on l'entend aujourd'hui), celui du Docteur E. Isambert – le désormais légendaire *Joanne Orient* –, ne paraîtrait qu'en 1861. On l'a dit plus haut, les Romantiques avaient une sainte horreur de ces groupes d'Européens, à qui ils reprochaient leur prétendue vulgarité et leur ignorance. Pierre Loti, figure emblématique de l'orientalisme, se déchaîna contre «ces flots de désœuvrés qui viennent ici fureter partout». En Palestine, terre sacrée s'il en est, le pauvre homme dut souffrir leur détestable présence: «Deux voitures encore nous croisent, remplies de bruyants touristes des agences: hommes en casques de liège, grosses femmes en casquette de loutre avec des voiles verts [...] Oh! leur tenue, leurs cris, leurs rires sur cette terre sainte où nous arrivons si humblement pensifs, par le vieux chemin des prophètes.» Pour lui et comparses, Chateaubriand, Lamartine, Nerval, Renan, le voyage s'apparentait à un pèlerinage aux sources de la spiritualité, une quête de l'absolu. Tous avaient en commun un puissant désir d'être initiés *aux mystères* de l'Orient, une soif de «re-naissance» qui les avait arrachés à leur quotidien bourgeois. Chacun à leur manière (religion, art et archéologie, la littérature) ils ont traqué les indices lais-

LA BATAILLE (PERDUE D'AVANCE) DU RAIL

Au début des années 1990, on a vu à nouveau circuler une locomotive sur une portion de chemin de fer au nord de Beyrouth. Il s'agissait de tester le matériel en vue d'un éventuel redémarrage de l'ancienne ligne Tripoli-Beyrouth-Saïda-Naqoura, mise en service en 1942 pour ravitailler l'Egypte *via* la Palestine (elle allait alors jusqu'à Haïfa). Peine perdue! On préféra abandonner le projet, tant les contraintes, il est vrai, parurent insurmontables: les voies et le matériel n'avaient pas été entretenus – pire! les combats les avaient endommagés – tandis que les installations avaient été saccagées et que l'urbanisation anarchique avait empiété sur le réseau ferré.

Le Liban fit ainsi ses adieux à une histoire qui avait commencé en 1895 avec l'ouverture de la ligne Beyrouth-Damas, 117 km à travers le Mont-Liban, nécessitant l'utilisation de locomotives à crémaillère. En 1906 un embranchement avait été ouvert à hauteur de Rayak, dans la Bekaa, vers Baalbek et Homs en Syrie. Cinq ans plus tard, c'était au tour de Tripoli d'être relié directement à Homs. Le temps passant, le réseau ne fit que se dégrader, les voies disparaissant au fur et à mesure de l'aménagement routier (à Saïda, les voies furent emportées sous l'effet de l'érosion du littoral).

En parcourant le pays, on voit encore ici ou là – à Beyrouth (l'ancienne gare se trouve dans le quartier de Mar Mikhael), Tripoli, Rayak ou Baalbek – des gares fantômes, des voies désaffectées et du matériel abandonné, rouillé ou désossé.

PS: Des Libanais se mobilisent pour sauver ce qui peut encore l'être, comme par exemple l'association *Save Our Station (SOS),* qui a organisé une exposition de photographies en janvier 2010 au Ministère du tourisme.

sés par des générations d'adorateurs, de dévots et d'illuminés. A cet égard, le Liban constituait un lieu de prédilection, puisqu'y vivaient quantité de sectes, certaines fort anciennes et encore très imprégnées de paganisme. Renan privilégia l'archéologie, science en plein développement dans laquelle excellaient Français, Anglais et Allemands. A Jbeil notamment, l'antique Byblos, puis à Tyr, il exhuma le passé phénicien, ce peuple méconnu adorateur de divinités mystérieuses. Cette «stratigraphie du sacré», certains voulaient la découvrir dans la contemplation d'une nature forte et sauvage. Adeptes d'une lecture littérale de la Bible, ils cherchaient obstinément dans le paysage des restes de Paradis, des vestiges de l'Eden – et naturellement ils en trouvaient! Lamartine, sans doute le plus illuminé de tous, le sublima «dans les gradins de verdure de toute la colline de San-Dimitri [aujourd'hui dans la banlieue de Beyrouth]», dans lesquels il crut voir «ce paradis terrestre, cet Eden que toutes les nations ont dans leurs souvenirs [...] J'avais rêvé Eden, je puis dire que je l'ai vu». Au début du XXe siècle, Barrès aussi se laissa aller à quelques divagations sur le jardin originel – il n'était toutefois plus question chez lui de *romantisme*; d'ailleurs aucune émotion ne transparaît dans son récit. De passage à Fraidiss, un village du Chouf situé dans la vallée du Nahr el-Barouk, il apprit que le nom venait du syriaque et voulait dire «petit paradis» («on croit que c'est ici l'emplacement du paradis terrestre, à cause du grand fleuve qui y coule»). Sans doute doit-on en partie à toutes ces considérations cette image idyllique que le pays a curieusement conservée, au moins dans un certain imaginaire, malgré des décennies de guerre. Et lorsque le Liban basculait dans la violence, les auteurs faisaient tout naturellement référence à la *géhenne*, l'image inverse, l'antithèse du jardin d'Eden.

Le voyage, on l'a dit, durait longtemps, plusieurs mois, voire plusieurs années. Lamartine passa un an (de juillet 1832 à juillet 1833) en Syrie-Palestine, dont sept mois au Liban. Même durée pour le premier séjour de Renan, entre octobre 1860 et octobre 1861, puis de novembre 1864 à juin 1865. Il n'était de toute façon pas question pour ces passionnés de parcourir le Levant à la va-vite. Ils s'installaient à demeure et lançaient des expéditions parfois aventureuses dans les montagnes ou les régions désertiques. Surtout, ils étaient là généralement en mission, diplomatique ou culturelle. Lamartine par exemple s'informait de l'état de la communauté maronite*, la meilleure alliée de la France au Levant. Derrière ses rêveries mystiques, ce fut un véritable plan de conquête que l'écrivain échafauda. Il était partisan d'une intervention musclée au Liban, qui prendrait les maronites* pour «pivot des opérations». Non pas qu'il estimait que d'autres communautés ne fussent pas en mesure de s'associer à cette entreprise, mais il fallait bien convenir qu'en dehors des chrétiens, les appuis restaient limités ou incertains. Les *métualis*, par exemple (les chi'ites*), étaient à ses yeux trop versatiles et cherchaient essentiellement à envenimer les situations pour en tirer le meilleur profit. Vus sous cet angle, les événements de 1860 lui donnèrent effectivement raison. D'ailleurs, après l'annonce du massacre de milliers de chrétiens au Liban et à Damas, la France «protectrice» envoya sept mille soldats au Liban (sans être militaire de formation, Lamartine en avait cependant évalué le nombre à cinq ou six mille). Cet aspect du *voyage en Orient* a trop souvent été passé sous silence. L'époque en était pourtant à la constitution des empires coloniaux, mettant en concurrence la France et le Royaume-Uni. Car derrière une alliance de circonstance visant à affaiblir l'Empire ottoman, Paris et Londres se livraient une lutte sans merci pour imposer leur leadership; une rivalité qui trouvait son origine dans l'expédition de Bonaparte en Egypte (1798), à laquelle les Britanniques avaient mis un terme. Grands voyageurs eux-mêmes, les Britanniques étaient très présents en Syrie, où ils menaient une politique extrêmement efficace. Côté face, ils multipliaient les contacts diplomatiques et œuvraient au rayonnement de leurs institutions culturelles. Côté pile, ils entretenaient à grands frais des agents qui avaient pour mission de déstabiliser la société libanaise, dans le but (avoué) de faire échec aux projets... français. Pour leur part ils misèrent sur la communauté druze*, la grande oubliée, qui acceptait mal de voir son ancien pouvoir décliner au profit des chrétiens. Ainsi la *perfide Albion* encouragea-t-elle les insurgés libanais en 1840, n'hésitant pas à leur prêter main-forte.

Parmi les fortes personnalités qui se lancèrent dans l'aventure orientale, il y en eut une qui marqua tout spécialement le Liban: celle de Lady Hester Lucy Stanhope. Non pas parce qu'il s'agissait d'une femme, mais parce qu'elle parvint à s'immiscer dans le jeu politique levantin, ce qui n'était déjà pas banal, et que son existence pour le moins originale donna naissance à des légendes, somme toute le moyen le plus sûr de ne jamais tomber dans l'oubli ! Celle que les Libanais appelaient respectueusement *Sitt* (*Lady* en arabe) se rendit en Orient en 1810. Sur place, le démon de la politique la titilla rapidement – elle était la nièce de William Pitt, l'un des artisans de la coalition contre la France révolutionnaire –, au point d'acquérir un grand prestige auprès des pachas locaux. On la décrivait comme un personnage excentrique, mystérieux, qui se serait même adonné à l'astrologie et à la sorcellerie...

Lamartine fit la connaissance de Lady Stanhope en 1832. Il y avait belle lurette que l'aventurière s'était rangée des affaires de ce monde. Pourtant, à l'en croire, il se dégageait de cette femme une force et un respect qui impression-

Site archéologique de Baalbek

naient: «Elle avait sur la tête un turban blanc, sur le front une bandelette de laine couleur de pourpre et retombant de chaque côté de la tête jusque sur les épaules. Un long châle de cachemire jaune, une immense robe turque de soie blanche, à manches flottantes, enveloppaient toute sa personne dans des plis simples et majestueux, et l'on apercevait seulement, dans l'ouverture que laissait cette première tunique sur sa poitrine, une seconde robe d'étoffe de Perse à mille fleurs. Des bottines turques de marocain jaune brodées en soie complétaient ce beau costume oriental, qu'elle portait avec la liberté et la grâce d'une personne qui n'en a porté d'autre depuis sa jeunesse.» Retirée à Joun, sur les hauteurs crayeuses et dénudées de Saïda, la *Sitt* mourut en 1839. Elle fut ensevelie sur le lieu même de sa résidence, à Dahr es-Sitt, la «colline de la Lady».

Toutes ces grandes figures allaient disparaître avec la fin de l'ère romantique. Certes ces espaces continueraient de fasciner les Européens, mais la mise en place d'une administration coloniale allait *de facto* rendre le Liban moins attrayant pour qui était à la recherche de sensations fortes, «authentiques» dirait-on aujourd'hui. Et puis les voyageurs étaient de moins en moins complaisants avec certains traits de la culture orientale. Thomas Edward Lawrence (on ne présente plus *Lawrence d'Arabie*), qui avait parcouru le Liban une première fois (à pied) en 1909, avait pris fait et cause pour les bédouins, cultivant par là-même un sérieux mépris à l'endroit des marchands de Beyrouth ou de Damas. En 1918, à l'issue de la Première Guerre mondiale, il eut des mots extrêmement sévères à l'égard de la (future) capitale libanaise: «Elle est entièrement neuve et à part le sentiment et le langage, elle serait une Française bâtarde sans son port et son collège américain [!]» Un jugement pour le moins peu nuancé. «L'opinion publique dominante est celle des marchands chrétiens, hommes gras vivant de commerce, car Beyrouth elle-même ne produit rien.» Manifestement, Lawrence «l'Arabe» n'aimait pas beaucoup Beyrouth. Il n'aimait pas non plus ses habitants, ni les maronites* en général, «que les druzes haïssent d'une haine amère». Des maronites* qui à ses yeux avaient le tort d'être francophiles à l'excès. Aux Arabes – les «vrais» s'entend, qui venaient du désert – qui occupèrent Beyrouth à l'issue de la *grande révolte* déclenchée deux ans auparavant, il conseillait de «laisser le Liban en pot-de-vin aux Français et de prendre Tripoli à la place [car] comme port Tripoli vaut mieux que Beyrouth.» C'était oublier les accords secrets entre Paris et Londres: les Français eurent non seulement Beyrouth et Tripoli, mais aussi... Damas!

Reste toutefois une remarque pertinente: le fait que le Liban ne «produisait» rien; une déficience que les adversaires d'un «Grand Liban» indépendant mettaient volontiers en avant. Près d'un siècle plus tard, le secteur de production reste chroniquement déficient, laissant le Liban s'épanouir dans une bulle trompeuse, financière et immobilière. Une bulle qu'une étincelle un peu forte pourrait aisément faire éclater...

L'ÈRE DU TOURISME

Dans les années 1920-1930 on croisait beaucoup de militaires au Liban. La France entretenait en effet un contingent important (*l'Armée du Levant*), en charge des territoires dont elle avait reçu l'administration directe (le Mandat*). On croisait aussi des marchands, des ingénieurs et toute une foule de fonctionnaires coloniaux. Tout ce petit monde s'adonnait au tourisme, histoire de tuer le temps tout en se cultivant. Déjà très prisé au siècle précédent, Baalbek accueillait toujours plus de visiteurs, d'autant que la plaine de la Bekaa était sous étroite surveillance (des postes d'observation étaient installés sur les hauteurs) et que le site était rapidement accessible en auto au départ de Beyrouth. Pas question non plus de chercher quelque asile sous les voûtes antiques comme le fit Lamartine: construit en 1874, l'hôtel *Palmyre* accueillait les touristes et les officiers, qui étaient d'ailleurs souvent les mêmes. C'était l'époque des premières cartes postales et des photos amateurs. Les cèdres, bien entendu, avaient toujours leurs admirateurs – certains de ces arbres, notons-le, restent aujourd'hui encore d'un accès assez difficile. La grande nouveauté toutefois, ce fut l'engouement pour les plages. On s'y rendait en famille le dimanche ou pendant les vacances scolaires (le restant de l'année, les enfants étaient en pension dans l'une des nombreuses institutions religieuses – voir encadré). La baignade n'en était qu'à ses débuts, et aux plages proprement dites on préférait les *bains*, véritables institutions du Liban bourgeois et mondain (les choses n'ont pas vraiment changé).

Au Liban comme ailleurs en Europe, le véritable boom touristique eut lieu dans les années 1960. Dépourvu de matières premières, le pays comprit le parti qu'il pouvait tirer de son patrimoine naturel et culturel exceptionnel. La région s'enfonçant inexorablement dans la guerre et l'intolérance – la question de la Palestine et les nombreuses «révolutions» d'inspiration nassérienne embrasèrent la région –, le Pays des Cèdres apparaissait comme l'un des rares espaces de liberté au Proche-Orient. Au début des années 1970, fort d'un parc hôtelier sans équivalent dans la région, le Liban accueillait plus d'un million de touristes par an (soit le tiers de sa population), dont environ 10% de Français. C'était notamment l'une des destinations préférées des «enfants de Kerouac», jeunesse bariolée du mouvement beatnik qui, par son enthousiasme, sa spontanéité et le rejet des valeurs «bourgeoises», rappelait les voyageurs romantiques. Le Liban était alors un pays neuf et bouillonnant, «exotique» mais en même temps suffisamment occidentalisé pour être d'une approche aisée. Et puis la Bekaa recelait un «trésor» inestimable: le *haschisch* («l'herbe» en arabe), dont la notoriété avait largement franchi les frontières du petit pays (à Paris, le «*shit* libanais» était réputé le meilleur).

Parmi les ouvrages disponibles dans les années soixante-dix, on trouve un texte singulier d'Andrée Chedid (1921-2011), qui portait un regard émouvant et lucide sur le Liban de l'ère moderne (*Liban*, 1969 – voir bibliographie). On y lit des choses étonnantes – «étonnantes» bien sûr à la lumière des événements qui allaient suivre. «Depuis 1970, le Liban vit avant tout sous deux signes: celui de la résistance palestinienne [...] et celui d'un afflux de richesse lié à la hausse des prix du pétrole qui assure aux gros producteurs arabes, saoudiens, koweitiens, gens du Golfe, une formidable influence sur la petite république côtière, devenue leur lieu de résidence et d'investissements préféré.» En quelque sorte une caricature de *république bananière*. «Pris entre ce déferlement monétaire qui risque de submerger son âme, et la véhémence palestinienne qui, provoquant de brutales représailles israéliennes, ruine sa tranquillité, le Liban essaye de survivre.» L'argent facile – sous-entendu, qui n'est pas le fruit du travail de toute une nation – et la difficile question palestinienne: A. Chedid pointait deux des causes fondamentales du déclenchement de la guerre en 1975! Elle mettait aussi l'accent sur une pratique qui empoisonnait le Liban depuis trop longtemps: le communautarisme. «L'individu, souvent formé à penser selon les normes communautaires, néglige les intérêts de la nation en son entier; le vif sentiment

Les Parfums de l'Orient

Fils de militaire et ancien pensionnaire au collège des Frères mariste d'Antoura (*Aïntoura* dans le Metn, à une trentaine de kilomètres à l'est de Beyrouth), Philippe Pinta se souvient avec nostalgie des deux années qu'il passa dans cette vénérable institution, qui accueillit entre autres le grand poète et dramaturge libanais Chekri Ganem avant son départ pour Paris en 1882:

«Le directeur, le père Sarloute, érudit et ancien aumônier aux armées, avait suggéré à ma mère de m'inscrire au collège. C'est ainsi qu'en 1932, à l'âge de neuf ans, je me suis retrouvé avec mon frère pensionnaire. Nous y passâmes deux années qui furent pour moi deux années merveilleuses, malgré l'éloignement relatif de Damas, où mon père commandait la place militaire. Après avoir longé la mer [en provenance de Beyrouth] sur une route presque rectiligne, on empruntait une voie tortueuse et pentue à travers une végétation luxuriante et odorante. Brusquement, à la sortie d'une courbe, on découvrait Antoura et son collège, importante bâtisse dominée par le clocher d'une chapelle néogothique. Tout autour du collège, ce n'était que jardins, vignes et vergers (les familles étaient invitées à déguster le vin que produisaient les moines). L'établissement était composé des salles de classe, du réfectoire, des dortoirs et des bains-douches – les plus jeunes étaient pris en main par des femmes pour la grande toilette! – la chapelle enfin où, à Noël, trônait une immense crèche, reconstitution en miniature de Bethléem.»

Témoignage de l'auteur

d'appartenance à un groupe religieux domine alors les rapports.» Difficile de faire plus pertinent. Et puis il y a l'*arabité*, cette vieille lune sans cesse dépoussiérée, pour le plus grand malheur des populations: «On entend souvent dire que la population musulmane est attirée par une identification totale avec la nation arabe, et que la chrétienne, imbue de libanisme intégral, reste plutôt fascinée par l'Occident. La réalité est plus nuancée. Mais ce dualisme a priori impose à chaque communauté de prendre l'autre en considération, et de veiller à écarter toute tentative de tyrannie des uns par les autres.» Des mots simples qui sonnent juste. Un certain pressentiment aussi, très loin des clichés paradisiaques colportés par les voyagistes. Et comment pouvait-il d'ailleurs en être autrement, dans un pays où l'enseignement public avait démissionné, laissant à chaque communauté le soin de définir ce qu'est une *nation*? Ainsi Andrée Chedid concluait-elle avec des mots que la guerre allait renvoyer aux oubliettes pour longtemps: «une démocratisation plus poussée est urgente» (à la même époque, le poète Salah Stétié en arrivait à la même conclusion, à savoir que les perspectives politiques «[étaient] condamnées à n'ouvrir que sur la démocratie»).

Malaise; sentiment d'urgence. Dès la fin des années 1960, le Liban était soumis à la présence envahissante des Palestiniens et aux ingérences israéliennes; dans le Sud principalement, où la tension était persistante. Les guides de l'époque font d'ailleurs état de barrages de police, parfois infranchissables. Le Sud-Liban interdit *de facto*, il restait aux touristes à profiter de l'insouciance affichée dans les grands hôtels et sur les plages privées. Le cataclysme grondait mais on ne s'en souciait guère: après tout, le Liban en avait vu d'autres! A l'automne 1975, quelques mois à peine après le début des hostilités, la «bataille des hôtels» à Beyrouth venait signifier de façon brutale la fin du tourisme au Liban. Un Liban qu'allaient déserter les Occidentaux et la haute bourgeoisie levantine. Mais au fait, de quel *Liban* s'agissait-il? A quel état de conscience de sa propre identité en était arrivée la population? «A un moment donné, explique le journaliste américain Jonathan Randal, les Libanais se mirent à croire à leurs propres dépliants touristiques – skier le matin, déjeuner dans le port antique de Byblos, dîner le soir au Casino du Liban, où vous pourrez jouer et applaudir les danseuses du Lido de Paris. De toute façon, c'était quoi le Liban? Du homard et du champagne pour les Libanais fortunés, les Occidentaux qui y travaillaient et les barons du pétrodollar [...] Ou bien l'un des plus atroces, parmi tous les exemples de haillons côtoyant les dentelles, de misère noire, de pauvres gens privés d'éducation, de routes, de tout-à-l'égout et de tous les autres oripeaux de la vie urbaine, qui pullulaient dans le monde arabe?» (*La guerre de mille ans*, 1983, voir bibliographie). Une lucidité décapante.

Il fallut attendre l'éviction du général Aoun et la fin des affrontements entre chrétiens (1991) pour que les étrangers reviennent timidement au Pays des Cèdres. La pacification du Grand Beyrouth et la neutralisation (partielle) des milices allaient en effet permettre à nouveau de circuler à peu près librement, hormis toutefois dans la «zone de sécurité» aux mains d'Israël et de ses supplétifs libanais, ainsi qu'aux abords des territoires contrôlés par un Hezbollah* décidément irréductible. Cette semi-liberté surveillée (les Syriens étaient omniprésents), ce furent d'abord les Libanais de la diaspora qui la mirent à profit: on avance le chiffre de 200 000 à 300 000 retours durant le seul été 1991 ! Pour la quasi-totalité toutefois, il ne s'agit que d'un séjour de courte durée, un ou deux mois, avant de reprendre le chemin de l'Europe, de l'Amérique ou de l'Australie. Parmi eux, il en était beaucoup qui n'avaient jamais connu autre chose du Liban qu'un quartier ou un village, qui n'avaient jamais dépassé les «frontières» des réduits confessionnels ou militaires. Traverser la *ligne verte** en famille était déjà un événement en soi. Alors pouvoir se rendre à Tripoli, Baalbek ou Saïda, c'était carrément surnaturel ! Le «tourisme» avait cependant ses limites. On ne balayait pas d'un coup des décennies de suspicion, de haine et d'affrontements. Alors, pour la plupart de ces «vacanciers» un peu particuliers, on est resté *chez soi*, *entre soi*. On était de «l'Est», qu'aurait-on été faire à «l'Ouest», chez *les autres*? On avait «sa» plage, «son» night-club; pas question de se mélanger ici plus qu'on ne le faisait d'ailleurs dans les pays d'émigration. Il existait tout de même quelques «cosmopolites» qui bravèrent les interdits et firent sauter les tabous. Ceux-là voulaient tout voir, tout entendre. Ils voulaient se persuader que le Liban était à nouveau celui que décrivait le *Guest book* de l'hôtel Bristol avant 1975. Qu'y lisait-on? *«Lebanon is famed as a land of hospitality. However, should you have complaints, difficulties or special enquiries during your visit to Lebanon, please call the Tourist Police Headquarters: Phone No. 22085.»* Lors de votre séjour, il conviendra de vérifier si le numéro de téléphone n'a pas changé...

LE LIBAN AUJOURD'HUI

On peut l'affirmer d'emblée : même à la fin de la guerre, en 1991, le Liban n'était pas un pays en ruines – matériellement s'entend. Cela n'a rien de provocateur. Abreuvés d'images guerrières pendant des années, les Occidentaux avaient fantasmé le Liban (mais n'avaient-ils jamais rien fait d'autre ?). Il n'était que de parcourir le pays pour se rendre compte que les destructions, pour importantes et surtout impressionnantes qu'elles fussent, étaient finalement assez limitées et surtout très circonscrites (moins visible, le manque ou l'absence d'entretien des réseaux d'adduction d'eau et d'égouts était bien plus inquiétant). Bien sûr il y avait Beyrouth et la *ligne verte**, cette saignée dans l'agglomération qui courait du littoral jusqu'à la montagne, et puis les dégâts considérables causés par les Israéliens lors de l'invasion de 1982, ou encore les destructions résultant de la « guerre de libération » du général Aoun. Beyrouth ! Cette ville était devenue le lieu commun du fanatisme et de l'absurdité, un cas d'école, un « modèle » applicable à toute la planète. Ainsi de Mogadiscio à Kaboul et à Sarajevo – mais aussi au cœur des banlieues à Paris ou à Londres ! –, ce furent autant de « Beyrouth » qui surgirent. Somme toute, les dégâts avaient été bien plus considérables dans les têtes. Les Libanais prenaient (enfin ?) conscience que leur pays portait en germes la folie meurtrière qui s'en était emparé. Que la faiblesse ou l'inconsistance de l'Etat notamment, dont tout le monde ou presque s'était sinon satisfait, du moins arrangé, avait précipité le drame.

Prenons le cas de l'urbanisation sauvage, qui a profité du vide institutionnel et juridique (et plus encore du mauvais exemple donné par les « patrons ») pour gangréner l'espace public jusque dans les régions les plus fragiles, les plus sensibles. Avant guerre, déjà, les observateurs dénonçaient une pratique anarchique, commune d'ailleurs à l'ensemble des pays riverains de la Méditerranée. Une anarchie « douce », qui fut l'un des facteurs sinon du déclenchement, du moins de l'enlisement du conflit. La fameuse *banlieue Sud* avait bien évidemment souffert de dix-sept années d'affrontements (elle est restée la cible privilégiée des raids de l'aviation israélienne). Pourtant, avant 1975, elle présentait déjà ce visage de faubourg « déshérité », pour reprendre une formule chère à l'imam* Moussa Sadr, qui fut le leader charismatique de la communauté chi'ite*. Les militants de gauche ou de la mouvance islamiste avaient d'ailleurs trouvé là un terrain idéal pour s'y retrancher, y développer leurs idées, y cacher leurs armes... et leurs otages ! Certaines photos du Beyrouth du début des années

Pages précédentes : Un cèdre, majestueux... mais minoritaire !

1970 passeraient presque inaperçues au milieu d'un reportage réalisé en 1991: terrains vagues, infrastructures «brutes de décoffrage», sentiment général d'inachevé; la ville n'avait pas attendu la guerre pour se façonner une image de perpétuel chantier. Une guerre qui a le plus souvent amplifié plutôt que créé une situation générale de pagaille et de non-droit. En cela les habitués du tourisme en Méditerranée ne risquaient pas d'être trop dépaysés. Le Grand Beyrouth s'était ainsi couvert de quartiers neufs qui avaient envahi les collines et le littoral, parfois en toute illégalité, et généralement sans grand souci d'esthétique et d'intégration au paysage! Même chose évidemment pour les autres centres urbains et le long des axes routiers majeurs. Là encore – mais qui en aurait douté – les dépliants et les cartes postales ne reflétaient pas la réalité socio-économique d'un pays abandonné à la débrouille et au «système D».

Le paradoxe dans tout cela, c'est que l'on s'était habitué assez vite et assez bien à cet état de fait. C'est un économiste belge, Paul Van Zeeland, qui disait à propos du Liban: «Je ne sais pas ce qui fait marcher l'économie ici, mais puisque ça fonctionne comme cela, n'y touchez pas!» C'était en 1948 et le pays s'était déjà engagé dans cette voie de l'équilibre instable. Le fait est que ça marche et que le Liban ne s'est toujours pas désintégré (il aura suffi par contre de quelques mois pour disloquer la Bosnie). C'est sans doute ce sentiment étrange qui gagne en premier le visiteur, quand il découvre un pays traumatisé qui se donne des allures de convalescent. Une convalescence fébrile qui vous mettrait presque dans l'embarras: n'avait-on pas enterré un peu vite le Liban et les Libanais? Réalité ou fiction? Franchise ou dissimulation? L'Orient ne vient-il pas une fois de plus jouer de sa magie et de sa tromperie?

Effet du cloisonnement géographique, de la «cantonisation» et des ingérences étrangères, en dehors du Grand Beyrouth, les régions ont traversé la guerre à des rythmes très différents. Aux deux extrêmes, (et pas seulement géographique) le Sud, qui a longtemps vécu hors du monde – les Israéliens, qui y avaient fait une première incursion en 1978, ne l'ont évacué qu'en mai 2000, puis violemment bombardé à plusieurs reprises, encore en 2006 – et l'extrême Nord (la région du Aakkar), dont on a si peu parlé pendant la guerre et pour cause: très majoritairement sunnite*, voisin de la Syrie, il est resté assez étranger aux «événements».

Pour beaucoup d'habitants, même avant guerre, le «territoire» se limitait à un espace bien circonscrit: le village ou le quartier de résidence, le lieu de travail ou l'école, la résidence secondaire pour qui en possédait une. Ainsi les Libanais connaissaient-ils généralement mal leur pays: ils étaient nombreux il y a vingt ans à confier qu'ils n'avaient, par exemple, jamais mis les pieds à Baalbek! D'ailleurs, l'histoire non plus n'a pas vraiment fait recette, du moins l'enseignement en a-t-il été parcellaire, orienté et adapté au gré des communautés et des idéologies. La définition de l'*identité* étant fondée sur trois unités de base: la famille, le village, la confession, on comprend aisément que le pays «[était] appréhendé comme une entité mythique à la configuration vague, et non comme une entité nationale qui a sa cohérence, sa propre justification et ses composantes spécifiques» (Nada Moghaizel-Nasr, *L'identité piégée*, voir bibliographie). C'est pourquoi beaucoup de Libanais connaissent mieux la France ou le Canada que leur propre pays... Si certains lieux étaient présentés dans les manuels scolaires comme autant d'étapes d'un *circuit touristique* (Tyr, Jbeil, Saïda, la Bekaa et Baalbek, Jeita et les Cèdres, les chutes d'Afqa et le fleuve Adonis), il était sous-entendu que ce patrimoine était d'abord attractif pour le visiteur étranger, le Libanais, lui, n'étant jamais plus heureux que dans son «village-paradis», dans son foyer qu'il aime et qu'il sacralise. Et puis bouger dans le pays, c'était s'obliger à côtoyer, sinon à fréquenter, «l'autre», «concitoyen» en théorie, étranger dans la vie. La suspicion régnait, alimentée par les vieilles peurs: ne disait-on pas par exemple qu'il fallait manger chez le druze* mais dormir chez le chi'ite*? Chaque secte cultivait la méfiance à l'égard des autres, y compris au sein d'une même confession: le chi'ite d'origine rurale supportait mal la suffisance affichée par le sunnite* de Beyrouth ou de Tripoli. En retour, le sunnite* méprisait le chi'ite mal dégrossi (un *plouc* en quelque sorte). Idem chez les chrétiens, principalement chez les maronites*, qui entretenaient de vieilles rivalités et de sanglantes vendettas: nulle part au Liban les antagonismes n'ont semble-t-il été aussi enracinés qu'entre les maronites* de Zghorta et ceux de Bcharré (Samir Geagea, originaire de Bcharré, fut un farouche ennemi des Frangié de Zghorta). Ajoutons encore qu'il existait un fort clivage entre chrétiens du Nord et du Sud, les premiers reprochant aux autres leur supposée «perte d'identité» depuis qu'ils avaient abandonné leur foyer séculaire du Mont-Liban.

La guerre est venue somme toute «clarifier» les choses, en forçant les populations au regroupement communautaire. Les frontières mentales se sont alors muées en barrières infranchissables, rendant l'existence intenable aux partisans de la mixité. Enlèvements, expulsions, assassinats: il fallait plus que du courage pour résister à la folie ambiante! Lorsque les armes se sont enfin tues, cette «purification» avait redessiné la carte confessionnelle du Liban, parfois de manière saisissante, à Beyrouth bien sûr, mais aussi dans le Chouf ou le Kesrouan. Chacun s'était mis dans la tête de développer «sa» région, confisquant des prérogatives qui revenaient de droit à l'Etat: police, perception de l'impôt, service militaire, etc. On comprend alors qu'il fut extrêmement difficile et délicat pour le gouvernement de rentrer en possession de lieux... où il avait généralement brillé par son absence.

Au début des années 1990, cette parcellisation du Pays des Cèdres était très visible. Les régions qui bénéficièrent de la bienveillance des «patrons» (on aurait aussi bien pu dire des *parrains*) ont pu limiter les effets désastreux de la guerre, en entretenant les infrastructures, créant même celles qui faisaient défaut. D'autres, par contre, ont été irrémédiablement abandonnées à leur (mau-

Mosquée Hariri, à Saïda

vais) sort, s'enfonçant toujours plus dans la misère. La banlieue sud de Beyrouth, par exemple, périodiquement gonflée d'un flot nouveau de réfugiés, a pris au fil des ans des allures de plus en plus prononcées de ghetto du tiers-monde, à deux pas des luxueux complexes hôteliers de Ras-Beyrouth ! La richesse ostentatoire côtoyait ainsi la grande pauvreté, dans la plus pure tradition du sous-développement. Et les grands projets de reconstruction n'allaient pas changer radicalement la situation, bien au contraire : en rasant les ruines et en nettoyant les espaces occupés illégalement, ce furent des milliers de squats qui disparararurent. Des « logements » certes précaires et souvent très dangereux, mais qui n'en constituaient pas moins des lieux d'ancrage et de sociabilité pour une population déplacée, paupérisée et traumatisée. Aux clivages politiques et confessionnels, qui ne s'étaient pas évanouis avec la signature des Accords de Taëf (1989), s'ajoutèrent des clivages sociaux d'une ampleur jamais atteinte au Liban. Le voyageur ne pouvait manquer de constater cet état de fait, sauf naturellement s'il feignait de ne rien voir, à l'image de nombreux Libanais. Une feinte qui demandait cependant plus que de la mauvaise foi, tant les disparités étaient criantes. Il y avait là un véritable mépris, dont se nourrissent traditionnellement la crainte et la haine.

On l'aura remarqué, tout ce qui vient d'être écrit au-dessus l'a été au passé. Cela supposerait-il que vingt ans après il n'en est plus rien ? Non bien sûr, même si une nouvelle génération, connectée en permanence avec le *village planétaire*, est plutôt encline à l'ouverture qu'au renfermement, au dialogue qu'à l'affrontement. L'Etat aussi, tellement décrié avant guerre et à juste titre, a semble-t-il repris les choses en mains, cherchant à donner à ce pays ce qui lui manque le plus : son unité. Le retrait des troupes étrangères a bien évidemment facilité ce « retour » de la République, même si le voisin israélien, dont les moyens de destruction sont impressionnants – des dizaines de milliers d'habitations et de commerces, des routes, des ponts, des aéroports, des ports, des stations de traitement de l'eau, des centrales électriques, etc., ont été partiellement ou entièrement détruits lors de la guerre de 2006, sans compter évidemment les morts, les blessés et les déplacés –, maintient le Liban sous pression (l'Etat hébreu a clairement signifié aux Libanais qu'ils paieraient collectivement en cas de guerre contre le Hezbollah*). Des projets sociaux, notamment dans le domaine de la santé (l'accès aux soins, qui relève surtout du secteur privé, est quasi impossible pour les plus pauvres) ou encore du statut de la femme, vont évidemment dans le bon sens. Reste que les vieilles rancœurs et les pratiques mafieuses ont la peau dure, tandis que la violence continue de tétaniser la vie politique. Quant à la reconstruction, à l'aménagement et à l'entretien du territoire, la fracture est criante entre les projets prestigieux et bien souvent opaques (on pense bien évidemment au centre ville de Beyrouth, dont a la charge *Solidere*, société *ad hoc* créée par l'ancien premier ministre Rafic Hariri, contre laquelle d'ailleurs de plus en plus de voix s'élèvent) et les espaces abandonnés à leur sort… Un satisfecit existe cependant pour certaines réalisations, comme par exemple la somptueuse restauration du Musée national. Visiter aujourd'hui le Liban, c'est faire une traversée saisissante dans un temps et un espace dilaté. Sensations assurées.

LES ITINÉRAIRES

Le Liban est un petit pays certes. Mais au-delà des cartes et des plans, qui pourraient laisser croire que les distances sont réduites et les sites d'un accès facile, il faut prendre en compte dans tout déplacement le relief, le climat, l'urbanisation, les infrastructures de communication et les conditions de sécurité. Car que signifient en effet 10 452 km^2, lorsqu'une chaîne de (hautes) montagnes barre le territoire sur la quasi-totalité de sa longueur, que le reste du pays est presque constamment vallonné, que les conditions climatiques peuvent parfois être difficiles (brouillard et neige), que l'urbanisation tentaculaire a fait de l'entrée et de la sortie des agglomérations un enfer – il faut compter en moyenne plus de deux heures en fin d'après-midi pour rejoindre Beyrouth (Dora) au départ de Byblos ! –, que les infrastructures routières n'ont pas encore « récupéré » de la guerre civile et des récents bombardements israéliens (2006), et que l'extrême vigilance des services de sécurité, constamment sur les dents, entraîne la fermeture à la circulation de certaines voies, forçant les véhicules à des détours parfois absurdes ? A cela s'ajoutent les conditions particulières d'accès au Sud-Liban, région certes libérée en 2000, mais en état d'urgence perpétuel (l'armée peut en bloquer l'accès à tout moment). Dans tous les cas, on ne cherchera pas à discuter les ordres, parfois musclés, des forces de sécurités (armée et FSI), ces dernières reconnaissables à leur treillis gris), qui travaillent, reconnaissons-le, dans des conditions difficiles et un climat de défiance.

Les itinéraires qui sont proposés ici prennent en compte ces difficultés, notamment le fait qu'il est fortement déconseillé de circuler de nuit, moins d'ailleurs par crainte des agressions, toujours possibles évidemment, qu'à cause de l'état des routes, l'absence (ou la défaillance) de l'éclairage public et de la signalisation, ainsi que la conduite dangereuse des autochtones. Ils prennent aussi en compte une certaine carence en équipement hôtelier, notamment dans les petites villes, ce qui oblige parfois le visiteur à relier avant la nuit un port d'attache (il existe quelques campings dans les sites protégés de la montagne –

Ministère des Affaires Etrangères : Avis aux Daltoniens

C'est le rôle du Ministère d'informer les voyageurs qui se rendent dans des pays à risques ou supposés tels. Le Liban, qui vit depuis plus de trente ans dans un climat de guerre (civile et régionale) et de violence politique, n'est certes pas la destination la plus tranquille qu'on puisse rêver. Que la région sud soit en *rouge* (« formellement déconseillée »), quoi de plus normal, même si l'agglomération de Saïda, en *orange* (« à éviter »), ne pose aucun problème en temps normal, et si une excursion à Tyr, en *rouge*, ne relève pas de la pure folie ! (Si la tension monte au Sud, dans tous les cas l'armée en interdit l'accès.) Beaucoup de *rouge* aussi dans la Bekaa-Nord, région sans doute un peu trop diabolisée depuis que le Hezbollah* en a fait son sanctuaire. Ainsi est-il « formellement déconseillé » de se rendre à Hermel – mais alors vous raterez, entre autres, la *pyramide* et les sources de l'Oronte –, tandis que l'accès au site de Baalbek-Héliopolis « est à éviter », un comble !

Tripoli aussi est barbouillé de *rouge* (souvenir des affrontements dans le camp palestinien de Nahr-el-Bared ?), comme si la vie des voyageurs était en danger, ce qui n'est evidemment pas le cas. Quant à la banlieue sud de Beyrouth, elle aussi sous le contrôle du Hezbollah*, on se demande bien ce qu'iraient y faire des touristes : croise-t-on beaucoup de « touristes » aux Quatre-Mille à Aubervilliers ou au Chêne Pointu à Clichy-sous-Bois, deux cités de la banlieue parisienne parmi d'autres, devenues des lieux de non-droit ? Comment dit-on, déjà, «balayer devant sa porte » ?

Reste fort heureusement beaucoup de *vert*, couleur de l'espérance, mais aussi... de l'islam.

www.diplomatie.gouv.fr – rubrique « conseils aux voyageurs »

LIBAN
Sites archéologiques
et monuments
N
0
50
100 km
Mer
Méditerranée
Nahr el Kebir
Lac de Qattina
Nahr Aassi
Nahr el Litani
Lac de Qaraoun
Menjez
Maqâm er-Rabb
Arqa
Akkar
Tripoli
el-Beddaoui
Stèles de Nabuchodonosor
Sfiré
Grotte de Marina
Abbaye de Belmont
Pyramide de Hermel
Couvent de Saint-Maron
Enfé
Amioun
Mseilha
Qsar Naous
Hadchit
Fadous
Bziza
Bcharré
Couvent de Ras Baalbek
Smar Jbeil
Deïr Qannoubir
Maad
el-Laboué
Aaqoura
Yammouné
Byblos
Machnaqa
Yanouh
Afqa
Iaat
Ghiné
Hadek
Baalbek
Qalat Fakra
Sarba
Qsarnaba
Stèles du Nahr el-Kalb
Chouaïya
Kounchara
Hosn Niha
Beyrouth
Mteïn
Fourzol
Khaldé
Beit Méri
Naamé
Qabb Elias
Aanjar
Deïr el-Kamar
Beit ed-Dîne
Majdel Aanjar
Chhim
Baaqline
Qalaat Niha
Dakoué
Kamed el-Laouz
Temple d'Echmoun
Deïr el-Moukhalès
Château de Belhacem
Deïr el-Aachayer
Saïda
Rachaïya (citadelle)
Aïn Hercha
Hasbaïya
Château de Beaufort
Tyr
Château de Maron
Ras el-Aïn
Qabr Hiram
Tebnine
Borj ech-Chemali
Umm al-Ammad
SYRIE
ISRAËL
site historique
château
église
mosquée
palais, monument
© Editions Olizane, 201

voir notamment www.voyage-liban.com – on n'imaginera même pas de faire du camping sauvage...) Enfin, ces circuits peuvent pour la plupart se combiner, facilitant ainsi les mouvements au gré des envies de chacun et des conditions générales de déplacement. Il est ainsi envisageable, pour peu qu'on se lève tôt, de faire des boucles quotidiennes avec retour à la case départ. Toutefois, certains itinéraires, particulièrement denses et riches, méritent qu'on s'y attarde une soirée, au moins pour profiter de la vie nocturne et goûter l'hospitalité libanaise. Et puis, si l'on voyage en été, on comprendra mieux pourquoi les habitants se ruent dans la montagne dès les premières chaleurs !

Certaines villes et leurs environs méritent qu'on leur consacre au moins une journée, notamment les cités du littoral, Byblos, Saïda, Tyr et Tripoli, dont la visite est rendue particulièrement éprouvante à l'époque des grosses chaleurs. Prévoir également au moins une journée pour Baalbek et sa région, qui bénéficient par contre de conditions climatiques plus supportables. On saura alors tirer profit des plages et des lieux de détente (cafés et restaurants de plein air), autant de haltes qui apparaissent vite incontournables et où l'on prend rapidement des habitudes locales... comme le *farniente*! Beyrouth est évidemment un cas à part, non pas tant à cause des curiosités archéologiques et architecturales – même si la reconstruction a donné lieu à l'ouverture de quelques chantiers archéologiques et à la restauration d'édifices singuliers, la ville est pauvre en vestiges antiques et en architecture intéressante –, que du fait de la difficulté des déplacements et de la fatigue qu'occasionnent une circulation intense, le bruit qui l'accompagne ainsi que la pollution. On aura alors tout loisir de profiter des quelques espaces de quiétude que sont les (rares) jardins, notamment ceux de l'Université américaine, et les musées, en particulier le Musée national, qui a bénéficié d'une restauration exceptionnelle, le musée Sursock ou encore le musée archéologique de l'Université américaine. Au final, si Beyrouth parvient à nous «ensorceler», ce sera plus par ce qu'elle signifie dans notre imaginaire que par ce qu'elle est réellement. Reste que déambuler dans la capitale libanaise, *Babylone* pour les uns, *Sodome* pour d'autres, constitue un bien curieux voyage macrocosmique à l'intérieur du microcosme libanais. On commencera donc ce voyage par Beyrouth justement, Beyrouth dont le poète Khalil Gibran disait «qu'elle est mille fois morte et mille fois revécue.»

UN VOYAGE ROMANTIQUE

Devenu un classique dès le XVIIIe siècle, le voyage en Orient emprunte nécessairement un itinéraire imposé. D'abord pour des raisons matérielles, parce que les déplacements sont subordonnés à l'état des routes bien sûr, mais aussi à la situation politico-militaire, très changeante. Ensuite parce que ce voyage a des allures de pèlerinage, de « retour aux sources » (voir *« Et si c'était... le paradis terrestre »*).

Si la Palestine et la Syrie ont la faveur des « pèlerins », le Liban n'en jouit pas moins d'une grande renommée. Ce petit territoire entre mer et montagne, baptisé « Pays des Cèdres » par les Européens, possède en effet bien des trésors, à commencer justement par... les fameux cèdres, ces « arbres de Dieu », puissants, grandioses et millénaires ! Mais il y a aussi le souvenir des Phéniciens et des croisades, ainsi que la coexistence, souvent difficile, parfois harmonieuse, d'une multitude de sectes, dont certaines pourraient bien avoir conservé, en les dissimulant, des pratiques d'un âge païen. Cette quête d'une spiritualité primitive n'est d'ailleurs pas la moindre des originalités de ce véritable voyage initiatique. Et puis, comme un jeu de piste sans cesse renouvelé, on part sur les traces de ceux qui sont partis sur les traces de ceux qui... Aventurons-nous à notre tour sur les sentiers d'un *voyage romantique*. Dépaysement et émotions garantis.

L'arrivée se fait ordinairement en rade de Beyrouth, la plus accessible. Première déception, première angoisse : « Le capitaine a reconnu les cimes du mont Liban. Il m'appelle pour me les montrer ; je les cherche en vain dans la brume enflammée où son doigt me les indique. Je ne vois rien que le brouillard transparent que la chaleur élève, et, au-dessus, quelques couches de nuages d'un blanc mat. » (Lamartine, 5 septembre 1832). Le Liban se cache derrière un écran de vapeur... Le décor est planté pour un séjour surprenant. Beyrouth retient bien évidemment l'attention du visiteur fraîchement débarqué. Non pas tant pour ses vestiges antiques, négligeables, que pour son atmosphère authentiquement orientale. Le bazar, le port, les places animées, la population bigarrée : tout concourt à faire de Beyrouth la « porte » de l'Orient. Toutes ces exubérances sont autant de promesses de jouissances et d'extases. Pourtant, au dire d'un voyageur pragmatique et semble-t-il bien informé (Gérard de Nerval) « les aventures, ici, sont plus rares qu'au Caire. » Et même si « s'allume souvent l'œil curieux des jeunes filles [...], qui oserait pénétrer dans ces forteresses du pouvoir marital et paternel, ou plutôt qui n'aurait la tentation de l'oser ? » En somme, la ville de toutes les tentations... et de tous les interdits ! Hors les murs, le voyageur découvre des paysages qui mêlent harmonieusement espaces naturels ou façonnés par l'homme. Lamartine par exemple tombe en extase devant la « pinède de Fakardin [l'émir Fakr ed-Dîne], le plus magnifique de tous les sites que j'ai vus dans ma vie. »

Mais bien d'autres surprises attendent notre promeneur exalté. Car à peine sorti des faubourgs de la ville, on attaque les pentes sauvages du Mont-Liban.

« Princesse druze et dames du Liban ». Gravure tirée de la *Nouvelle Géographie universelle,* Paris, 1884

Au loin se devinent les silhouettes altières des cèdres : une randonnée aux forêts de cèdres, c'est le *nec plus ultra* du voyage romantique. Sacralisé autant par l'histoire que par la légende, cet arbre a droit à tous les égards. Aux yeux des Européens, il incarne à lui seul le Liban.

Sur place, on s'équipe pour une excursion qui s'annonce difficile. Car il n'y a pas de routes pour accéder à ces trésors de la nature, nichés dans les vallons en altitude. Pour rejoindre « ce toit sublime des montagnes », il faut affronter les pentes abruptes, les ravins et les cascades, la brume et parfois la tempête. Et puis la neige, qui peut avoir raison des voyageurs les plus déterminés. C'est d'ailleurs la mésaventure que connut Lamartine en avril 1833. Un échec qui n'empêcha pas que se répandît une légende tenace, qui veut que l'auteur du poème *Gethsémani ou la mort de Julia* ait gravé le nom de sa fille (Julia, décédée de la tuberculose l'hiver précédent) sur un cèdre lors de cette excursion. Pour aller « toucher les cèdres », on passe immanquablement par la vallée de la Qadicha. Réputée inaccessible, son approche requérait du temps et de la prudence. Lamartine, toujours lui, parvint au fond par « un escalier de roc vif, taillé jadis par les moines maronites, habitants immémoriaux de cette vallée. » Il accéda ainsi aux nombreux monastères, qui perpétuent encore de nos jours le souvenir d'un christianisme austère et conservateur. Et puis du haut de cette montagne du Liban, le voyageur découvre l'horizon sans fin de la Méditerranée (par temps clair, on peut néanmoins apercevoir les reliefs de l'île de Chypre).

Tous ces paysages impressionnent par la puissance conjuguée des éléments, la mer, la montagne, les torrents, la neige, la brume et la tempête. Avant 1975 encore, les dépliants vantaient cette expérience inoubliable offerte au touriste, de pouvoir tout à la fois skier le matin au milieu des cèdres et se baigner l'après-midi sur les plages de Batroûn, Jbeil ou Jounieh. Au XIXe siècle, les activités balnéaires n'étaient pas encore à la mode. Si l'on parcourrait le littoral, c'était pour suivre le chemin millénaire de la civilisation. On ne savait pas qu'à proximité de quelques villages anonymes ou cavités, étaient enfouies les traces d'une présence préhistorique, des milliers d'années avant les Phéniciens. On commençait seulement alors à lever le voile sur les périodes les plus reculées de l'Antiquité, là où la mémoire avait conservé l'existence de témoignages matériels, à Byblos notamment, fouillée par Ernest Renan en 1860. Pour sa part, le vicomte de Vogüé visita le « fleuve du Chien » en 1875. Outre les vestiges d'une voie romaine, son attention fut attirée par « les restes d'inscriptions de toutes langues et les emblèmes de tous les conquérants qui ont fait halte entre deux batailles dans le vallon du Nahr el-Kelb. Comme dans les auberges les voyageurs écrivent leur nom sur un livre, tous ces touristes ont eu la fantaisie d'inscrire le leur sur ce rocher ». Qualifier Ramsès II, Nabuchodonosor ou Caracalla de « touristes » a de quoi surprendre.

Si Tyr reçut des visiteurs dès le XVIe siècle (Volney en fit la description dans son *Voyage en Egypte et en Syrie*, publié en 1783), les relations de voyage les plus intéressantes datent néanmoins du XIXe siècle (Chateaubriand baptisa la cité phénicienne la « Reine des cités »). Saïda elle aussi fut appréciée des visiteurs pour ses vestiges antiques (en 1887 fut découvert dans une nécropole le sarcophage dit « d'Alexandre », exposé au Musée archéologique d'Istanbul) mais aussi pour son château franc. Et puis il y a Baalbek et ses majestueuses colonnades : « A l'horizon encore éloigné devant nous, sur les derniers degrés des montagnes noires de l'Anti-Liban, un groupe immense de ruines jaunes, doré par le soleil couchant, se détachait de l'ombre des montagnes, et se répercutait des rayons du soir. Nos guides nous le montraient du doigt, et s'écriaient : *Balbek ! Balbek !* C'était en effet la merveille du désert, la fabuleuse Balbek, qui sortait tout éclatante de son sépulcre inconnu, pour nous raconter des âges dont l'histoire a perdu la mémoire ». (Lamartine).

Passé la première émotion, le visiteur devait s'enquérir d'un asile pour la nuit ; une nuit sous haute protection, la région étant aux mains de « la tribu féroce des Arabes indépendants de Bkà ». Mais au final, c'était moins la peur des bandits qui venait troubler le sommeil des voyageurs éreintés, que les cris lugubres des chacals... Surtout, à chacun, « cette aire féconde en étonnements » renvoyait un sentiment bizarre, une impression de malaise indéfinissable lorsque, la stupéfaction épuisée, « elle se change(ait) en terreur vague ». Les Romantiques, on le sait, étaient facilement sujets à la torpeur et à la mélancolie.

Ce voyage romantique ne s'arrête toutefois pas là. Il faudrait citer aussi le Chouf et le Kesrouan, le palais de Beit ed-Dîne ou encore Antoura et son collège de jésuites. Des lieux chargés d'histoire et promis à un avenir « rayonnant », celui que lui réservait la France, « patrie des Lumières » et « fille aînée de l'Eglise ». Car ce qui se profilait en cette fin de siècle, c'était l'achèvement d'une époque (le Liban des Emirs) et le début d'une ère nouvelle, celle du colonialisme triomphant, du développement économique... et du tourisme. C'est ainsi que l'esprit qui animait les « pèlerins » du XIXe siècle est définitivement mort avec l'instauration du Mandat*.

Définitivement? Pas si sûr. Car derrière le prisme déformant de la violence, de l'urbanisme sauvage et de la modernisation à marche forcée, se profile aujourd'hui un Liban insolite, surgit du passé et de l'oubli. Un Liban qui invite le voyageur à (re)découvrir les charmes d'une excursion aux cèdres, ou ceux d'une promenade au milieu des vestiges d'un sanctuaire rural (un tourisme solidaire et durable commence à se développer). Là sans doute sommeille « l'esprit romantique », qui ne demande qu'à sortir de sa longue léthargie.

Pont naturel dans le district de Kfardebian, gravure de Delaplante, publiée dans *L'Eau*, par G. Tissandier, Hachette, Paris 1873

BEYROUTH

Que n'a-t-on dit sur cette ville... Elle aura été en effet qualifiée tour à tour de *ville lumière* ou de *ville maudite*, de *paradis* ou d'*enfer* – en quelque sorte la ville de tous les excès ! On en serait presque arrivé à oublier la place que tient réellement cette métropole dans le Liban moderne, et plus largement dans l'ensemble proche-oriental. Capitale du Liban depuis 1920, elle constitue à elle seule l'un des huit *mohafazah* (régions administratives) du Pays des Cèdres, avec le Aakkar, le Mont-Liban, le Nord, Baalbeck-Hermel, la Bekaa, le Sud et Nabatiyeh. La ville *stricto sensu* (beaucoup plus vaste, le district du Grand-Beyrouth s'étend sur environ 500 km^2 et regroupe environ deux millions d'habitants) compte 400 000 habitants, soit un dixième de la population officiellement recensée (non compris bien sûr les immigrés). Une population qui n'a cessé d'augmenter pendant les années de guerre, puisque malgré les affrontements et les bombardements israéliens, Beyrouth a vu affluer de nombreux réfugiés. Une guerre qui n'a pas seulement remodelé sa physionomie, mais qui lui a aussi donné une dimension rarement égalée dans l'Histoire. Oubliée la cité phénicienne. Oubliée la ville romaine dynamique dans le commerce, les Arts et les Lettres. Renvoyées aux oubliettes la fière cité levantine aux coffres remplis de pétrodollars.

Jusqu'aux années 1990, Beyrouth n'était plus qu'un « sanctuaire » : des affrontements interconfessionnels, du terrorisme, des enlèvements, du trafic de drogue, de toutes les compromissions et de toutes les vilenies. La ville avait ainsi perdu sa nature profonde, au profit d'une identité de substitution dans laquelle les Libanais n'ont eu d'autre choix que de se reconnaître – le « look milicien » a connu son heure de gloire, comme le raconte savoureusement Lamia Ziadé dans *Bye Bye Babylone* (voir bibliographie) – ou de s'en inventer d'autres. Le *Phénicien* par exemple, qui fonctionne encore aujourd'hui comme un substitut gratifiant à ces images détestables du *Libanais-milicien* ou du *Libanais-preneur d'otages*; images qui commencent toutefois à s'estomper. Redonnons donc à Beyrouth ce qui appartient à Beyrouth, son nom, son histoire et ses tourments. D'autant que si les tensions politiques restent vives et les clivages socio-économiques persistants (ils auraient même tendance à s'accentuer), la capitale libanaise s'essaye à une nouvelle existence. Une nouvelle tentative de coexistence, qui demandera cependant beaucoup plus que des immeubles de luxe, des grosses cylindrées et quelques grandes enseignes internationales pour y parvenir.

Pages précédentes : Paysage hivernal dans les montagnes libanaises

HISTORIQUE

Même si la ville est intimement associée au destin des inventeurs et des diffuseurs de l'alphabet, il existe néanmoins un Beyrouth d'*avant* les Phéniciens. En effet, la découverte de silex taillés et polis dans la ville et ses environs immédiats atteste une présence préhistorique, soit plusieurs milliers d'années avant l'installation des Phéniciens. Si les auteurs anciens font remonter ses origines à la plus haute Antiquité, on ne dispose toutefois d'aucun texte ou inscription significatif permettant d'en dater précisément la fondation. Par contre, on apprend à la lecture des tablettes de Tell el-Amarna – site égyptien qui fut la capitale du pharaon Aménophis IV (XIVe siècle av. J.-C.), où l'on découvrit au XIXe siècle des archives constituées de plusieurs centaines de tablettes d'argile en écriture cunéiforme – que la cité se nommait Beruta, nom qui pourrait avoir été formé sur une racine sémitique signifiant «puits» ou «source». Cité phénicienne donc, qui n'a livré du matériel d'origine que très récemment, à l'occasion des fouilles menées dans le cadre de la reconstruction du centre ville. Jusque là, on n'avait répertorié que cinq sites proprement phéniciens au Liban: la nécropole royale de Byblos, une tombe à Khaldé, au sud de Beyrouth, le temple d'Echmoun, dans la banlieue de Saïda, enfin les sites urbains de Sarafand et de Tyr.

Une campagne menée en 1983 à l'initiative d'archéologues et d'architectes libanais, pendant une trêve, concluait déjà à une présence possible de traces phéniciennes entre le port et la place des Canons, très précisément sous le cinéma Rivoli et l'hôtel Régent, tous les deux aujourd'hui disparus (sur l'emplacement du Régent a été construit le nouveau siège du quotidien *An-Nahar*, inauguré en 2003). Une chose était certaine: la ville antique reposait sous les ruines modernes, dans un espace compris entre la place des Canons et l'ancien hôpital militaire ottoman (aujourd'hui occupé par le CDR*), la rue Weygand et celle de l'Emir Béchir, soit un quadrilatère centré sur la place de l'Etoile (Nejmeh). Un espace où l'on a pu très précisément cartographier la cité romaine, ses thermes, ses temples, sa basilique, etc. Pourtant, les archéologues tenaient à mettre la main sur la fameuse *Ecole de Droit*, comme pour conjurer le sort, dans une ville où le seul «droit» qui prévalut pendant des années fut celui du plus riche, du plus fort, du plus fou! (L'Ecole de Droit romaine est par contre bien localisée, dans les environs immédiats de la place de l'Etoile.) Ainsi les vestiges antiques visibles à Beyrouth avant 1975 étaient-ils rares: une fosse avec des colonnes, une partie des thermes, une colonnade remontée en face du Musée national. Bien peu de choses au final, comparé aux richesses potentielles, ou encore aux quelques témoignages des voyageurs du XIXe siècle. Ainsi Gérard de Nerval notait-il que l'estrade d'un café du bord de mer reposait sur des colonnes enfoncées dans la grève, ou encore que le bâtiment de la douane était construit avec des débris antiques. Plus loin étaient encore visibles les vestiges de la voie d'Antonin (ou *via Maris*), qui enjambait le Nahr Beyrouth sur un pont romain

Beyrouth
Mer Méditerranée
Mer Méditerranée
Marina de Beyrouth
Parc du Bord de Mer
Avenue de Paris
Avenue de Paris
Phare
Université américaine (AUB)
Musée archéologique
JAMAA
AIN EL-MREISSÉ
Théâtre
Rue Ibn Sina
Rue John Kennedy
Rue O. Ed Daouk
RAS BEYROUTH
Rue Bliss
R.Jurdak
Rue Sidani
Rue N. Arditi
Av. Général de Gaulle
Rue Clémenceau
MINET EL-HOSN
CENTR
BAB IDRISS
KANTARI
Rue Sourati
HAMRA
JONBLAT
Rue de Rome
MANARA
Rue Sadat
Rue Jeanne d'Arc
Rue O. Abd el Aziz
Rue Hamra
Rue Banque du Liban
Rue M. Chiha
SÉRAIL
Long Beach
Club sportif Nejmeh
Rue Emile Edde
Rue Emile Eddé
Rue Spears
Jardin R. Moayad (Sinayeh)
Plage Sporting Club
Rue El Hussein
KOREITEM
Rue Madame Curie
Rue Dunant
Rue R. Moawad
Centre ville voir p. 158
Rue Chatila
SNOUBRA
TALLET ED DRUZE
SANAYEH
BACH
Grotte aux Pigeons (Raouché)
RAOUCHEH
Rue A. Ed Dine es Solh
R.Maarouf
Rue d'Alger
ZARIF
ZOQAQ EL-BLAT
PATRIARCAT
Rue de l'Indépendance
Institut des Beaux-Arts
Rue Itani
AIN ET TINÉ
Rue de Berlin
R. de Verdun
Rue Rachid Karamé
DAR EL FATWA
Rue Mar Elias
Rue Ahmad Beyhum
Av. de l'I
BASTA TAHTA
Av. du Gén. de Gaulle
Jardin H.Khaled
Rue Rachidine
R.A.es Sabbah
VERDUN
TALLET EL KHAYAT
MOSSAITBÉ
Rue Mossaitbé
Rue Selim Salam
Rue Bourj Abi Haidar
BASTA EL FAOUKA
Rue Mazraa
Rue de l'UNESCO
Mosquée Al Salam
Eglise St.Elie
BORJ ABI HAIDAR
UNESCO
Boulevard Saeb Salam
Rue Farid Trad
Avenue Rafic el Hariri
MAZRAA
Boulevard Saeb Salam
Rue Bourj Abi Haidar
Rue Selim Salam
WATA
Rue Habib Abi Chahla
RAMLET AL-BAYDA
Stade Mazraa
Rue Salem Subah
N
MALAAB
Rue Gabriel el Murr
Stade es Safa
Rue S. el Boustani
Stade municipal
0
0,5
1 km
Rue du Vénézuela
Rue Subah
Rue K. Morane
MAR ELIAS
Université Arabe
Rue N. I. Sursock
Police
Rue Sabra
Rue Jallou
UNESCO
Avenue Camille Chamoun
TARIQ EL JEDIDÉ
JNAH
Rue Akhtal es Saghir
Cité sportive Camille Chamoun
Mosquée Dana
Mosq Al Khac
BIR HASSAN
vers Saïda et Sour
vers l'aéroport international
Office du Tourisme
Poste
Principales mosquées
Principales églises
Musée, exposition
Principales plages (bains)
Hôpital
Autres lieux

EL-KARANTINA
Abattoirs
Hôpital Universitaire
KHODR
Rue du Brésil
PORT
MARFA
Rue de Trieste
Rue Allenby
VILLE
GEMMAYZEH
NEJMÉ
Rue El Arz
Avenue Charles Helou
RMEIL
Rue Gouraud
Bechir
SAIFI
MAR NICOLAS
Musée Sursock
HIKMÉ
Rue du Général Fouad-Chehab
Avenue Charles Malek
MAR MIKHAEL
Rue du Fleuve
Ancienne gare de chemin de fer
Mosquée Al Khodr
Forum de Beyrouth
JISR
Hôpital St.George
HÔPITAL ORTHODOXE
JEITAOUI
QOBAIYAT
Eglise St.Vartan
Rue d'Arménie
Eglise Chamlian Tatigian
Nahr Beyrouth
Rue Joseph Chader
Cimetière
MAR MITR
Université Saint-Joseph
YESSOUEIYE
Musée de la Préhistoire
FURN EL HAYEK
BORJ HAMMOUD
Théâtre Hovhannes Bogossian
Rue Bechara el Khoury
Corniche Pierre el Gemayel
Rue B. El Khoury
Mosquée Baydoun
Avenue Elias Sarkis
ACHRAFIYEH
Avenue de l'Indépendance
GHABI
CORNICHE DU FLEUVE
NABAA
SODECO
NASRA
Rue de Damas
SIOUFI
Jardin public Sioufi
Hôpital Hôtel Dieu de France
Rue Alfred Naccache
RAS EN NABAA
Stade de Chayla
HÔTEL-DIEU
Ambassade de France et Centre Culturel Français
Théâtre de Caracalla
Corniche Pierre el Gemayel
Avenue Emile Lahoud
SINN EL-FIL
Beirut Art Center
Rue Youssouf Hayek
SALOMÉ
Avenue Abdallah El Yafi
ADLIYÉ
Musée National
Hippodrome
Résidence des Pins
PARC
BADARO
Tir aux pigeons
Rue Ouzaï
Rue Omar Beyhum
Hôpital militaire
Avenue Sami es Solh
Avenue Elias El Hraoui
FURN ECH-CHEBBAK
HORCH TABET
Forêt des Pins
Horsh al-Sanawbar
Boulevard Hamid Frangié
Av. Jamal Abd en Nasser
AIN ER REMANEH
Rue de Damas
Futuroscope
JISR AL-BACHA
Mosquée Al Sadeq
Bvd Hadi Nasrallah
Cimetière
GHOBEIRI
CHIYAH

(le tunnel n'avait pas encore été percé). Rien non plus de très extraordinaire, sinon constater que les populations avaient trouvé sur place un matériau de construction bon marché. Lamartine déjà s'était ému du «pillage» des ruines de Baalbek par les Arabes. Pour leur part, les Européens, mais aussi les Turcs, n'eurent aucun scrupule à dévaliser le pays pour s'en approprier les richesses artistiques et archéologiques (tout au long de ce voyage, on rencontrera fréquemment cette pratique de réutilisation des éléments d'architecture antique, notamment dans les édifices croisés et turcs).

Les Romains ont conservé le nom d'origine en baptisant leur nouvelle conquête *Colonia Julia Augusta Beritus*. Une domination romaine qui allait se perpétuer avec l'Empire byzantin, dont la civilisation marqua durablement la région, comme en témoignent les nombreux sanctuaires chrétiens qui ont essaimé dans la ville, toujours ornés de mosaïques (voir notamment une admirable mosaïque conservée au Musée de l'AUB). Chassés du Levant par l'expansion arabe (la ville est prise en 635), les Byzantins ont laissé la place à une nouvelle civilisation et à une nouvelle esthétique: l'art islamique. Avec les 'Umayyades, qui avaient choisi Damas comme capitale, Beyrouth connut un regain d'activités grâce aux échanges fructueux entre le littoral et la Syrie. La ville fut notamment mise à contribution pour fournir aux califes une flotte capable de concurrencer la marine byzantine, restée très active en Méditerranée orientale. Des Byzantins qui n'avaient d'ailleurs pas renoncé à leurs anciennes possessions et qui parvinrent même à remettre le pied sur le littoral (Beyrouth fut reprise en 968). Une conquête éphémère toutefois, puisque l'Empire d'Orient dut à nouveau céder devant la pugnacité arabe. Une défaite qui semblait irréversible cette fois et qui fut l'un des prétextes invoqués par les Occidentaux pour organiser une croisade.

L'épisode croisé fut bien plus qu'une parenthèse dans l'histoire de la ville. En s'installant durablement au Levant, les Latins allaient en effet profondément marquer la région. Beyrouth tomba dans l'escarcelle des seigneurs francs en 1110, intégrant du coup le comté de Tripoli, formé huit ans plus tôt par Raymond de Saint-Gilles. Le port bénéficia alors du dynamisme insufflé par les croisades (une ligne maritime régulière avec l'Italie fut inaugurée dès l'année de la conquête). La ville fut érigée en évêché et se couvrit naturellement d'édifices directement inspirés des canons de l'architecture et de l'art occidentaux. Le meilleur exemple en est l'église Saint-Jean-Baptiste, construite par les Hospitaliers de Saint-Jean de Jérusalem, un ordre militaire très actif en Terre sainte. Transformée en mosquée après la reconquête musulmane, elle fut très endommagée par la guerre civile et bénéficia ensuite d'une restauration soignée. Ce furent ensuite les Turcs qui modelèrent la cité, de manière d'autant plus visible que leur présence ne prit fin qu'au début du XXe siècle. L'édifice le plus spectaculaire, le Grand Sérail, qui fut la résidence du Haut-Commissaire français pendant l'époque du Mandat*, est une ancienne caserne ottomane. Les voyageurs de l'ère romantique n'ont évidemment pas omis de mentionner toutes les transformations que connut la ville durant les siècles de domination ottomane. Nerval, on l'a vu, a décrit le bâtiment de la douane, mais aussi les remparts et les tours crénelées, ainsi que le Sérail du pacha, tous édifices ou constructions qui ont aujourd'hui disparu (au centre-ville, des panneaux touristiques font mention d'un «quai ottoman», auquel on devrait accéder lorsque l'aménagement du bassin n° 1 du port sera achevé). Il réserva une mention spéciale pour la *tour de Fakardin*, comme le fit avant lui Lamartine lorsqu'il découvrit «l'immense tour carrée bâtie par l'émir des Druzes, Fakardin.» Une tour, dont Charles Reynaud précisait en 1844 qu'elle avait son assise dans l'eau.

Mais ces curieux par nature ne s'arrêtèrent pas qu'aux seuls monuments. Leurs relations de voyage font aussi une place importante à la société beyrouthine, et certaines remarques apparaissent aujourd'hui d'une grande pertinence. On apprend ainsi que le *Rocher des Pigeons* (aujourd'hui la Grotte aux Pigeons, à Ras-Beyrouth) était (déjà) un endroit mondain, fréquenté par une bourgeoisie insouciante et démonstrative – les choses n'ont somme toute guère changé! Surtout, on reste coi devant cette réflexion de Charles Reynaud à propos des commerçants juifs et arméniens: «Il est probable qu'un jour Beyrouth absorbera une partie de la population active et commerçante de Damas.» Cette «absorption» a bien eu lieu, du moins partiellement, lorsque dans les années 1960 une partie de la bourgeoisie syrienne préféra l'exil à Beyrouth au régime

Campus de l'Université américaine

autoritaire et autarcique des dirigeants baasistes*. Fort de sa longue présence au Liban (1976-2005), Damas aurait sans doute souhaité inverser le phénomène. Gageons qu'une fois de plus, les Syriens risquent bien d'être à nouveau *libanisés*... Pour sa part, Gérard de Nerval se souvient qu'à Beyrouth «la population est sérieuse autant qu'affairée.» Ce dynamisme des Beyrouthins, tous les voyageurs en ont été les témoins, impressionnés par la fébrilité qui règne sur le port et dans les souks. Au XIXe siècle, la ville était un des meilleurs exemples du cosmopolitisme méditerranéen. Comme à Alexandrie en effet, on y croisait une multitude de minorités, qui avaient en commun de ne pas trop se faire remarquer et de profiter d'une certaine tolérance des autorités turques. Les Arméniens et les Juifs notamment, particulièrement entreprenants, menaient leurs affaires dans des langues qui leur garantissaient la discrétion et éloignaient la concurrence... Les Arméniens se sont d'abord installés dans le quartier de Borj Hammoud, qui reste encore très spécifique. Ils arrivèrent nombreux à la suite des pogroms dont ils furent victimes en Asie mineure (au moins 40000 morts entre l'automne 1894 et le printemps 1895), mais surtout lors des déportations et du génocide de 1915-1916. Les juifs, quant à eux, ont été de tous temps présents en Syrie et au Liban. Comme les chrétiens, ils avaient le statut de *dhimmi** en terre musulmane, c'est-à-dire qu'en tant que non-musulmans ils ne pouvaient prétendre aux mêmes droits. Installés dans les centres urbains, ils vivaient de l'artisanat et du commerce. Une communauté assez prospère, semble-t-il, du moins en apparence. Lamartine fait pourtant mention de «bandes de pauvres juifs montés sur des ânes», tandis qu'en 1876 le vicomte de Vogüé, un diplomate, visitait le quartier juif de Beyrouth «peuplé de juifs sordides», qu'il trouva néanmoins plus à son «goût» que «la hideuse juiverie constantinopolitaine(!)» Une «observation» qui relève évidemment plus de l'antisémitisme que de l'anthropologie. La petite communauté juive libanaise, présente exclusivement à Beyrouth et Saïda, a beaucoup souffert de la création de l'Etat d'Israël (1947) et de l'interminable conflit qui s'ensuivit, notamment les invasions de 1978 et 1982. Considérée comme disparue du paysage culturel libanais, il semble néanmoins que la communauté (ou ce qu'il en reste) cherche à sortir de l'ombre. On le souhaite pour le Liban, qui montrerait ainsi beaucoup plus de tolérance que son belliqueux voisin israélien. Une initiative heureuse pourrait peut-être symboliser cette «renaissance», la restauration de la synagogue *Maghen Avraham*, à deux pas du Grand Sérail, dont les travaux devraient être totalement achevés début 2011.

Avec l'avènement du Mandat*, Beyrouth connut un nouvel essor, encouragé par les autorités et le lobby des industriels français. Lyon notamment s'intéressait de près à la Syrie – en 1920, on ne faisait pas encore vraiment la différence entre le Liban et la Syrie. Les capitaux affluèrent pour l'aménagement du port de Beyrouth et la construction de chemins de fer, favorisant ainsi la constitution d'une bourgeoisie d'affaires européanisée. Une bourgeoisie majoritairement chrétienne, qui fit fortune dans le commerce et la finance. C'était la grande époque des Pharaon, Hélou, Lahoud, Tabib, Khoury, Bustani, Naccache, des noms que l'on retrouvera par la suite, et pas seulement dans le monde des affaires. En 1920 Beyrouth était promue capitale de «l'Etat du Grand-Liban». Son développement était dès lors assuré. La ville allait jouer le rôle de vitrine d'un Levant dynamique, alors que dans le même temps la montagne connaissait une véritable hémorragie, perdant ses jeunes par dizaines de milliers. L'émigration était en effet à son niveau le plus élevé, au point de toucher près de la moitié de la population entre les deux guerres! Une situation qui ne devait plus changer et qui s'accentua même, jusqu'à faire de Beyrouth le trompe-l'œil démesuré d'un Liban profondément déséquilibré.

Le Beyrouth des années 1930 vit se développer une société bourgeoise, qui mêlait Orientaux parvenus et Européens. C'est cette ville qui servit de cadre au roman de Pierre Benoit *La Châtelaine du Liban* (1924). L'auteur y décrit une cité propice aux rencontres et aux fantasmes, sur fond de fêtes mondaines et d'intrigues en tous genres. On fréquente le Grand Sérail, siège du Haut-Commissariat, l'Hôtel Royal et la rue Bab-Edriss, l'Hôpital américain, la rue des Ambassadeurs et la rue Georges-Picot (négociateur français des accords dits Sykes-Picot, en 1916, qui décidèrent de l'avenir du Proche-Orient), le Cercle militaire. C'est encore le faubourg de Basta, «musulman et mystérieux», où tout peut arriver... Au bout du compte une œuvre assez médiocre, qui a néanmoins comme intérêt de décrire la capitale libanaise à l'époque du Mandat*. A partir de là, Beyrouth allait connaître le destin d'une cité du tiers-monde, s'enrichissant toujours plus à mesure que s'étendait en périphérie une ceinture de misère, gonflée par l'exode rural d'abord, puis par les vagues de réfugiés en provenance du Sud. Elle subit le choc des «événements» de 1958, lorsque l'affrontement politique dégénéra en guerre civile. A la grève générale succéda l'insurrection: des maisons brûlèrent, des barricades s'élevèrent, des bombes éclatèrent! Rien à voir certes avec le conflit qui démarra en 1975. Pourtant cette «petite guerre», comme la nomme Andrée Chedid, «déchiquette, morcèle, entame un avenir toujours sur le point de se dessiner». Beyrouth ne devait plus alors jamais connaître la paix. Car si la ville se jeta à corps perdu dans l'insouciance, le luxe ostentatoire et les mirages du tourisme, c'était pour mieux exorciser cette terreur qui grondait et qui allait la ravager dix-sept années plus tard.

La cité levantine concentrait tous les antagonismes d'un Liban miné par les rivalités sectaires, les intérêts privés, les frustrations trop longtemps refoulées et les entreprises de déstabilisation menées par des voisins sans scrupules. En 1982, l'Etat israélien utilisa toute la panoplie de terreur dont il disposait pour foudroyer l'agglomération. Cette expédition punitive, loin de servir de leçon aux Libanais après sept années de guerre civile, allait au contraire aggraver les fractures et donner le signal de la curée: les milices de tous bords accentuèrent alors la pression sur ce qui restait de pouvoir légitime et sur la société civile, provoquant l'irréparable. Beyrouth sombra dans l'anarchie et le chaos, se coupant du monde pour mieux mener à bien son entreprise d'autodestruction. Les interventions occidentales n'y firent rien, permettant seulement à la population de respirer un peu. Ce conflit ne pouvait se conclure que dans une apothéose d'absurdité, à savoir la guerre entre l'armée du général Aoun et les Forces libanaises* de Samir Geagea. Une guerre de «réduits», qui se déroula dans le huis-clos du «pays chrétien» (Beyrouth-Est, le Metn et le Kesrouan). Une guerre d'autant plus absurde qu'elle permit aux soldats de Damas de rentrer dans Beyrouth... quand Michel Aoun voulait justement les chasser du Liban !

Avec la fin des hostilités dans la quasi-totalité du pays (1991), Beyrouth put enfin montrer la voie de la réconciliation en jouant la carte de la pacification et de la réunification. Le gouvernement issu des Accords de Taëf s'attaqua prioritairement à l'élimination des groupes paramilitaires du Grand Beyrouth. La ville ne connut plus ni lignes infranchissables (à commencer par la désormais fameuse *ligne verte**) ni francs-tireurs, ni affrontements entre milices rivales, juste quelques attentats ou dérapages policiers, qui constituaient somme toute à l'époque le quotidien d'une ville comme Belfast... Il fallait être fou pour «regretter» le temps des combats, sous le seul prétexte que le calme qui régnait dans la capitale était la conséquence de l'instauration de la *pax syriana*. Les habitants renouèrent avec le bonheur simple de pouvoir passer d'un quartier à un autre, sans risque d'enlèvement ou d'assassinat. Ceux-là savaient trop de quoi était faite la *pax milicia*!

Dômes d'une mosquée dans le centre de Beyrouth

Au début de la guerre du Golfe (janvier 1991), les Beyrouthins n'ont pas caché une certaine satisfaction de voir une guerre se dérouler «enfin» ailleurs que chez eux. Pourtant, fatalistes, ils se doutaient bien que cet événement grave aurait aussi, d'une manière ou d'une autre, des répercussions au Liban. Les séquelles du conflit, en revanche, devaient longtemps gâcher la vie des habitants et fortement marquer l'imaginaire des étrangers. Beyrouth avait subi deux types de destructions: celles causées par la guérilla urbaine, menée sans relâche à l'arme automatique ou au lance-roquettes, et les destructions résultant des bombardements massifs, déclenchés par les Israéliens ou les Syriens, mais aussi lors des affrontements entre l'armée de Michel Aoun et les FL*, la milice de loin la mieux équipée, y compris en armes lourdes. Dans le paysage urbain, il était aisé de distinguer les effets des unes et des autres: des façades mitraillées d'un côté, des immeubles effondrés et des cratères géants de l'autre. Quant aux voitures piégées, on laisse aux amateurs le soin d'en distinguer les effets spécifiques. Il n'est que de regarder les images prises après l'attentat qui coûta la vie à Rafic Hariri, le 14 février 2005 en face de l'hôtel Inter-Continental – Phoenicia, pour en prendre la mesure! Le centre de la capitale était devenu une véritable jungle (dans tous les sens du terme), d'où avait disparu tout signe du Liban d'avant-guerre: pouvoir politique, banques, services publics et commerces. On ne s'est d'ailleurs plus battu pour le «centre» dès lors qu'il avait été pillé et réduit à néant. Devenue *de facto* un no man's land, la *ligne verte** a accueilli, dans des conditions qu'on imagine, les populations les plus pauvres chassées par les combats, chrétiens du Chouf côté Est, chi'ites* du Sud côté Ouest. Certains, arrivés avec leurs troupeaux, ont fait du «centre» un espace rural, squattant les maisons détruites comme on le ferait de grottes!

A quelques centaines de mètres de là pourtant, grâce aux générateurs, on vivait dans des appartements climatisés... Néanmoins – et cela en étonnera sans doute plus d'un –, pendant toute la durée du conflit les projets d'urbanisme n'ont cessé de voir le jour. Jusqu'à la fin du mandat du président Amine Gemayel par exemple, en septembre 1988, l'Office d'urbanisme de la ville de Beyrouth travailla de concert avec l'APUR, l'Atelier parisien d'urbanisme. Durant la même période, Rafic Hariri mit ses compétences professionnelles (il réalisa son immense fortune dans le BTP en Arabie saoudite) et ses deniers personnels au service de la reconstruction du centre ville. C'était oublier que les apparatchiks libanais ne considéraient un projet qu'en fonction des énormes bénéfices qu'ils pouvaient en tirer! Devenu premier ministre (1992), il put envisager les choses avec plus de sérénité.

Aujourd'hui (2011), l'entreprise de rénovation de la capitale avance à un train d'enfer. Ce que les pessimistes avaient prévu s'est réalisé: le cœur de la *cité phénicienne* a été confisqué par les banquiers, les marchands et les aménageurs *high tech*. Hormis en effet quelques réalisations de qualité, notamment la restauration d'édifices religieux et publics (quoique excentré, on pense en parti-

Patrimoine de Guerre, Guerre du Patrimoine

La grande question qui remua le landerneau beyrouthin d'après guerre fut de savoir comment le Liban allait gérer la reconstruction des quartiers détruits, à commencer bien évidemment par le centre. Les nouvelles autorités avaient comme souci légitime d'accélérer l'élimination d'édifices fragiles ou irrécupérables (ils furent alors dynamités) et de rendre la capitale tout à la fois à ses habitants et à ses représentants.

Edifice du Parlement à Beyrouth

Certains citoyens toutefois s'émurent de la manière dont les choses se déroulaient, notamment l'absence d'une réflexion digne de ce nom, l'opacité de la société créée pour l'occasion *(Solidere)* et la mainmise du pouvoir financier. Ils auraient souhaité qu'un vrai débat *démocratique* soit engagé sur la portée sociale et psychologique de ce « patrimoine de guerre ». Ne fallait-il pas considérer ces ruines comme faisant partie du *patrimoine libanais*, au même titre que les vestiges antiques (d'ailleurs fort peu nombreux dans la capitale) ? N'allait-on pas une fois encore déposséder le Liban d'une histoire qu'il semblait ne jamais parvenir à maîtriser ? Cette ville, dont le romancier Elias Khoury disait qu'elle n'était plus que « l'ombre d'un souvenir », allait-elle devenir un « non lieu » sans âme, formatée selon les seuls critères du capitalisme international ?

Malgré quelques maigres concessions d'ordre architectural et archéologique, ce furent les « marchands » qui finalement remportèrent la mise, faisant du centre de Beyrouth *(Downtown)* un condensé de New-York, Paris, Tokyo et Dubaï; une «bulle» que d'aucuns rêveraient de voir éclater, oubliant toutefois que les premières victimes ne seraient pas nécessairement les élégantes et les mondains.

culier au Musée national), le centre ville offre le visage ordinaire des agglomérations du XXIe siècle, où le citoyen doit se sentir aussi à l'aise et en sécurité... que dans un *Disneyland*! La veille de Noël 2010, dans un éditorial un peu convenu sur la «coexistence» et «l'amour (!)», le quotidien *L'Orient le Jour* louait la parfaite cohabitation dont feraient preuve les Libanais de toutes confessions: «Au crépuscule, les muezzins du centre ville lancent en canon l'appel à la prière. De l'église Saint-Maron, à moins d'une encablure, fusent les *Gloria*. Comme par magie, les klaxons se taisent à cette heure d'impatience.» Pas si sûr déjà que les klaxons se soient tus, tant cette pratique, chez les Beyrouthins, relève du réflexe pavlovien, voire de la névrose obsessionnelle. Quant aux muezzins, cette fois-ci au moins, ils auront été fortement concurrencés par les chansons de Noël sirupeuses qui envahissent les rues à cette époque de l'année. Et si «impatience» il y avait, ce serait du côté d'*Hermès* et du *Starbucks Coffee* qu'il faudrait la chercher, plutôt qu'à l'entrée des mosquées et des églises!

On peut comprendre que les Beyrouthins soient avides de vivre dans un espace urbain lambda, formaté et aseptisé. Il reste que non seulement un tel espace est dénué de charme, mais qu'en outre il est totalement coupé du reste de la ville, culturellement et socialement. Une ville qui a vu le prix du mètre carré et les loyers flamber, rendant la vie difficile, voire impossible à nombre d'habitants. Fort heureusement, Beyrouth est aussi riche de son dynamisme culturel et de ses initiatives. C'est ainsi que la vie de quartier «a explosé», dans la droite ligne il est vrai des années de guerre, lorsque le centre, foudroyé, fut déserté au profit de lieux alternatifs, à l'Est comme à l'Ouest. C'est ainsi que les quartiers «chrétiens» de Gemmayzeh et d'Achrafiyeh ont aujourd'hui la réputation d'être «branchés», tandis qu'à l'ouest Hamra et la rue Bliss (nos *coups de cœur)* connaissent une véritable renaissance, favorisée par une «boboïsation» accélérée. Quant aux autres aspects spécifiquement touristiques, on saura profiter d'une promenade le long du front de mer, d'Aïn El-Mreissé à Raoucheh, ou de visites surprenantes au Musée national ou au musée Sursock. Par ailleurs on peut tabler sur quelques réalisations prometteuses, par exemple le futur Musée et Centre culturel urbain *Beit Beirut* (dont la Ville de Paris est partenaire), sis dans la *Maison jaune*, une belle maison bourgeoise rue de Damas (sur l'ancienne *ligne verte**) éventrée par les combats, dont l'ouverture est programmée pour 2013.

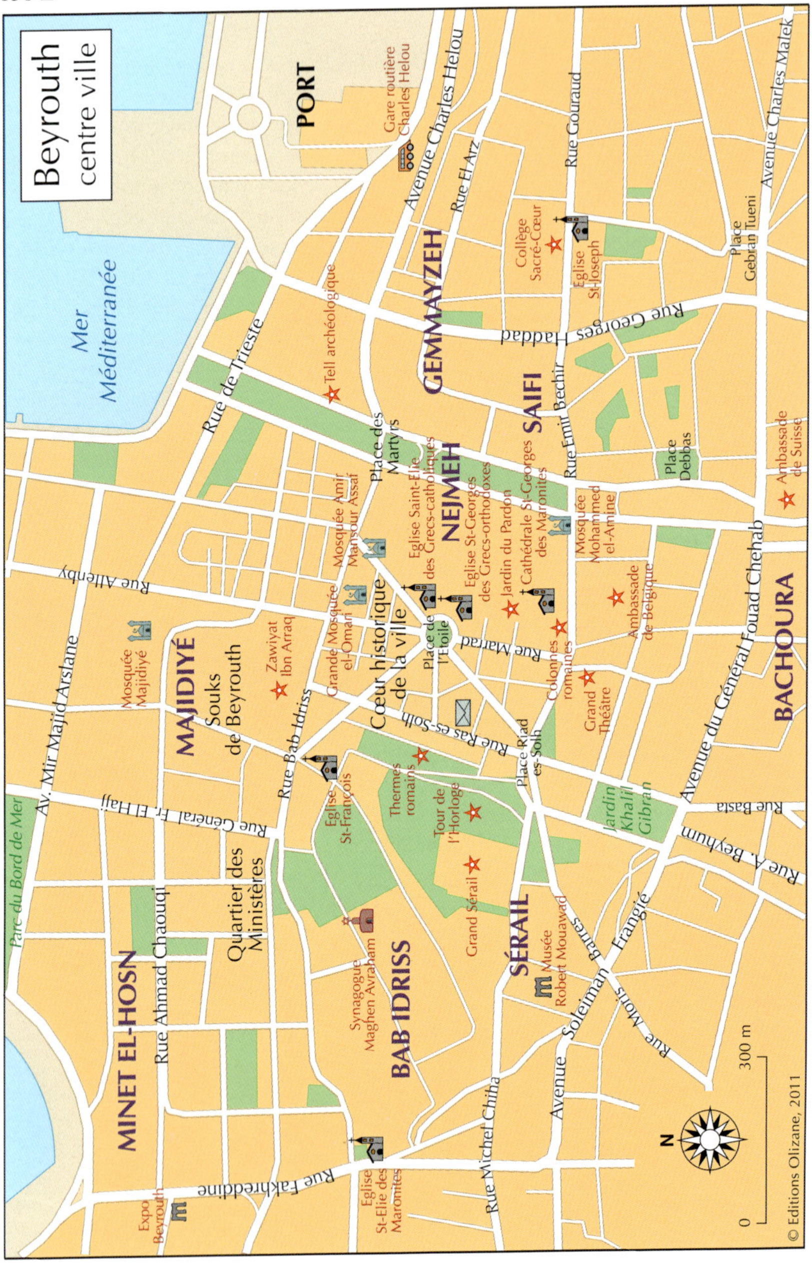

Beyrouth
centre ville
Mer Méditerranée
PORT
Gare routière Charles Helou
Avenue Charles Helou
Rue El Arz
Rue Gouraud
Avenue Charles Malek
Place Gebran Tueni
Collège Sacré-Cœur
Eglise St-Joseph
Rue Georges Haddad
GEMMAYZEH
Tell archéologique
Rue de Trieste
SAIFI
Rue Emir Bechir
Place Debbas
Ambassade de Suisse
Place des Martyrs
Eglise Saint-Elie des Grecs-catholiques
NEJMEH
Eglise St-Georges des Grecs-orthodoxes
Jardin du Pardon
Cathédrale St-Georges des Maronites
Mosquée Mohammed el-Amine
Ambassade de Belgique
Avenue du Général Fouad Chehab
BACHOURA
Mosquée Amir Mansour Assaf
Grande Mosquée el-Omari
Cœur historique de la ville
Place de l'Etoile
Rue Maarad
Colonnes romaines
Grand Théâtre
Rue Allenby
Mosquée Majidiyé
MAJIDIYÉ
Souks de Beyrouth
Zawiyat Ibn Arraq
Rue Bab Idriss
Rue Riad es-Solh
Place Riad es-Solh
Thermes romains
Tour de l'Horloge
Jardin Khalil Gibran
Rue Basta
Rue A. Beyhum
Av. Mir Majid Arslane
Rue Général Fr. El Hajj
Eglise St-François
Quartier des Ministères
Grand Sérail
SÉRAIL
Musée Robert Mouawad
Avenue Soleiman Frangié
Rue Monts Barres
Parc du Bord de Mer
MINET EL-HOSN
Rue Ahmad Chaouqi
Synagogue Maghen Avraham
BAB IDRISS
Rue Michel Chiha
Avenue
N
0
300 m
Rue Fakhreddine
Expo Beyrouth
Eglise St-Elie des Maronites
© Editions Olizane, 2011

LE CENTRE VILLE

Parcourir la vieille ville au lendemain de la guerre (1991), c'était comme déambuler dans un rêve (ou un cauchemar), au milieu d'une cité foudroyée. Venaient à l'esprit les images de Pompéi, mais aussi les mots terribles de la Bible, lorsque pour détruire Sodome et Gomorrhe Iahvé fit «pleuvoir du soufre et du feu» sur les deux cités maudites! La place des Canons (ou des Martyrs, ça ne s'invente pas), les souks, la place de l'Etoile, la rue Weygand, la Grande Mosquée, la rue Riad es-Solh, le port: tous ces lieux avaient été gravement endommagés par les combats, au point de n'être plus dans le paysage que l'ombre du Beyrouth de 1975. La fracture s'est produite ici, lorsque les milices prétendument rivales se sont entendues pour détruire systématiquement le symbole d'un Liban millénaire et pluriconfessionnel. Sous leurs pieds dormaient paisiblement les substructures de la ville antique, qui en avait vu d'autres... Dormait aussi dans les coffres des banques l'*or de Baal*, dont les désormais fameux *pétrodollars*, une fortune colossale que se partagèrent milices, partis et autres parrains (ce fut peut-être le plus grand hold-up de l'histoire moderne).

En octobre 1993 démarrèrent les fouilles place des Canons. La capitale renouait alors avec une activité jadis florissante au Liban: l'archéologie (les précédentes fouilles avaient eu lieu entre 1940 et 1965). Les équipes venaient de l'Université libanaise, de l'Université Saint-Joseph, de l'Université américaine et de l'Institut français d'archéologie du Proche-Orient (IFAPO, devenu IFPO en 2003), rappelant au passage le rôle majeur joué par l'Ecole française d'archéologie depuis Renan. L'argent pour sa part provenait en grande partie du Fonds Hariri et de l'UNESCO. Les résultats ne se firent pas attendre: au nord furent dégagées les fondations de l'ancien Sérail du XIXe siècle, ou *Petit Sérail*, construit à l'emplacement du palais de Fakhr ed-Dîne et détruit en 1948. La ville médiévale à son tour surgissait sous la pioche des archéologues; une ville qui avait son centre place de l'Etoile et qui s'étendait au sud jusqu'à l'église Saint-Georges des Maronites et à l'ouest jusqu'au carrefour de Bab Idriss. On connaissait par contre déjà assez bien l'emplacement des sites romains les plus significatifs: les thermes, les temples, la basilique, le forum et l'Ecole de Droit, organisés autour de la place de l'Etoile (un mur du forum avait été exhumé sur cette même place), ainsi que la colonnade remontée en face du Musée national, découverte près du Parlement. Des traces romaines et byzantines avaient aussi été repérées dans les fondations de la Poste centrale, rue Riad es-Solh.

Dans la Beyrouth moderne, la place des Canons constituait le centre de la vie sociale; on y trouvait des boutiques et des cinémas ainsi que la gare routière. L'autre nom qu'on lui donne, la place des Martyrs, rappelle l'épisode macabre de la pendaison de seize nationalistes arabes par les Turcs pendant la Première Guerre mondiale. Mais entre Beyrouthins, on parle plus volontiers de *Sahet el Bourj*, la place de la Tour (ou plus simplement *el Bourj*), du nom d'une ancienne tour de garde, le *Bourj Hachisch*, qui s'élevait au sud de la place actuelle. Au centre se dresse le Monument aux Martyrs, à mi-chemin entre monument aux morts et statue de la Liberté. Criblé de balles, amputé, ce mémorial n'en a pas moins traversé la guerre (il a été restauré), ce qui ne fut pas le cas... des palmiers, qui entouraient jadis la place et lui donnaient son air de Côte d'Azur. Infréquentable pendant des années, parce qu'au beau mitan de la *ligne verte**, la place des Canons est devenue par la suite un lieu de visite et même de « pèlerinage ». On y venait en famille, boire un *Pepsi* et se faire prendre en photo. Alentour et en remontant la rue de Damas, qui marquait la ligne de front, ce n'étaient que rues défoncées, façades ravagées, immeubles éventrés, rideaux de boutiques criblés, et puis la poussière, les herbes folles et les graffitis, surréalistes ou vengeurs !

A LA RECHERCHE DE LA PHÉNICIE PERDUE

Autant le dire tout de suite : pour qui est à la recherche des traces d'un *passé glorieux*, la visite de Beyrouth est plutôt décevante. On l'a dit, les vestiges antiques sont rares, du moins n'existe-t-il que fort peu de témoignages à ciel ouvert. Par contre, la réouverture du Musée national a permis d'accéder à nouveau à ses exceptionnelles collections, tandis que le musée archéologique de l'Université américaine (AUB), d'une grande richesse et rénové avec soin, devrait ravir les amateurs. Les ravages causés par la guerre auront au moins permis d'ouvrir des chantiers de fouilles place des Martyrs ou encore sur l'emplacement des anciens souks, à l'orée du port (le quartier des souks avait conservé le plan urbain en damier de l'époque hellénistique). Il faut toutefois s'attendre à ce que la pression foncière contraigne les aménageurs à recouvrir ces excavations, dont on espère qu'elles seront conservées, au moins partiellement, sous forme de « cryptes* archéologiques ».

■ LE *TELL** ANCIEN DE BEYROUTH

Situé à l'extrémité nord de la place des Martyrs, à hauteur du bâtiment en verre du quotidien *An-Nahar*, ce champ de fouilles ouvert en 1993 par les archéologues de l'AUB a permis d'accéder aux niveaux les plus anciens, ceux de la *Beruta* phénicienne, il y a plus de 5000 ans (Bronze ancien). Qu'on ne se réjouisse pas trop vite toutefois. Il est en effet extrêmement difficile pour le néophyte de se repérer aisément au milieu des tranchées, des strates et des vestiges, malgré le panneau d'informations à l'attention des visiteurs.

Ce *tell** fortifié d'environ 200 m x 50 m a été occupé sans discontinu jusqu'aux époques médiévale et ottomane. C'est là que se trouvait le château croisé, démoli en 1860, et dont on a retrouvé les substructures (voir notamment à l'extrémité nord du Monument aux Martyrs). Les passionnés pourront se référer à la communication de Mme Leila Badre, directrice du Musée archéologique de l'AUB (*Les découvertes archéologiques du centre-ville de Beyrouth*, Académie des Inscriptions et Belles-Lettres, année 1996, vol. 40). On regrettera le manque d'entretien du site, qui tend à devenir un dépotoir. Quant à son devenir, il est entre les mains des aménageurs (il existe dans les cartons un projet de *Musée d'histoire de la ville de Beyrouth*).

■ LE JARDIN DU PARDON : LE SITE DE L'ANCIENNE VOIE ROMAINE

Lorsqu'il fut question de reconstruire le centre ville, l'idée a rapidement germé qu'il fallait en dédier une parcelle à la mémoire des victimes de la guerre civile, qui fut d'abord un conflit interconfessionnel. C'est ainsi qu'est né ce projet de **Jardin du Pardon**, aménagé sur l'ancienne *ligne verte**, dans un quartier où s'élèvent plusieurs lieux de cultes représentant les trois religions monothéistes. Le lieu, déjà «occupé» par des vestiges antiques, doit symboliser l'esprit de réconciliation. Ici passait le *cardo maximus**, l'un des deux axes majeurs de la ville romaine avec le *decumanus maximus** (qui correspondait approximativement au tracé de l'actuelle rue Weygand). Il s'agissait du cœur économique et social de la cité romano-byzantine : on y trouvait notamment le *forum* et l'*Ecole de Droit*. Quelques colonnes (dites «des Quarante Martyrs») sont visibles à gauche de l'église Saint-Georges-des-Maronites, tandis qu'on distingue encore assez bien les niches pour les chevaux situées de part et d'autre de la voie.

Les *falafels*, à la saveur incomparable, ont conquis le monde entier

■ LES THERMES ROMAINS

En contrebas du Grand Sérail et du siège du CDR* (un ancien édifice ottoman), dans un espace entièrement rénové, on découvre les vestiges des thermes antiques (début du Ier siècle av. J.-C.) Edifice incontournable de la ville romaine, les thermes jouaient un rôle social considérable. Comme bien souvent, ce sont les substructures qui sont aujourd'hui visibles, notamment les piles de briques (l'*hypocauste**) au milieu desquelles circulait l'air chaud. Trois salles ont été dégagées, la piscine et le *sudatorium*, le *caldarium* (bain chaud) et le *tepidarium* (bain tiède), une salle restant enfouie sous le jardin.

■ AUTOUR DE LA PLACE DE L'ETOILE *(NEJMÉ)*

Siège du **Parlement libanais**, cette place ornée en son centre d'une horloge fut l'un des tout premiers lieux de la capitale à être restaurés. Deux **églises** côte-à-côte, l'une grecque-catholique (**Saint-Elie**) l'autre grecque-orthodoxe (**Saint-Georges)**, cette dernière entourée d'un cloître, témoignent de la vitalité des communautés chrétiennes au Levant (à moins de 200 m au sud se trouve la **cathédrale Saint-Georges-des-Maronites**, la première communauté chrétienne libanaise). De la place de l'Etoile on «rayonne» vers ce qui fut le cœur politique et financier du Beyrouth d'avant-guerre.

A l'ouest, surplombant la ville basse, se trouve le **Grand Sérail**, édifice imposant construit en 1840 et aujourd'hui siège de la Présidence du Conseil. Cet ensemble architectural organisé autour d'une vaste cour était à l'origine une caserne, dans laquelle résidaient les gouverneurs ottomans. Quant à la **Tour de l'Horloge** qui lui fait face, elle fut érigée en 1897, à l'occasion du dixième anniversaire de l'accession au trône du sultan Abdul Hamid. Lors de l'établissement du mandat français sur le Liban, le Haut-Commissariat y installa son administration. Le premier locataire en fut le général Henri Gouraud, qui y proclama officiellement «l'Etat du Grand-Liban» le 1er septembre 1920. Sur l'esplanade, un canon gardé par des soldats annamites ponctuait quotidiennement l'heure de midi d'une détonation violente (pour voir le Beyrouth des années 1920, www.albert-kahn.fr – "Archives de la planète", "centre autochrome"). Sécurité oblige, le Grand Sérail est aujourd'hui bunkérisé, les rues adjacentes barricadées et les photos strictement interdites.

En empruntant la rue de la Grande Mosquée Omar vers le nord, on parvient à l'un des édifices anciens les plus intéressants. La *Grande Mosquée* en effet (**Djami el-Omari**, entrée rue Weygand) était à l'origine une église romane d'inspiration bourguignonne, construite entre 1113 et 1150 par les Chevaliers de Saint-Jean de l'Hôpital (les Hospitaliers de Jérusalem) sur l'emplacement d'un édifice byzantin, qui avait lui-même succédé à des thermes romains. En 1291, les musulmans la transformèrent en mosquée, la flanquant d'un minaret mais conservant le bâtiment d'origine, caractéristique du style roman (seul le porche occidental est d'inspiration orientale). De l'autre côté de la rue Weygand, la belle façade en pierre de taille de la **Municipalité** a retrouvé son éclat. Construite en 1927 dans un style *art-déco orientalisant*, on retrouva dans ses fondations de nombreux éléments d'architecture antique. De là il n'y a pas de raison de ne pas pousser jusqu'aux **souks**, ne serait-ce que par curiosité. Plus rien à voir ici avec les anciens souks de la capitale. On se promène dans 60 000 m^2 de galeries marchandes sans âme, où les enseignes internationales alternent avec des cafés et des snacks sans intérêt (prix élevés). A voir tout de même les vestiges d'une «rescapée», une ***zawiya**** du XVIe siècle bâtie par le mystique Mohammed ibn Iraq al-Dimashqi.

Le Grand Sérail

On conseillera plutôt au visiteur de se rendre au **Musée Robert Mouawad**, une institution privée située à deux pas du Grand Sérail (rue de l'Armée, à l'extrémité de l'avenue du Général Fouad Chehab), au nord de Zokak el-Blat. Cet ancien quartier aristocratique et intellectuel a connu son heure de gloire au XIXe siècle, avant d'être délaissé puis squatté. La crise immobilière (les prix flambent) et le charme ancien du lieu (de belles maisons traditionnelles attendent d'être restaurées) ont provoqué un regain d'intérêt pour cet espace urbain proche du centre. Le musée a été aménagé dans la résidence de feu Henry Pharaon (1901-1993), homme politique et homme d'affaires libanais, héritier d'une riche famille d'origine égyptienne qui a marqué l'histoire politique et économique du Liban (voir encadré). Il s'agit d'un palais construit en 1901 dans un style *néo-gothique*, acheté en 1990 par le diamantaire Robert Mouawad. Il renferme une collection très éclectique, constituée de longue date par des acquisitions effectuées principalement en Syrie: antiquités orientales, céramiques islamiques, porcelaines de Chine, joaillerie, tapis, ouvrages rares, etc. (ouvert du mardi au dimanche de 9 h à 17 h).

S'il vous reste un peu de temps, allez faire un tour dans la rue Wadi Abou Jmil toute proche, où vous découvrirez la **synagogue Maghen Avraham** (le «bouclier d'Abraham»), l'ancienne *Grande Synagogue* de Beyrouth. Ce qui se passe là a valeur d'exemple dans un pays toujours soumis aux diktats communautaires: on achève en effet la restauration d'un bel édifice construit dans les

AU TEMPS DES PHARAON

C'est une histoire bien singulière que celle du milliardaire Henry Pharaon. Entre 1930 et 1960, ce grec-catholique né en 1898 n'avait pas de rival au Liban : il était l'homme le plus riche du pays ! Co-auteur avec Michel Chiha de la Constitution de 1926, il dessina le drapeau libanais rouge et blanc frappé du cèdre, qui remplaça en 1943 le drapeau français. En plus de ses immenses propriétés, de sa banque (banque *Pharaon & Chiha*) et de son écurie de course, il aménagea son palais de Beyrouth en un musée consacré principalement à l'art arabe.

Pendant plus de cinquante ans, Henry *Bey* Pharaon collectionna des éléments d'architecture qu'il fit assembler dans sa demeure (en tout vingt-cinq salles furent aménagées). Parmi les pièces les plus rares, des colonnes antiques, des sarcophages anthropomorphes phéniciens et grecs, une mosaïque du XIIIe siècle provenant d'une fontaine de Damas. Du XIIIe siècle également, une table en ivoire de facture mamelouke, des boiseries peintes de Damas et d'Alep, et puis des icônes byzantines, des porcelaines, etc.

Les dernières années de sa vie, le collectionneur fou semblait avoir perdu le goût du beau et du rare. En revendant son palais-musée et en s'installant dans un hôtel beyrouthin, il s'est ostensiblement retiré du monde. On l'avait presque un peu oublié lorsque, le 6 août 1993, on apprit qu'il avait été assassiné dans sa chambre. Triste fin pour un homme qui incarnait une certaine idée du Liban, indépendant, entreprenant et fier.

années 1920, symbole s'il en est des difficultés du multi-confessionnalisme au Pays des Cèdres et plus généralement au Proche-Orient. Reste maintenant à savoir si le quorum sera atteint pour célébrer *min'ha* (les prières de l'après-midi) et *ma'ariv* (les prières du soir).

■ AUTOUR DE LA PLACE DES MARTYRS (LE BOURJ)

C'est sans doute le lieu de la capitale qui a connu le plus de bouleversements. On a en effet beaucoup rasé et reconstruit, pas toujours avec bonheur. Parmi les nouveaux édifices, difficile d'éviter la **mosquée Mohammed el-Amine**. Démarrée en 2003, la construction de cet immense lieu de culte (plus de 10 000 m^{2}, quatre minarets qui culminent à 72 m) fut achevée après la mort de Rafic Hariri (2005), qui l'avait portée sur les fonds baptismaux. Devenue un lieu de pèlerinage, la **tombe du «martyr» Rafic Hariri** y fut d'ailleurs accolée. Encadré par deux boulevards et très mal mis en valeur, le **monument aux Martyrs** a perdu cette force évocatrice que quinze années de guerre avaient renforcée.

Si les aménageurs ont fait place nette, un édifice a toutefois non seulement survécu à leurs appétits mais il a, en plus, retrouvé sa superbe : l'immeuble *art déco* **Opéra** (un ancien cinéma), qui abrite aujourd'hui le *Virgin Megastore*. Plus insolite, la ***bulle*** – un curieux vestige du défunt *City Center*, une coque ovoïde qui ferait presque penser à un vaisseau spatial préhistorique (remonter l'avenue Bechara El-Khoury vers le nord) – pourrait être recyclée en bar branché. A voir... si elle n'a pas « éclaté » entretemps ! Au nord de la place se dessine la silhouette cubique du siège du quotidien ***An-Nahar***, inauguré en 2003 sur les ruines de l'hôtel Régent, démoli après la guerre. Un portrait géant de son ancien rédacteur en chef, Gebran Tueni (un autre « martyr »), assassiné en 2005, orne l'immense façade de verre. Au rez-de-chaussée se trouve la **librairie El-Bourg**, joliment décorée et très active (rencontres, dédicaces, débats), qui ne saurait toutefois à elle seule faire oublier que le nouveau quartier a (pour l'instant) résolument choisi de se tourner vers l'amnésie et la consommation !

Le 14 mars 2005, soit un mois jour pour jour après l'assassinat de Rafic Hariri, la plus grande manifestation populaire qu'ait connu le pays (on parle d'un million de personnes) avait lieu place des Martyrs, rebaptisée pour l'occasion « place de la Révolution ». Toutes confessions confondues, les manifestants réclamaient la « vérité » et l'avènement d'un Liban enfin indépendant. Quelques semaines plus tard, les troupes syriennes quittaient le Pays des Cèdres.

MARTYR, YRE [MARTIR] n. et adj., du grec MARTUR « TÉMOIN (DE DIEU) »

La place n'aura donc jamais si bien porté son (troisième) nom. Le monument primitif, en pierre, érigé en souvenir des atrocités commises par les Turcs, représentait deux femmes (deux pleureuses), l'une chrétienne l'autre musulmane. Un joli symbole. Sauf que la « mâle attitude » libanaise s'en est émue : vandalisé en 1948, le monument fut ensuite déboulonné en 1960 pour être remplacé par un groupe en bronze, nettement plus viril (les deux Libanaises furent heureusement sauvées de l'oubli et de l'infamie et sont exposées dans les jardins du musée Sursock).

Restauré dans les laboratoires de l'Université Saint-Esprit, à Kaslik, le monument ne retrouva son emplacement d'origine qu'en 2004 (les restaurateurs ont eu la bonne idée de conserver les traces de guerre). Et puisque les Libanais ont (décidément) le culte des martyrs, c'est à proximité des « hommes de bronze » criblés d'impacts que se trouve la tombe de l'ancien premier ministre Rafic Hariri, assassiné le 14 février 2005, ainsi que celles des personnalités tuées dans l'attentat.

LE PORT

Du haut du *tell** archéologique, à l'extrémité nord de la place des Martyrs (voir plus haut), on a une vue plongeante sur le port, et plus loin sur le Mont-Liban. Il n'en a pas toujours été ainsi. Jusqu'aux années 1990 en effet, cette perspective était masquée par plusieurs édifices. Pendant la guerre civile, le quartier du port a connu lui aussi des combats d'une violence extrême. Zone stratégique s'il en était, son contrôle assurait un débouché maritime de première importance. Les milices se sont jetées dans la bataille avec d'autant plus d'énergie qu'il fallait prendre l'adversaire de vitesse, avant que les fronts ne se stabilisent. C'est ainsi qu'en octobre 1975 s'engagea la *bataille des grands hôtels*, dans les quartiers d'Aïn el-Mreissé et de Minet el-Hosn, à la limite ouest de la zone portuaire. Une zone elle aussi en plein bouleversement, depuis que la société *Solidere* a en charge son aménagement. Un espace qui s'est en outre élargi sur la mer grâce à un vaste terre-plein de 60 ha, voué à d'ambitieux projets immobiliers (c'est la société française de BTP *Bouygues* qui est chargée de construire la digue de protection d'un kilomètre de long). A l'heure où l'on écrivait ces pages (2011), toute la zone n'était qu'un immense chantier inaccessible.

LE « QUARTIER DES GRANDS HÔTELS »

De la place des Martyrs, on gagne Minet el-Hosn de deux manières : soit par le front de mer (rue de Trieste puis avenue Mir Majid Arslane) soit par l'intérieur (rues Weygand puis Bab Idriss). Avec Aïn el-Mreissé, c'était (et c'est toujours) là le « quartier des Grands Hôtels ». Au carrefour des rues Ahmad Chaouqi et Fakhr ed-Dîne, en face de l'hôtel Phoenicia, un **jardin-mémorial** abrite la statue en bronze de Rafic Hariri. C'est à cet endroit en effet qu'eut lieu l'attentat qui lui coûta la vie, ainsi qu'à une vingtaine de personnes qui l'accompagnaient. Avant guerre, **Aïn el-Mreissé** était fréquenté par la bourgeoisie libanaise et les touristes, qui logeaient au *Vendôme*, à l'*Excelsior*, au *Phoenicia*, ou encore à l'*Holiday Inn*, un monstre de vingt-cinq étages qui venait tout juste d'ouvrir ses portes (1974), et dont la carcasse criblée domine toujours le front de mer. Le plus select était sans conteste l'hôtel Saint-Georges. « Le » *Saint-Georges*, c'était plus qu'un hôtel, une véritable institution ! Plus que l'établissement hôtelier proprement dit, c'était sa plage et son *Yacht Motor Club* qui faisaient la réputation du lieu. Pendant les années de plomb, il fut le rendez-vous des correspondants de guerre, à un jet de pierre de la *ligne verte**. On imagine aisément l'ambiance : la fébrilité dans le hall, les journalistes accrochés aux téléphones, les piliers de bar et l'inévitable reporter de renommée internationale, et puis les espions et les *filles*, toute la faune des grands jours comme dans un roman de John Le Carré. Les Syriens ont fini par remplacer les journalistes, tandis

Vestiges des bains romains à Beyrouth

qu'avec la fin du conflit, sa «plage» (un complexe regroupant piscines et port de plaisance) retrouvait son activité d'antan. Dans la plus pure tradition libanaise, Beyrouthins et émigrés venaient pour s'y montrer et montrer leur argent. On y parlait volontiers l'anglais ou le français, et l'arabe lorsque le naturel reprenait le dessus. Les ruelles en pente qui montent vers la rue Clémenceau puis Hamra ont conservé le souvenir du Beyrouth ancien, celui d'un quartier populaire peuplé de pêcheurs et d'artisans, où l'on peut néanmoins distinguer par endroits quelques **belles maisons traditionnelles** restaurées avec goût (en longeant l'avenue du front de mer vers l'ouest, on passe devant le petit *port de pêche* d'Aïn el-Mreissé, indiqué sur les plans).

HAMRA ET L'AUB

D'Aïn el-Mreissé, on gagne facilement le quartier Hamra par les petites rues en pente. On peut par exemple «attaquer» la montée par la rue Hassan Idriss, où se trouve le **Théâtre de Beyrouth**, l'un des hauts lieux culturels d'avant-guerre. En partant du centre, prendre la rue de l'Armée puis la rue Michel Chiha, intellectuel et banquier catholique qui élabora la première Constitution libanaise en 1926.

Avant 1975, Hamra était considéré comme la vitrine d'un Liban prospère tourné résolument vers le développement à l'occidentale. On comparait d'ailleurs volontiers la rue aux Champs-Elysées, en moins large et moins majestueuse peut-être, mais le bruit et la bousculade permanente en plus! Seulement la guerre est passée par là et la «vitrine» s'est brisée. A défaut de pouvoir la remplacer d'un coup, on a d'abord colmaté ici et là, en essayant de redonner quelque allure à ce qui fut l'une des fiertés du Beyrouth des années 60-70. Les commerces ont cependant rapidement repris leurs droits, tandis que les changeurs se mirent à jouer *au phénicien*, un jeu qui consistait à troquer des billets libanais dévalués contre d'autres billets... *verts*. La paix et la reconstruction aidant, Hamra est vite redevenu un quartier dynamique. Certaines «institutions» ont certes disparu, le *Café de Paris* par exemple, ou encore le snack Chez André. D'autres par contre ont survécu, comme la librairie Antoine, l'incontournable *book shop* de l'Ouest beyrouthin. Au dire des habitants le quartier serait en voie de «boboïsation», ce qui n'a rien d'extraordinaire dans une ville devenue chère, tandis que les salaires restent désespérément faibles. Et puis la proximité de l'Université américaine (voir plus loin) lui a redonné le coup de jeune dont il avait besoin, avec ses bars, ses boutiques branchées et ses lieux alternatifs. Deux coups de cœur pour une promenade nocturne: le *Bobo* justement, sur Hamra (*Estral Center*), au fond d'une galerie, snack sympa et ambiance rock; et le *Shirley Temple*, à deux pas, en face de l'hôtel Le Cavalier, plus intime et plus jazzy. A noter aussi que le *Blue Note*, rue Makhoul, l'un des rares établissements à être restés ouverts pendant la guerre, est toujours là! Une visite s'impose. Une information pratique encore: non loin, en remontant Hamra vers l'est, l'immeuble du Ministère de l'information et du tourisme abrite aussi au rez-de-chaussée l'équivalent d'un *office du tourisme*, indigne d'une ville comme Beyrouth, mais où l'on peut néanmoins se procurer des brochures et glaner des infos.

En redescendant de la rue Hamra vers la mer, on tombe sur la **rue Bliss** et **l'Université américaine (AUB)**. C'est le quartier étudiant, avec la vie qu'on imagine. L'endroit idéal pour déjeuner sur le pouce, dans l'un des nombreux snacks. Fondée en 1863 sous le nom de *Syrian Protestant College*, l'Université américaine ne s'appelle ainsi que depuis 1920 (son premier président fut le missionnaire américain Daniel Bliss). Pluridisciplinaire, elle est surtout réputée pour son école de médecine, établie en 1867. Ouvert en 1905, l'hôpital de l'AUB reçut près de 6000 blessés pendant l'été 1982, lors du bombardement massif de Beyrouth-Ouest par l'armée israélienne. Cette aide aux victimes

Eglise chrétienne

civiles ne l'empêcha pas d'être la cible d'actions violentes, comme au printemps 1989, ou encore le 9 octobre 1991, lorsqu'un attentat détruisit le *College Hall* (la guerre du Golfe était passée par là). Ses bâtiments et ses jardins lui donnent un côté *british*, mais c'est surtout pour son superbe **musée archéologique** que l'on conseillera une visite (gratuite). Sa fondation est contemporaine de l'Université elle-même. A l'époque, dans tout le Proche-Orient, seuls Istanbul et Le Caire possédaient des établissements équivalents. Constituées peu à peu, les collections du musée, présentées dans une scénographie remarquable, offrent un panorama des cultures moyen-orientales de la Préhistoire jusqu'à un passé récent (près de 10 000 objets et autant de pièces de monnaies). Ce sont surtout des donations privées qui l'ont enrichi: objets en provenance de Palmyre, d'Egypte, de Chypre, de Grèce et d'Afrique du Nord principalement. On attend avec impatience le catalogue, qui devrait en principe être publié courant 2011 (www.aub.edu.lb/museum_archeo).

Située à l'origine en contrebas des jardins de l'AUB, sur l'avenue de Paris, l'ancienne ambassade des Etats-Unis fut détruite le 18 avril 1983 par un attentat au camion-suicide, causant la mort de 63 personnes. Etaient alors vraisemblablement visés des responsables politiques et des agents de la CIA en réunion extraordinaire. (Cette ambassade est depuis installée à Antélias, au nord de la capitale.) Un peu plus haut, rue Clémenceau, se trouvaient également les ambassades de France et de Suisse, qui ont elles aussi déménagé pendant la guerre, respectivement rue de Damas, non loin de l'Hippodrome et du Musée national, et à Achrafiyeh, rue Fouad Chehab (www.eda.admin.ch/beirut).

FINIS BERYTI TERRAE

■ RAS BEYROUTH, RAOUCHEH, MANARA

Continuer la rue Hamra vers l'ouest et Ras-Beyrouth, c'est suivre le chemin de l'urbanisation tentaculaire et anarchique qui a saisi la capitale libanaise il y a une quarantaine d'années. Le **cap de Ras-Beyrouth** était encore quasi désert au début des années 1960. Le bétonnage y a ensuite été massif et le plus souvent disgracieux, l'efficacité primant alors sur l'esthétique. On y trouve quelques-uns des «bains» les plus réputés, le *Bain militaire*, le *Long Beach* et le *Sporting Club*, toujours en activité (en règle générale, pour un bain de soleil et une baignade on fréquentera les plages privées). La grande curiosité de ce cap reste la fameuse **Grotte aux Pigeons**, en fait deux énormes excavations battues par les vagues, un paysage qui n'a rien à envier à Etretat. On peut descendre le long de la falaise, s'y promener au calme, ce qui constitue déjà un plaisir en soi à Beyrouth, et faire le tour de la grotte en bateau (un quart d'heure de balade environ, que l'on doit pouvoir négocier pour 15 $).

De Ras-Beyrouth à **Raoucheh** (*Rawsheh*), la corniche présente toutes les caractéristiques des complexes touristiques internationaux, notamment une multitude d'hôtels de standing parmi lesquels le *Summerland*, qui servit, pendant la guerre, d'asile (très médiatisé) aux otages occidentaux hagards fraîchement libérés. Aujourd'hui l'établissement a renoué avec des activités plus civiles, et les Libanais aisés aiment à s'y retrouver pour des fêtes dont ils ont le secret, mélange de repas de famille et de kermesse. Plus loin, si l'on continue de descendre le front de mer vers le sud, le sable remplace la falaise et des plages aux noms évocateurs se succèdent: *Côte d'Azur*, *Riviera*, *Acapulco*, à deux pas des quartiers les plus pauvres et des pistes de l'aéroport! (Si on l'avait oublié, les avions à basse altitude sont là pour nous le rappeler.) La seule plage populaire (publique) de Beyrouth se trouve d'ailleurs à **Ramlet al-Bayda** (à éviter). L'idéal serait ensuite de reprendre le bord de mer vers le nord par l'avenue du Général de Gaulle afin de rejoindre le Phare (**Manara**), où l'on pourra faire une halte au *Palace Café*, un café-restaurant aménagé au ras des flots (4000 LL le café en 2011, soit environ 2,40 €). De là on rejoint Aïn el-Mressé par **la Corniche**, une promenade agréable où l'on croise en vrac joggeurs, amoureux, pêcheurs, vendeurs de café, de maïs ou de pains au sésame.

LA RUE DE DAMAS ET LE MUSÉE NATIONAL

En remontant la **rue de Damas** au départ de la place des Martyrs, on longe sans le savoir ce qui fut la fameuse *ligne verte**, la ligne de démarcation qui partagea la capitale libanaise pendant dix-sept ans. Une fracture profonde non seulement

Plage de Ramlet al-Bayda

entre deux espaces, mais entre deux mondes. Pendant toutes ces années, quand on ne se mitraillait pas, les tireurs embusqués (on dirait maintenant *snipers*) s'offraient quelques «cartons» sur les Beyrouthins inconscients ou fatalistes ! Il était ainsi «conseillé» de débouler la rue de Damas vers midi, à l'heure où les francs-tireurs étaient censés s'assoupir... Le long de cet axe, qui traversait Beyrouth et remontait loin dans la montagne, les ruines succédaient aux ruines, certains immeubles carrément aplatis d'autres éventrés, offerts aux regards comme des maisons de poupées. On ne peut d'ailleurs pas rater la **Maison Jaune**, une belle maison bourgeoise de style *néo-ottoman* construite dans les années 1920. Désertée par ses habitants et occupée par les francs-tireurs, elle fait l'objet d'un projet de réhabilitation ambitieux: le futur Musée et centre culturel urbain *Beit Beirut*, dont la Ville de Paris est partenaire depuis 2007 (ouverture programmée pour 2013).

Par endroits avaient été aménagés des «passages» (on dirait aujourd'hui *check-point*) entre l'est et l'ouest, qui restaient toutefois des endroits extrêmement dangereux. Le *passage du Musée* fut l'un d'entre eux, sans doute le plus connu, pour le plus grand malheur de cette institution qui ne rouvrit définitivement ses portes qu'en 1999. Situé à l'extrémité ouest de l'Hippodrome, à environ 2,5 km de la place des Martyrs, **le Musée national** est sans conteste l'une des principales curiosités de la capitale, à ne surtout pas manquer (ouvert du mardi au dimanche de 9 h à 17 h, entrée 5000 LL, 1000 LL pour les étudiants – www.beirutnationalmuseum.com). Construit à partir de 1930 et ouvert en 1939, le bâtiment de style *néo-égyptien* a particulièrement souffert des combats qui se

Les Poupées Russes du Musée National

Dès le début du conflit, en 1975, le site du Musée national se trouva sous les tirs croisés des milices rivales. Il devenait urgent de mettre les collections à l'abri, en les déménageant, pour les pièces transportables, en les protégeant *in situ* pour les autres. C'est ainsi que des milliers d'objets furent cachés ou confiés à des personnalités sûres, tandis que les sarcophages monumentaux étaient eux-mêmes enfermés... dans des sarcophages de béton armé !

La fin de la guerre permettait enfin d'envisager la réhabilitation du bâtiment et sa réouverture au public, même si le coût des travaux (près d'un million de dollars) paraissait à l'époque gigantesque pour un pays ruiné et une population paupérisée ! Un petit film d'une quinzaine de minutes, sobre et émouvant, montre les ouvriers débarrassant les sarcophages de leur gangue de béton, tandis que les restaurateurs redonnent vie à des objets d'une valeur culturelle inestimable.

Au final, une œuvre de salut public, qui offre au visiteur un grand moment de plaisir et d'émotion.

Détail de bas-relief, Baalbek

sont déroulés dans les parages. Il fut même occupé par les militaires, qui ne devaient pas très bien se rendre compte des richesses que renfermaient les lieux... Des richesses qui furent protégées autant que possible (voir encadré). En 1991, la Direction générale des Antiquités disposait d'un rapport établi en 1982 sur l'état des collections. Si la plupart des objets ont pu regagner leur lieu d'exposition, certains toutefois ont été repérés dans des collections à l'étranger. Le conflit, on s'en doute, a été une occasion inespérée pour les trafiquants de piller consciencieusement le patrimoine libanais. Parmi ceux-ci, quelques « seigneurs de la guerre » ont profité de leur mainmise sur des régions entières pour s'approprier des richesses, qu'ils ont soit intégrées à leurs collections personnelles, soit revendues à des collectionneurs peu scrupuleux.

Ces collections exceptionnelles que l'on peut à nouveau admirer dans une muséographie admirablement organisée, ce sont d'abord tous les témoignages du Liban préhistorique, notamment les premières terres cuites et les idoles néolithiques. Viennent ensuite les documents caractéristiques de la civilisation phénicienne, armes, vaisselles, bijoux, statuettes et sarcophages, mais aussi les documents épigraphiques retraçant l'invention et le développement de l'alphabet, à l'image de la décoration du **sarcophage d'Ahiram**, un roi de Byblos contemporain du pharaon Ramsès II (XIIIe siècle av. J.-C.). Puis se succèdent les époques qui ont marqué l'histoire du Liban : hellénistique, romano-byzantine, arabe et mamelouke. Le musée d'origine, qui comportait trois niveaux d'exposition (le sous-sol n'est plus ouvert au public), était organisé autour de six galeries, dont deux (la Ve et la VIe) concernaient exclusivement Sidon et Tyr. Si le musée fournit aux visiteurs un dépliant fort utile, on regrettera cependant l'absence d'un catalogue digne de ce nom, du moins au moment de la rédaction de ces lignes (début 2011). Les amateurs pourront toujours essayer de se procurer (l'introuvable) ouvrage de l'*émir* Maurice Chehab (1904-1994), fondateur dans les années 1930 du service des Antiquités, *Le Musée National* (non daté), qui détaille chacun des objets exposés jusqu'en 1975. Avant de repartir, on n'oubliera pas d'aller jeter un œil juste en face de l'entrée du musée, de l'autre côté de la rue. Un petit jardin referme **cinq colonnes romaines** découvertes dans le centre ville en 1940 (probablement des éléments d'architecture d'une basilique) et déplacées plus tard, ainsi qu'une **mosaïque byzantine** découverte à Khaldé, au sud de la capitale, dans les années 1950. Quant au jardin qui entoure le musée, fin 2010, il était encore en friches (on y voyait notamment l'une des plaques de béton armé qui ont protégé les sarcophages pendant vingt ans).

A l'extrémité ouest de l'Hippodrome, dans une très ancienne pinède, se trouve la **Résidence des Pins**. Il s'agit toujours de la résidence de l'ambassadeur de France au Liban, installée depuis 1920 dans un palais (le *Kasr Es-Sanawbar*), édifié en 1916 par la famille Sursock. Désertée et gravement endommagée pendant la guerre, la bâtisse a été restaurée et a rouvert ses portes en 1998. Entretemps, l'ambassade de France a déménagé rue de Damas (http://ambafrance-lb.org). A noter qu'avant guerre la propriété accueillait aussi l'ambassade de Suisse, aujourd'hui domiciliée avenue Fouad Chehab à Achrafiyeh.

LES QUARTIERS EST

■ GEMMAYZEH, SAIFI, ACHRAFIYEH, EL-KARANTINA

On reprendra l'itinéraire qui suit au départ de la place des Martyrs. Dégagé de ses anciennes constructions, ce vaste espace envahi par les automobiles fait pour l'instant figure de no man's land un peu lugubre. Lorsqu'en 1990 on franchissait la *ligne verte** par le *passage du Port*, l'un des premiers à avoir été ouvert, on ne pénétrait pas seulement dans un autre lieu, mais carrément dans un autre monde !

Avant 1975, la tendance était à un certain effacement des clivages confessionnels dans l'habitat. Néanmoins, un quartier comme celui d'Achrafiyeh restait très majoritairement chrétien. C'est la guerre qui allait provoquer une fracture sans précédent et forcer les populations à vivre en milieu confessionnel clos. Dès les premiers mois du conflit en effet, les milices se sont empressées de briser les résistances afin de mettre en œuvre leur programme d'épuration. Ce fut notamment le terrible « Samedi noir » (6 décembre 1975), au cours duquel au moins 200 musulmans furent froidement exécutés (voir chronologie « Les larmes et l'espoir », p. 83). Ainsi en est-on arrivé à la création d'un Beyrouth-Ouest *musulman* et d'un Beyrouth-Est *chrétien*, une aberration pour nombre d'habitants (ceux qui ont refusé cette logique l'ont souvent payé de leur vie). L'Est est donc devenu avec la montagne toute proche le fief des combattants chrétiens, comme l'Ouest l'a été pour les milices musulmanes et les *fidayîn* palestiniens.

BEYROUTH ENSORCELANTE ET SUFFOCANTE

Beyrouth n'est pas une jolie ville. N'en déplaise aux inconditionnels de la fière cité levantine, la capitale libanaise n'a rien de cette «beauté orientale» dont une certaine littérature s'est fait l'écho. « Impressionnante » et même – pourquoi pas? – « fascinante », mais «jolie» sûrement pas. Des décennies d'urbanisme sauvage et de négligence en ont fait un archétype des villes du tiers-monde: un luxe ostentatoire, souvent de mauvais goût, y côtoie la misère la plus noire. La guerre, on s'en doute, n'a rien arrangé, même si les besoins les plus urgents en matière d'infrastructures, d'approvisionnement et de santé publique ont été globalement satisfaits. Les ambitieux projets de réhabilitation du centre ville, dont on n'attendait pas grand-chose, ont accouché d'un urbanisme sans âme, mélange de restauration soignée et d'architecture standard, nouvel urbanisme ou post-modernisme (voir hors-texte *« La fièvre des bâtisseurs »*). Ne soyons toutefois pas trop sévère avec les aménageurs qui, il faut le reconnaître, évoluent dans un environnement particulièrement difficile, où règnent en maîtres les intérêts privés. Et puis *Downtown Beirut* n'est qu'une partie de la capitale, une façade « plaquée or », que personne ou presque ne prend pour argent comptant! Ailleurs, on sait aussi réfléchir et réhabiliter avec goût.

Les voyageurs d'antan qui nous ont laissé leurs impressions dépeignent Beyrouth comme une cité certes prospère, mais de taille plutôt moyenne, qui ne saurait rivaliser avec Damas, Jérusalem ou Bagdad, pour ne pas parler de Constantinople, l'autre « porte de l'Orient ». Parti de Tanger vers 1325 pour une longue pérégrination à travers le monde islamique (qui le mènera jusqu'au Mali et à Sumatra), le marocain Ibn Battûta ne nous a laissé que quatre lignes sur Beyrouth, quatre petites lignes perdues dans un récit fleuve de plus d'un millier de pages: « Nous nous rendîmes ensuite à la ville de Baïroût. Elle est petite, mais elle a de beaux marchés et une mosquée admirable [la Grande Mosquée, ou « Mosquée d'Omar », l'ancienne église Saint-Jean des croisés]. On exporte de cette ville en Egypte des fruits et du fer. » Une description pour le moins lapidaire, dont on retiendra que la ville est « petite » et qu'elle possède une mosquée « admirable ». Il est vrai qu'Ibn Battûta n'est pas un voyageur ordinaire. Son intérêt se porte presque exclusivement sur les lieux saints de l'islam, ainsi que les nombreuses histoires ou anecdotes qui s'y rapportent. Ainsi n'aura-t-il « vu » à Beyrouth que la Grande Mosquée, un édifice-symbole qui consacre la reconquête musulmane sur les croisés. Il n'empêche, aucune autre curiosité digne de ce nom ne semble avoir retenu son attention, alors que dans le même temps, il ne tarit pas d'éloges sur la ville d'Athrâbolos (Tripoli), « une des capitales de la Syrie, et une de ses grandes villes: elle est traversée par des canaux et entourée de jardins et d'arbres [...] ; elle possède des places admirables et des prairies fertiles [...] A Tripoli il y a des bains très beaux, parmi lesquels celui du kâdhi Alkirimy et celui de Sendémoûr [...] » Rien de comparable donc avec cette bourgade endormie qu'est Beyrouth au Moyen Age. Et il en sera ainsi jusqu'à la conquête ottomane, en 1516. Beyrouth et Tripoli deviennent alors les deux centres majeurs du pouvoir ottoman au Liban. Grands bâtisseurs, les Turcs vont profondément transformer l'une et l'autre, Beyrouth n'ayant toutefois conservé comme monument caractéristique de cette époque que le Grand Sérail, une ancienne caserne.

Ce sont les récits de voyages du XIXe siècle qui permettent de se faire une idée assez précise du visage de la capitale libanaise, quelques décennies avant que ne commencent les travaux d'aménagement de l'ère moderne. Lamartine découvre Beyrouth en 1832 : « La ville occupe une gracieuse colline qui descend en pente douce vers la mer; quelques bras de terre ou de rochers s'avancent dans les flots, et portent des fortifications turques de l'effet le plus pittoresque; la rade est fermée par une langue de terre qui défend la mer des vents d'est: toute cette langue de terre, ainsi que les collines environnantes, sont couvertes de la plus riche végétation [...] Le quai de Bayruth [sic] était peuplé d'une foule d'Arabes, dans toute la splendeur de leurs costumes éclatants et de leurs armes [...] Les maisons de la ville s'élevaient confusément groupées, les toits des unes servant de terrasses aux autres. » Soucieux de se ménager un espace de quiétude et de fraîcheur, Lamartine préféra s'installer en dehors de la ville, sur la colline d'Achrafieh : « la maison est à dix minutes de la ville. On y arrive par des sentiers ombragés d'immenses aloès qui laissent pendre leurs figues épineuses sur la tête des passants. On longe quelques arches antiques et une immense tour carrée, bâtie par l'émir des Druzes, Fakardin. » (La maison qu'occupa Lamartine existe toujours, au Foyer des Sœurs Antonines, rue Mar Charbel.)

Quelques années plus tard, Gérard de Nerval entreprit à son tour le voyage en Orient. Il fait d'abord mention d'un lieu de passage obligé pour les hommes et les marchandises : la Quarantaine (El-Karantina), une presqu'île sur laquelle les Turcs avaient construit « une sorte de cloître dont les voûtes en ogive reposaient sur des piliers de pierre et supportaient un toit de cèdre comme dans les couvents romains. » Plus tard, il loua pour un mois « un logement dans une maison de chrétiens maronites, à une demi-lieue de la ville. La plupart de ces demeures, situées au milieu des jardins, étagées sur toute la côte le long des terrasses plantées de mûriers, ont l'air de petits manoirs féodaux bâtis solidement en pierre brune, avec des ogives et des arceaux. Des escaliers extérieurs conduisent aux différents étages dont chacun a sa terrasse jusqu'à celle qui domine tout l'édifice, et où les familles se réunissent le soir pour jouir de la vue du golfe [...] Beyrouth, à ne considérer que l'espace compris dans ses remparts et sa population intérieure, répondrait mal à l'idée que s'en fait l'Europe, qui reconnaît en elle la capitale du Liban. Il faut tenir compte aussi des quelques centaines de maisons entourées de jardins qui occupent le vaste amphithéâtre dont ce port est le centre, troupeau dispersé que surveille une haute construction carrée, garnie de sentinelles turques, et qu'on appelle la tour de Fakardin [le *Borj*, aujourd'hui disparu]. A partir de cette tour, une plaine assez vaste permet d'embrasser d'un coup d'œil tout le profil oriental de la ville, dont l'enceinte et les tours crénelées se développent jusqu'à la mer. C'est encore la physionomie d'une ville arabe de l'époque des croisades; seulement l'influence européenne se trahit par les mâts nombreux des maisons consulaires, qui, le dimanche et les jours de fête, se pavoisent de drapeaux. Quant à la domination turque, elle a, comme partout, appliqué là son cachet personnel et bizarre. Le pacha a eu l'idée de faire démolir une portion des murs de la ville où s'adosse le palais de Fakardin, pour y construire un de ces kiosques en bois peint à la mode de Constantinople, que les Turcs préfèrent aux plus somptueux palais de pierre ou de marbre. » Dans ses descriptions, Nerval s'attarde sur les mœurs communes à toutes les villes orientales, notamment ce moment de la journée où,

Un urbanisme mal maîtrisé...

« selon l'expression des Italiens, on ne voit guère vaguer en plein soleil que *gli cani e gli Francesi* [...] Je traversais donc la plaine à cette heure du jour que les méridionaux consacrent à la sieste, et les Turcs au Kief [mélange de tabac et de haschisch]. Je n'étais jamais entré dans Beyrouth à cette heure indue, et je m'y trouvais comme cet homme des *Mille et Une Nuits* pénétrant dans une ville des mages dont le peuple est changé en pierre. Tout dormait profondément ; les sentinelles sous la porte, sur la place les âniers qui attendaient les dames, endormies aussi probablement dans les hautes galeries du bain ; les marchands de dattes et de pastèques établis près de la fontaine, le cafedji dans sa boutique avec tous ses consommateurs, le hamal [porteur] ou portefaix la tête appuyée sur son fardeau, le chamelier près de sa bête accroupie, et de grands diables d'Albanais formant corps de garde devant le sérail du pacha ; tout cela dormait du sommeil de l'innocence, laissant la ville à l'abandon. » Les bazars et le port sont aussi l'occasion d'une promenade colorée et enivrante : « Jamais je n'avais vu de si beaux enfants que ceux qui couraient et jouaient dans la plus belle allée du bazar. Des jeunes filles sveltes et rieuses se pressaient autour des élégantes fontaines de marbre ornées à la moresque. »

On terminera cette visite avec Charles Reynaud, jeune écrivain promis à un bel avenir, mais emporté par une fluxion de poitrine à 32 ans en 1853. « A la porte de la ville, sous l'ombre des caroubiers et des platanes, les chevaux arabes, la jambe liée à un pieu et la tête patiemment baissée, attendent leurs cavaliers. On devine déjà l'approche du désert [...] Dans les soirées du printemps, la foule des promeneurs envahit un petit chemin plat qui côtoie le rivage du côté de Sidon et qui le domine de quelques pieds. On l'appelle Raz-Beyrouth, du nom d'un cap auquel il aboutit (...) A cette route aboutissent de nombreux sentiers resserrés entre deux murs de cactus. Ils conduisent aux villas répandues parmi les arbres de la colline. La plupart de ces maisons appartiennent à des familles chrétiennes qui vivent dans l'aisance. Chacune d'elle possède un joli petit salon garni de nattes et entouré d'un divan blanc [...] Mais dans les ardeurs de l'été, quand les vents qui soufflent du désert apportent dans les villes de la côte les fatigues et les défaillances d'une atmosphère embrasée ; quand l'air manque aux poumons ou les brûle, le Raz-Beyrouth est désert [...] » Un siècle et demi plus tard, c'est la pollution automobile et l'asphyxie qui guettent le promeneur...

Ces dernières années, **Gemmayzeh** est devenu le quartier le plus prisé de l'Est beyrouthin, «l'épicentre de la *nightlife* libanaise» (http://akelhawa.com). Dans ce quartier historique édifié entre la seconde moitié du XIXe et le début du XXe siècle, les maisons traditionnelles côtoient les centres d'affaires, les banques et... les restaurants et les bars branchés (près d'une centaine), dans une ambiance survoltée: musique, alcool et grosses cylindrées à gogo! A voir: ***l'escalier Saint-Nicolas-des-Arts***, un ancien passage ottoman devenu une paisible ruelle en pente agrémentée de 250 marches. Quant à **Saifi**, totalement détruit pendant la guerre civile, *Solidere* (la société en charge de la reconstruction du centre de la capitale) en a fait un quartier de style *new urbanism*, totalement dénué d'intérêt architectural et sans âme. Il présente néanmoins l'avantage de regrouper quelques galeries d'art et d'artisanat, au milieu de boutiques de mode et de cadeaux/souvenirs.

Le vieux quartier populaire d'**Achrafiyeh** constitue le «noyau dur» du pays chrétien. Dans l'Antiquité c'était l'emplacement de la nécropole romaine, qui s'étendait vers les quartiers limitrophes de Gemmayzeh (au nord) et de Zokak el-Blat (à l'ouest). Des fouilles de sauvetage menées notamment rue Ghandour el-Saad ont mis au jour un matériel archéologique tout à fait remarquable: des dizaines de sarcophages datant des premiers siècles de l'ère chrétienne (le site pourrait en contenir des centaines) ainsi qu'une multitude d'objets funéraires, parmi lesquels des pièces rares. Les excavations ont aussi révélé la présence d'un vaste complexe cultuel, qui a d'ores et déjà livré des informations précieuses sur les époques hellénistique et romaine.

Peuplé à l'origine de grecs-orthodoxes, Achrafiyeh s'est développé à la fin du XIXe siècle. En 1975 il formait, avec le quartier bourgeois de Mar Nicolas, plus au nord, un ensemble exclusivement chrétien. On n'y trouve d'ailleurs aucune mosquée et les rues sont agrémentées de petits sanctuaires ornés de personnages très kitsch, dont l'incontournable *mar Maroun* (saint Maron). Ce fut un fief des Forces libanaises*, jusqu'à ce que ces dernières l'évacuent en décembre 1990 pour se replier sur le Kesrouan. Pendant la guerre interchrétienne, la ligne de front entre les forces de Samir Geagea et celles du général Michel Aoun passait au niveau de l'autoroute qui longe le bas de la colline, à 200 m environ du passage du Musée.

A proximité se trouve l'Hôtel-Dieu de France, le plus ancien hôpital de la capitale libanaise, inauguré en 1923. Toute cette zone aura finalement plus souffert des combats fratricides de 1990-1991 que des quinze années précédentes! Comme le reste de la capitale, Achrafiyeh a retrouvé son calme et ses préoccupations quotidiennes, en premier lieu le chômage et le logement. Par endroits le quartier a conservé un caractère traditionnel, de petites rues en pente bordées de maisons libanaises aux toits rouges (à Beyrouth, rues et quartiers «traditionnels» sont signalés par des panneaux). La vie nocturne y est assez intense, sans toutefois égaler celle de Gemmayzeh (voir plus haut).

Le principal centre d'intérêt d'Achrafiyeh reste incontestablement le **musée Sursock**, qui a eu la chance de traverser la guerre sans dommages. Situé dans un quartier résidentiel qui regroupe certaines parmi les plus belles maisons de la capitale, la demeure de Nicolas Sursock, un richissime Libanais qui vécut au début du XXe siècle, présente une architecture originale qui allie la tradition levantine à la fantaisie propre à cette époque (elle fut construite en 1914). Léguée à l'Etat libanais en 1952, elle ne devint un musée que dix ans plus tard. Il ne s'agissait d'ailleurs pas à proprement parler d'un musée, mais d'un centre d'expositions temporaires. Un Salon d'Automne annuel, qui existait déjà avant 1975, permet de mettre en compétition les meilleurs artistes libanais contemporains (on fêtait la 30e édition en 2010). Rouvert en 1995, l'aménagement intérieur a subi de sensibles modifications. Il n'y a plus en effet qu'une seule salle d'exposition de 450 m^2 au deuxième étage, avec une collection permanente (icônes, tapis, objets d'art islamique) et des expositions temporaires. Si le lieu dégage un charme certain, on regrettera cependant la construction d'immeubles modernes (à coup sûr dépourvus de «charme») à proximité immédiate de la maison et de ses jardins.

En remontant l'avenue Charles Malek vers l'ouest, on parvient à l'**Université Saint-Joseph**, un vaste campus fondé en 1875 par les Pères jésuites). En 2000 fut inauguré le **Musée de la Préhistoire libanaise**, un espace muséographique et pédagogique consacré aux périodes Paléolithique et Néolithique, des premiers outils à l'invention de l'agriculture (mardi, mercredi, vendredi et samedi de 9 h à 15 h, entrée payante).

En poussant au-delà de l'Hôtel-Dieu jusqu'à l'avenue Emile Lahoud, qui longe le Nahr Beyrouth, dans une zone industrielle en reconversion, on parvient au **Beirut Art Center** (BAC). Il s'agit d'un centre d'art contemporain, aménagé dans un bâtiment industriel et inauguré en 2009. Comme le précise la page d'accueil de son site web, le BAC a pour vocation de servir de catalyseur à des projets d'art contemporain libanais et internationaux (ouvert du lundi au samedi, de 12 h à 20 h – www.beirutartcenter.org).

A l'extrémité est du port se trouve **el-Karantina**, *la Quarantaine*, quartier sordide de triste mémoire, aujourd'hui investi par les «loungers» de dernière génération (voir plus loin). Son nom est sans ambiguïté: c'était le passage obligé pour toutes les marchandises suspectes qui arrivaient par mer. Au XIXe siècle, Gérard de Nerval l'a décrit comme un îlot entouré de rochers avec quelques constructions légères, sur lequel flottait un drapeau jaune. Un local était affecté aux Européens, tandis que les familles arabes s'entassaient dans les autres bâtiments, «qui servaient indifféremment d'étables et de logements». Pour sa part il y fit un séjour sinon agréable, du moins supportable.

En 1975 el-Karantina était un bidonville habité par des familles musulmanes chi'ites* et une poignée de Kurdes et d'Arméniens, en tout 30 000 personnes, auxquelles s'étaient mêlés des combattants palestiniens. Lorsque les *Kataëb** intervinrent pour en chasser les non-chrétiens, des combats acharnés s'y déroulèrent. Détail macabre: les abattoirs de la ville furent mis à profit par les massacreurs! Tous les hommes furent abattus de sang-froid, les femmes et les enfants expulsés, le quartier passé au bulldozer et transformé en camp d'entraînement! Cette opération marqua le début d'une entreprise d'élimination des enclaves musulmanes et palestiniennes de Beyrouth-Est: Nabaa, Jisr al-Bacha, Tell ez-Zaatar, Dékouané et Sebnay. Par la suite la Quarantaine devint le quartier général des Forces libanaises* et à ce titre fut attaquée en février 1990 par les troupes fidèles au général Michel Aoun, qui voulait forcer les FL* à reconnaître son autorité. Si el-Karantina est restée pour l'instant à l'écart des grands projets de rénovation urbaine, il abrite par contre quelques hauts lieux des nuits électriques de la capitale, notamment la désormais célèbre ***B 018***, une boîte *new generation* aménagée en 1998 dans un bunker souterrain au toit coulissant!

LES QUARTIERS EXCENTRÉS

■ BORJ HAMMOUD, FURN ECH-CHEBBAK, AÏN ER-REMANEH, DBAYEH, LA BANLIEUE SUD

Sauf exception, le voyageur aura peu l'occasion de s'éloigner des lieux les plus attractifs de la capitale. Qu'irait-il faire en effet à Tell ez-Zaatar ou encore à Borj el-Brajneh, le plus grand camp de réfugiés palestiniens du Liban? Ici on vit toujours à l'heure de la guerre, pas celles de 1975, 1982 ou 2006, mais celle

Chantier naval dans la périphérie de Beyrouth

de... 1948 ! Bidonvilles ils étaient, bidonvilles ils sont restés ! Et les quartiers populaires *libanais* n'ont bien souvent rien à leur envier. Reste qu'il n'y a pas de raison de ne pas en parler, tandis que d'autres endroits sont aussi chargés d'histoire et offrent au visiteur un autre visage que la « vitrine » de *Down Town*.

En continuant vers l'Est on traverse le **Nahr Beyrouth,** dont Lamartine nous a laissé une description bucolique : « c'est un velours de végétation serrée, nuancé de teintes et de couleurs, semé partout de bouquets de fleurs inconnues, aux mille formes, aux milles odeurs ». Nerval pour sa part se souvient avoir traversé sur un pont romain « ce long ruban de verdure et de fleurs », rivière l'été, torrent l'hiver. Le Nahr Beyrouth on s'en doute a connu le sort de tous les cours d'eau urbains ; il fut bétonné et transformé en égout à ciel ouvert. La guerre n'a bien évidemment rien arrangé, lui donnant même par endroits des allures de cloaque ! Extrêmement pollué, son avenir dépend des projets à venir en matière d'urbanisme (traitement des eaux usées), d'agriculture (concentration très élevée de pesticides) et d'industrie (rejets de solvants, d'huiles, de métaux lourds, etc.), mais aussi du comportement de la majorité de la population, qui ne prête guère attention (c'est un euphémisme) à l'espace public !

Franchi le Nahr Beyrouth, on entre dans **Borj Hammoud**. D'abord camp d'accueil pour les immigrants arméniens, il se gonfla par la suite d'une population rurale souvent misérable. Le quartier reste toutefois très marqué par ses origines, ce dont on se rend aisément compte à la seule observation des enseignes, rédigées en *achkharabar*, l'alphabet arménien (nombreux bijoutiers et prix intéressants... après négociation). En descendant vers le sud, toujours côté Est, on arrive à la limite de la ville pour pénétrer dans l'agglomération (la notion de « banlieue » n'est pas la même qu'en Europe). On tombe sur la colline « parfumée » de Tell ez-Zaatar (*zaatar* signifie « le thym »), l'un des six camps de réfugiés palestiniens recensés dans le Grand Beyrouth avec Sabra, Chatila, Borj el-Brajneh, Mar Elias et Dbayeh. Des camps insalubres gérés par l'*UNRWA**, l'Office des Nations Unies pour les Réfugiés. Pour les milices chrétiennes, ils constituaient un « abcès » insupportable, qu'il fallait coûte que coûte faire disparaître. Six mois après le « nettoyage » d'el-Karantina (1975, voir plus haut), l'assaut fut lancé contre Tell ez-Zaatar, qui hébergeait aussi des Libanais. Les assaillants reçurent toutes les armes nécessaires, aussi bien d'ailleurs des Israéliens que des Syriens, tandis que vinrent leur prêter main-forte... des militants d'extrême-droite originaires d'Europe ! Comme toujours on massacra, y compris des femmes et des enfants, sous l'œil indifférent ou complaisant des autorités religieuses. Le camp palestinien (chrétien) de Dbayeh fut pris la même année. Six ans plus tard (septembre 1982), ce fut au tour des camps de Sabra et de Chatila de connaître les massacres. Cette fois-ci ils eurent lieu alors que l'armée israélienne en bloquait les accès, se rendant ainsi coupable d'un crime contre l'humanité – un de plus (voir la terrible et émouvante évocation de cet épisode dans le splendide film d'Ari Folman, *Valse avec Bachir*, réalisé en 2008).

Le Jardin des Martyrs

On l'aura constaté – et pas seulement au Liban –, tous ces endroits que des voyageurs exaltés nous ont présentés comme des « paradis sur Terre », le « jardin d'Eden » retrouvé, se sont bien souvent révélés des lieux maudits. Peuplée de familles traumatisées, chassées de leurs maisons par la violence et l'exclusion (Palestiniens et Libanais confondus), la banlieue sud de Beyrouth ne pouvait enfanter que le désespoir et la frustration.

C'est sur ce terreau que s'est développé le Hezbollah*. Son guide spirituel, *cheikh** Ahmad Hussein Fadlallah, décédé en 2010, fit ses débuts dans une mosquée du quartier de Bir el-Abed –, d'abord dans l'action sociale (écoles, dispensaires, fonds d'entraide), puis tout naturellement dans le militantisme politique : une « conquête des cœurs » facilitée, il est vrai, par les millions de dollars alloués par l'Iran !

L'invasion israélienne de 1982 et le torrent de violence qu'elle déchaîna lui permirent en outre de se manifester aussi militairement : la « résistance » devint ainsi le *credo* d'une organisation protéiforme. Une résistance qui prit elle aussi de multiples visages, *héroïque* lorsqu'il s'est agi de lutter les armes à la main contre *Tsahal* (la dernière fois en 2006), *scélérate* lorsqu'elle a recouru à la violence aveugle des attentats suicides et aux enlèvements.

Fidèles à leur longue tradition de martyrologe, les combattants chi'ites* enterrent leurs morts dans un cimetière de cette même banlieue, Rawdat Chahidaya (« le Jardin des Deux Martyrs »), dont le nom évoque la fin tragique des deux premiers imams* des chi'ites*, Ali et Hussein (événement traumatisant célébré chaque année lors de l'*Achoura*). Un cimetière où a sans doute été enterré le corps du sociologue français Michel Seurat, l'auteur de *L'Etat de barbarie* (!), mort en captivité en 1986 (son corps n'a été retrouvé qu'en 2005).

En franchissant à nouveau le Nahr Beyrouth vers l'ouest, on entre dans **Furn ech-Chebbak**. Ici passait la *ligne verte**, doublement « verte » puisque l'on est à côté de l'hippodrome et de la **Forêt des Pins** (*Horsh Al-Sanawbar*), le plus grand parc public *intra muros*. Il s'agit d'une ancienne pinède plantée par l'émir Fakhr ed-Dîne pour protéger Beyrouth de l'avancée des sables. Dans son *Voyage en Orient*, Lamartine lui réserve une mention particulière, allant jusqu'à confier qu'il avait trouvé là le « site de ses rêves », rien de moins ! C'est dans cette pinède qu'allaient camper les soldats envoyés par le gouvernement français après les massacres communautaires du printemps 1860. On parvient ensuite **Aïn er-Remaneh**, qui est entré dans l'histoire en avril 1975, lorsqu'une fusillade opposant les *Kataëb** aux *fidayîn* mit le feu aux poudres et déclencha le conflit. Dans ce quartier populaire habité par des chrétiens, on était habitué à vivre en relative bonne entente avec les Palestiniens (les camps de Sabra et de Chatila sont tout proches). Pourtant, depuis plusieurs mois la tension montait entre les deux communautés, attisée notamment par les extrémistes chrétiens. Le 13 avril, alors qu'on inaugurait une nouvelle église en présence de *cheikh** Pierre Gemayel, fondateur et chef des *Kataëb**, deux miliciens phalangistes étaient abattus, sans doute par un groupe rival. En représailles, un autocar bourré de combattants palestiniens fut pris pour cible (une trentaine de morts). La nuit suivante Beyrouth s'embrasait !

En continuant vers le Sud en longeant la rue de Damas, on gagne **Hazmiyeh**. C'est là, précisément à Mar Takla, que la chancellerie française établit sa représentation en 1982, l'ambassade de la rue Clemenceau étant devenue trop exposée. En 1990, le quartier fut le théâtre de violents combats entre l'armée de Michel Aoun et les troupes légalistes du général Lahoud, épaulées par les soldats syriens. Surplombant Hazmiyeh, la colline de **Baabda** domine l'ensemble

Une « République du Peuple » éphémère

Ce 13 octobre 1990, la *Maison du Peuple* (le Palais présidentiel) est entourée de chars et de militaires qui se reposent : la parenthèse – « révolutionnaire » pour les uns, « sécessionniste » (voire « putschiste ») pour les autres – est refermée. La veille encore, la foule des grands jours scandait son soutien à Michel Aoun, l'homme providentiel qui avait fait vœu de chasser l'occupant syrien et d'unifier le Liban. Le général et ses fidèles (y compris des soldats musulmans) étaient retranchés dans le palais-bunker, qui avait déjà subi de graves destructions. Cela faisait des mois que cet officier idéaliste s'épuisait dans une lutte fratricide contre les Forces libanaises* de Samir Geagea, un chef de milice froid et calculateur, moins « fêlé » certes qu'un Elie Hobeika (responsable de la tuerie de Sabra et Chatila) mais finalement plus dangereux politiquement.

Le jour de l'offensive, la ligne de front tenue par les aounistes est percée en plusieurs endroits, notamment à Souk el-Gharb, Bsouss et Kfarchima, à quelques kilomètres au sud de Baabda. La résistance est acharnée mais de courte durée, Michel Aoun préférant abandonner la partie et se réfugier... à l'ambassade de France. Il y séjourne jusqu'au 30 août 1991, date à laquelle Paris décide (et obtient le feu vert) de l'exfiltrer vers la France (il embarque discrètement dans la rade de Golden Beach, à Dbayeh au nord de Beyrouth). Un exil doré en Seine-et-Marne, pendant lequel il prépare son retour.

Retour qui aura lieu le 7 mai 2005, après avoir obtenu des garanties de la Syrie... avec laquelle il va d'ailleurs s'allier ! Désormais familier des alliances de circonstances et des défections calculées, il excelle dans le jeu subtil des révolutions... de palais.

de la capitale. C'est ici qu'a été édifié, sous la présidence de Camille Chamoum (1952-1958), l'actuel **Palais présidentiel**. L'endroit n'avait toutefois pas été choisi au hasard, puisque c'est à Baabda que résidait le gouverneur ottoman à l'époque du *Mutasarrifiya**, entre 1861 et 1914. Un Palais qui connut bien des mésaventures, de Soleiman Franjié, qui le quitta précipitamment en 1976, à Michel Aoun (qui l'avait rebaptisé *Maison du Peuple*), qui l'abandonna en 1990 (voir encadré ci-contre).

De l'autre côté de l'ancienne ligne de démarcation, c'est l'univers impénétrable et bien souvent incompréhensible de la **banlieue Sud**. Cette banlieue (*dahyé* en arabe), qui fait encore si peur, n'a jamais été autre chose qu'un vaste quartier déglingué comme on en trouve tant dans le tiers-monde. Une «*casbah* mystérieuse» qui commence avec les bidonvilles de Jnah et s'étend loin vers le sud, au-delà de l'Aéroport international Rafic Hariri. Avant 1976 ces quartiers étaient aussi habités par des chrétiens, qui ont été contraints de fuir vers l'Est (ce fut notamment le cas de Michel Aoun). Devenu un vaste camp de réfugiés pour les populations chi'ites* chassées du Sud-Liban, c'est là que le Hezbollah* a fait ses armes dès 1982 pour devenir l'une des principales forces politiques du pays (voir encadré p. 183). Jusqu'à la fin du conflit et même après, la *dahyé* était constituée comme une véritable citadelle, un entrelacs de rues et de passages étroitement surveillés par les miliciens et leurs informateurs (la puissante armée syrienne ne s'y est risquée qu'en 1988). Elle est restée un fief du «parti de Dieu», même si le retour à la paix et à une (timide) coexistence ont permis aux chrétiens de faire entendre à nouveau leur voix (le *Courant Patriotique Libre* de M. Aoun est allié au Hezbollah*). C'est ainsi que l'église Saint-Joseph d'Haret Hreik, désaffectée puis détruite pendant la guerre, a été reconstruite.

LE GRAND BEYROUTH

L'extension de la ville a conduit à la formation d'une véritable *mégalopole* à l'échelle du Liban: le **Grand Beyrouth**. Déjà au XIXe siècle, le territoire sur lequel s'étendait la souveraineté de Beyrouth était limité au sud par une ligne Baabda-Khaldé et à l'est jusqu'à Jdaïdeh. Aujourd'hui, cet ensemble atteint Naameh au sud, Souk el-Gharb, Aaley, Aabadiyeh et Beit Méri à l'est, Antélias au nord. Né des Accords de Taëf (1989), le gouvernement de la Deuxième République a joué sa crédibilité sur la pacification de cette région d'environ 600 km^2, qui regroupait tout ce que le Liban comptait comme zones politico-militaires: les réduits (ou fiefs) du général Michel Aoun, des Forces libanaises*, des chi'ites* d'Amal* et du Hezbollah* et du PSP* druze, sans oublier évidemment les zones sous contrôle syrien. Le principal obstacle à la constitution de ce Grand Beyrouth a été le refus de Michel Aoun de reconnaître une quelconque légitimité au gouvernement d'Elias Hraoui, qu'il considérait, à tort ou à raison, comme un pouvoir *fantoche* aux ordres de Damas. En utilisant la force et en acculant le général Aoun à la reddition puis à l'exil, le président Hraoui a pu mener à bien cette entreprise de pacification, consistant principalement en un désarmement des milices et en un déploiement de l'armée libanaise épaulée par l'armée syrienne.

Les différentes étapes de l'itinéraire qui suit pourront être intégrées à n'importe quel circuit ayant Beyrouth comme point de départ.

■ LE **LITTORAL SUD**: KHALDÉ ET NAAMEH

En empruntant l'autoroute côtière vers le sud, on longe les pistes de l'aéroport international Rafic Hariri, et on atteint **Khaldé**, station balnéaire autrefois réputée pour ses grands hôtels. Très moderne pour l'époque lorsqu'il ouvrit ses pistes en 1958, **l'aéroport de Beyrouth-Khaldé** (baptisé «Hariri» en 2005) connut par la suite une existence mouvementée et fut fermé au trafic aérien à de nombreuses reprises pendant la guerre civile. En 2002 fut achevée la construction de la nouvelle aérogare, tandis que deux nouvelles pistes étaient aménagées, dont l'une gagnée sur la mer. Bombardé par les Israéliens pendant l'été 2006, il est parvenu depuis, cahin-caha, à demeurer en activité (presque) sans interruption.

Toute cette partie de plaine littorale a été profondément dégradée et polluée. Les belles plages de sable blanc, qui faisaient la fierté du Liban d'avant-guerre, ont été transformées pour certaines en dépôts d'ordures sauvages, rendant l'air parfois irrespirable, surtout en période estivale. Les populations chassées du Sud-Liban se sont installées dans des bidonvilles coincés entre l'aéroport, le front de mer et la route. On ne sera pas étonné d'apprendre que le Hezbollah* y

Pages précédentes: La Corniche à Beyrouth

est très bien implanté... C'est un peu au nord de Khaldé, au carrefour de l'autoroute et de l'ancienne route de Beyrouth à Saïda, que des fouilles ont révélé une **nécropole phénicienne** de l'âge du fer, ainsi que les vestiges d'une villa romano-byzantine (site paléochrétien fouillé à partir de 1967). Plus au sud se trouve **Naameh**, à l'emplacement présumé d'une ville antique nommée *Léontopolis* («la cité des Lions») par les auteurs (grec) Scylax et (latin) Pline, à ne pas confondre toutefois avec la cité de Basse-Egypte du même nom. Ce site a été étudié, pour ce qui concerne la botanique et la géologie, à l'époque du Paléolithique moyen (période moustérienne, il y a environ 300 000 ans).

LE NAUFRAGE DU *CHAMPOLLION*

Le 22 décembre 1952, à la suite d'une erreur de navigation, le paquebot *Champollion* vient s'échouer sur les brisants à 200 mètres de la plage de Khaldé. Propriété des Messageries Maritimes, il avait appareillé de Marseille sept jours auparavant. A son bord, 120 hommes d'équipage et 111 passagers, hommes, femmes et enfants, dont 98 pèlerins, à destination de Jérusalem. L'erreur est due à la mise en service du nouveau phare de l'aéroport de Beyrouth : l'équipage l'a confondu avec le celui de Ras Beyrouth (Manara) ! Le temps est très mauvais. A plusieurs reprises, un char tente, depuis la plage, de tirer un filin en acier : peine perdue, la câble rompt. Il faut faire vite. La tempête se lève, le navire se brise en deux et les passagers transis commencent à paniquer. Vingt-quatre heures plus tard, démoralisés et assoiffés (il n'y a plus d'eau à bord) plusieurs d'entre eux craquent et se jettent à l'eau : bilan dix-sept morts, noyés, tués contre les brisants ou asphyxiés dans le mazout ! Sur la plage, le président de la République libanaise en personne, Camille Chamoun, assiste impuissant au drame. Un bateau-pilote parvient finalement à accoster le *Champollion* et à transborder hommes d'équipage et passagers.

■ LE **LITTORAL NORD** : ANTÉLIAS

En sortant de Beyrouth par le nord, on traverse une région à l'urbanisation dense, qui occupe tout l'espace entre la mer et la montagne du Metn. C'est dans cette étroite bande littorale, partie du «pays chrétien», que l'habitat s'est le plus développé ces dernières décennies, généralement de manière très anarchique. Après avoir passé Dora (gare routière pour le Nord) et Jdaïdeh, on gagne la ville côtière d'**Antélias**. La ville en elle-même ne présente aucun intérêt particulier. Occupé dès la Préhistoire, le site a fourni de nombreux témoignages de cette période, même si l'on doit déplorer la disparition d'un habitat sous roche détruit par l'extension d'une carrière. Dans la montagne, l'abri de **Ksar Akil** a par contre conservé des traces d'occupation sur toute la durée du Paléolithique. On y a notamment retrouvé les ossements d'un enfant mort il y a plus de 40 000 ans. Antélias est entrée dans l'histoire le 8 juin 1840 (la «journée d'Antélias»), lorsque les représentants des diverses communautés libanaises décidèrent de déclencher une révolte pour protester contre l'arbitraire du sultan d'Egypte Mohammed Ali.

LA MONTAGNE

■ BEIT MÉRI, AALEY, SOUK EL-GHARB, ABEY

Le Grand Beyrouth est limité à l'est par Beit Méri, Aabadiyeh, Aaley et Souk el-Gharb. L'altitude est ici suffisante pour permettre aux habitants d'échapper aux fortes chaleurs de l'été. Après la longue parenthèse des années de guerre, la région du Gharb a retrouvé sa vocation touristique. Dès les premiers beaux jours, c'est en longues files de voitures que les Beyrouthins rejoignent leurs résidences secondaires – les «chalets» (en fait des appartements) –, les restaurants, les boîtes de nuit et les casinos.

Beit Méri, qui surplombe le Nahr Beyrouth, est une station estivale réputée située à une quinzaine de kilomètres de la capitale. On y a exhumé les restes de monuments d'époque romaine, notamment des temples, dont subsistent des colonnes majestueuses ainsi qu'un théâtre. Comme ce fut souvent le cas, les Romains ont occupé un ancien sanctuaire phénicien dédié à Baal*. A moins d'un kilomètre du village se trouve le couvent maronite* de **Deïr el-Qalaa** («le couvent de la Citadelle»), dont l'église conventuelle a été élevée au XVIIIe siècle sur les restes... d'un ancien temple romain. Beaucoup d'autres vestiges

Printemps verdoyant dans la montagne libanaise

antiques ont été repérés, dont une église byzantine du Ve siècle agrémentée d'un riche **pavement de mosaïque**. Au XIXe siècle, Gérard de Nerval passa dans le village, qui n'était alors habité que par une cinquantaine de chrétiens et guère plus de druzes*. Deux communautés ennemies, « les Druses ne voulant point verser le tribut dans les mains des cheiks maronites ». Des maronites* qui avaient d'ailleurs tenté peu de temps auparavant d'expulser les druzes* de la région, ces derniers appelant à leur secours leurs coreligionnaires de l'Anti-Liban. Ainsi s'était enclenché le cycle infernal agression/représailles, dans la grande tradition des vendettas montagnardes ! Un scénario qui allait se répéter en 1860, cette fois-ci dans un flot de haine et de violence jamais atteint (le couvent fut incendié). Malmené pendant la guerre et l'occupation syrienne qui s'ensuivit, le couvent a été restauré par la petite communauté qui s'y est depuis réinstallée.

A quelques kilomètres au sud de Beit Méri, le village d'Aabadiyé, sur le Nahr el-Metn, offre une très jolie vue sur la vallée. Sur la route de Damas, à moins d'une vingtaine de kilomètres de Beyrouth et à 840 m d'altitude, la ville d'**Aaley** demeure l'une des stations estivales les plus fréquentées. C'est aussi l'une des plus anciennes : au début du siècle dernier, Barrès mentionnait le chemin de fer de Damas, qui permit à Aaley de supplanter Deïr el-Kamar, l'ancienne résidence d'été des Gouverneurs du Liban. Pour leur part, les guides touristiques signalaient des hôtels luxueux et des salles de jeu. Située sur un axe stratégique (la route internationale), la ville constitua pendant la guerre un enjeu de taille et souffrit de cette situation peu enviable. Quelques kilomètres en dessous d'Aaley, **Souk el-Gharb** fut elle aussi un lieu d'estivage réputé. Du haut de ses 780 m, la vue sur Beyrouth et le littoral y est imprenable ! « Imprenables » aussi les ruines qui jalonnaient la route en 1990... Souk el-Gharb eut en effet le triste privilège de marquer l'extrémité sud-est de la *ligne verte**, la ligne de démarcation qui courait à travers l'agglomération beyrouthine depuis le port. Considérée par les stratèges de tous bords comme un *verrou* décisif, elle subit des dégâts considérables, de l'ampleur de ceux que l'on pouvait voir au centre de la capitale. En première ligne du dispositif militaire mis en place par le général Aoun (Souk el-Gharb contrôle l'accès à Baabda), elle reçut le premier choc lors de l'offensive déclenchée le 13 octobre 1990 par les légalistes du général Lahoud, épaulés par l'armée syrienne. C'est d'ailleurs lorsqu'il fut évident que le *verrou* allait sauter que Michel Aoun prit la décision de sa reddition. En continuant la route vers Damour, **Abey** vient finir cette boucle à la limite du Grand Beyrouth. Le village conserve une **vieille demeure féodale druze***. Nous sommes maintenant dans la montagne du Chouf et à l'extrémité sud de la province du Gharb. Pendant des siècles, les maîtres de la région furent les émirs Tanoukh, des Arabes originaires d'Alep, qui importèrent le *druzisme* au Liban. Au XVIe siècle, les Tanoukh perdirent leur hégémonie au profit des émirs Maan, dont le plus illustre représentant fut Fakhr ed-Dîne II. D'Abey, on rejoint rapidement l'autoroute du littoral à hauteur de Damour.

VISITER LE LIBAN, LES ITINÉRAIRES

Les itinéraires qui suivent proposent une visite du Liban dans sa diversité naturelle, culturelle et humaine. Si l'ensemble du territoire est d'un abord relativement aisé (les difficultés résident principalement dans l'état général du réseau de communication et parfois la carence en indications), on n'oubliera toutefois pas que le pays est en convalescence. La violence en effet n'a jamais vraiment déserté le Pays des Cèdres, même si elle s'exprime généralement de manière ponctuelle et ciblée. Quant aux attaques israéliennes, aussi imprévisibles que brutales, elles interviennent néanmoins toujours dans un contexte de très forte tension à la frontière. Les Libanais ne sont évidemment pas en reste, eux qui règlent parfois leurs différends à coups d'armes automatiques ! Une « tradition » diront certains, comme en Corse ou en Sicile... Un « folklore » qui pourrait cependant sérieusement gâcher un séjour.

Reste que l'accueil est particulièrement chaleureux, quelle que soit l'origine *communautaire* des personnes. Tous les chrétiens ne sont pas des miliciens *Kataëb** en puissance, pas plus d'ailleurs que les chi'ites* ne sont tous affiliés au Hezbollah*. Les règles de sécurité sont donc celles de tout pays ou région qui connaissent des troubles politiques, à savoir éviter de se rendre dans les lieux potentiellement dangereux, quitte à faire le deuil de telle ou telle visite.

On ajoutera que le Liban étant un petit pays, il offre l'avantage de pouvoir envisager une visite sinon complète, du moins très large et approfondie. On tiendra compte néanmoins de l'état du réseau routier, on l'a dit plus haut, mais surtout des embouteillages monstres qui paralysent la circulation dans et aux abords des villes (c'est l'un des problèmes majeurs auxquels les autorités ont promis de s'attaquer).

Chute d'eau à Afqa, un site très touristique

LA RÉGION DU CHOUF

■ DAMOUR, DEÏR EL-KAMAR, BEIT ED-DÎNE, BAAQLINE, BAROUK, MOUKHTARA, QALAAT NIHA, NABI AYOUB, JEZZINE, AÏN ZHALTA

La montagne du Chouf s'étend du sud de Beyrouth jusqu'au nord de Nabatiyeh, et du littoral jusqu'au Jabal el-Barouk (le *Chouf Bayadi*). Longtemps une partie de cette région, de Marjayoun à Jezzine, fut occupée par la milice de l'*ALS**, tandis qu'y régnait un état de guerre larvée. A l'origine, le Chouf était peuplé de druzes* et de chrétiens. Après le retrait de l'armée israélienne – qui occupa la région entre septembre 1982 et septembre 1983 –, milices chrétiennes et druzes* s'affrontèrent. Suite à ces heurts, la région se vida de ses populations chrétiennes jusqu'alors majoritaires. Certains observateurs n'ont voulu y voir que la répétition des événements de 1840 et 1860, quand la montagne libanaise s'était embrasée. Des heurts interconfessionnels qui trouvaient leur origine dans les rivalités féodales entre *cheikh** maronites* et druzes*, rivalités par ailleurs attisées par le pouvoir turc et certaines puissances étrangères, la Grande-Bretagne notamment. Au XIXe siècle, les druzes* étaient maîtres des provinces du Chouf, du Gharb et du Jurd. A l'occasion des sanglants affrontements du printemps 1860, ils s'imposèrent dans le Wadi al-Taym (Rachaïya) et la Bekaa. Forts de leurs succès dans le *kâymakâ** qu'ils dirigeaient depuis 1840, ils entreprirent de conquérir le *kâymakâ** du nord, maronite*. L'intervention des troupes étrangères ne leur permit pas de mettre en œuvre ce plan. Par la suite, à l'époque du Mandat*, les druzes* perdirent leur suprématie politique au profit des chrétiens, soutenus par la France, contre laquelle ils se révoltèrent, accentuant ainsi leur isolement. Menée par son chef charismatique Kamal Joumblatt – auquel succédera son fils Walid après son assassinat en 1977 –, la communauté druze* profita de la guerre de 1975 pour revendiquer sa participation à la vie politique libanaise (le «Pacte national» de 1943 ne lui réservait en effet aucune fonction déterminante) et transformer le Chouf en un mini-Etat druze*.

Cette visite dans le Chouf permet de découvrir un espace naturel singulier et de visiter quelques lieux parmi les plus prestigieux du Liban. On notera que malgré la guerre, les druzes* ont su entretenir et sauvegarder leur région ; peut-être aussi en partie pour faire un peu oublier les massacres qui s'y sont déroulés en 1983 ! Des heures sombres assurément, comme le Liban en a tant connues à l'époque. On préférera se souvenir de la personnalité de l'émir Fakhr ed-Dîne, «l'émir de tous les Libanais» qui, le premier, tenta de rassembler les diverses

Palais dans le Chouf

communautés au sein d'une *nation*, dont on ne sait trop aujourd'hui si elle est (encore) en *construction* ou (déjà) en *mutation*...

En partant de Beyrouth et en suivant l'autoroute littorale vers le Sud, on gagne rapidement la ville de **Damour**, à une vingtaine de kilomètres de la capitale. Son nom pourrait avoir pour origine le dieu phénicien Damouras*. A l'époque des croisades, Damour était un fief dépendant de la seigneurie de Sagette (Saïda). Ville chrétienne peuplée d'une vingtaine de milliers d'habitants en 1975, elle paya les massacres perpétrés par les Phalangistes dans le bidonville beyrouthin d'el-Karantina en janvier 1976 : des maisons furent brûlées et dynamitées, des familles entières assassinées, la ville pillée ! Des violences qui provoquèrent l'exode des chrétiens de la région. Sur les terres abandonnées, le PSP* de Walid Joumblatt a par la suite financé des centres agricoles pour les paysans druzes*.

En continuant la route du littoral sur environ 2 km, on trouve un embranchement sur la gauche (le long de la vallée du Nahr Damour) qui mène à Deïr el-Kamar (voir plus loin). Quelques kilomètres au sud de cet embranchement, c'est le village de **Saadiyat**. La tradition en a fait l'emplacement d'une célèbre bataille qui se déroula en 218 av. J.-C., et qui vit la victoire du roi de Syrie Antiochos III Mégas (« le Grand ») sur le pharaon Ptolémée IV Philopator (« qui aime son père »). Une péripétie de la rivalité séculaire entre deux empires pour le contrôle des terres riches du Liban. Au sud de Saadiyat, à la hauteur du **cap** (*ras*) **Nabi Younès**, fut découverte une mosaïque du VIe siècle offerte en 1863 à Napoléon III... en remerciement de l'intervention des troupes françaises trois ans plus tôt. Le lieu est toutefois connu pour un événement bien plus important et immortalisé par la Bible et le Coran : la restitution du prophète Jonas (*Younès*) par la baleine qui l'avait englouti trois jours auparavant !

En repartant sur Damour et en s'engageant dans la montagne par la vallée du Nahr Damour, on gagne Deïr el-Kamar, à 860 m d'altitude. Sur la route, on pourra s'arrêter au village de **Kfar Him** et visiter une grotte dégagée dans les années 1980. Elle appartient à ses « inventeurs », trois frères qui ont entrepris d'en faire une attraction touristique en y installant une discothèque (à 20 m de profondeur) et un hôtel en surface (pour amateurs de concrétions humides).

Trois kilomètres après Kfar Him, on arrive à **Deïr el-Kamar**. On n'est pas absolument certain de l'origine de ce joli nom (le « Couvent de la Lune »). Ce qui est sûr par contre, c'est que ce gros bourg tint une place très importante aux XVIe et XVIIe siècles, puisqu'il servit de résidence aux gouverneurs du Liban. L'émir Fakhr ed-Dîne s'y fit bâtir un palais avec des pierres provenant du château d'Aakkar (voir itinéraire Nord-Liban), qu'il prit en 1627 et dont il ordonna la destruction. Les voyageurs du XIXe siècle n'ont bien évidemment pas omis de faire un détour par cette ville célèbre. Gérard de Nerval y a vu avant tout le siège du « grand émir », la « clef de voûte » de tout l'édifice féodal libanais, rappelant au passage le rôle éminemment unificateur des gouverneurs du Liban (symbole: leur palais renferme une église, une mosquée et un *kaloué*, un temple druze!). Dans son *Journal d'un voyage au Levant* (1850), la comtesse de Gasparin confie qu'elle y séjourna en 1848. Elle fut fascinée par «cette ville arabe, plus arabe que Le Caire», par le palais de l'émir Béchir II, «avec ses pavillons, ses dômes, ses arceaux et ses cyprès noirs». Elle se pâma même littéralement lorsqu'elle entendit «le son des cloches chrétiennes». Car les chrétiens étaient alors nombreux à Deïr el-Kamar – trop nombreux sans doute. En effet, quelques années plus tard, les druzes* décidaient de réduire leur présence et leur influence. D'abord épargnés parce qu'ils avaient «choisi» de se soumettre, les chrétiens ne purent toutefois échapper aux tueries. En effet, de retour d'une expédition punitive sur la ville de Zahlé, le 20 juin 1860, les combattants druzes* fondirent sur la communauté chrétienne et massacrèrent plus de 2000 habitants! Le calme revenu, Deïr el-Kamar commença à s'enfoncer dans une certaine torpeur provinciale. L'époque du Mandat* devait définitivement détrôner la vieille capitale au profit de Beyrouth et des villes situées sur l'axe stratégique Beyrouth-Damas. La guerre de 1975 par contre allait raviver les haines et les rancœurs, entraînant à nouveau les communautés dans un cycle de violences et d'horreurs. Chassés du Chouf par les druzes*, les chrétiens, dont le nombre avoisinait la centaine de milliers, n'étaient plus qu'une poignée en 1984 (deux ou trois mille), presque tous concentrés à Deïr el-Kamar justement.

Aujourd'hui la bourgade se visite comme un musée de plein air, les principaux monuments, centrés sur la place (le ***midan***), ayant tous fait l'objet d'une

Deïr el-Kamar, le *midan*

restauration soignée. L'une des premières curiosités est la **petite mosquée** au minaret octogonal, la plus ancienne du Mont-Liban, construite au XVIe siècle par l'émir Fakhr ed-Dîne Ier pour ses mercenaires *sokmans,* albanais, kurdes et turcomans (turcs d'Asie centrale). Bâti également au XVIe siècle, et toujours pour les mercenaires, le palais (***el-Khange***) se situe à l'arrière du souk de la Soie (le ***Kaïssarié***, qui date de l'époque de Fakhr ed-Dîne II), le bâtiment le plus important au nord du *midan*. Ce souk rappelle que l'élevage du ver à soie fut l'une des activités les plus prospères du Liban entre le XVIIe et le XIXe siècle. Il abrite aujourd'hui le Centre culturel français (www.ccf-liban.org). De l'autre côté de la place s'élève le **Sérail**. Ce palais, qui date de la première moitié du XVIIIe siècle, présente quelques particularités architecturales, notamment un *liouân*, salon d'été aux larges fenêtres en ogive s'ouvrant sur une cour centrale. Fermant le *midan* à l'est, le **palais Honein Baz** est orné d'un somptueux portail aux pierres rouges et blanches et de moulures à torsades géométriques qui attirent d'emblée l'œil du visiteur. Contemporain du Sérail et construit sur le même plan, il possède lui aussi un large *liouân* qui s'ouvre sur la vallée, ainsi qu'un *mashraf*, sorte de petit mirador accroché à la façade et typique de l'architecture libanaise traditionnelle (on le retrouve notamment à Beit ed-Dîne). A ne pas manquer non plus, la **synagogue**, dont la construction fut achevée en 1638. Bel et vaste édifice, heureusement épargné par la guerre, il fut abandonné lorsque les juifs de Deïr el-Kamar prirent eux aussi le chemin de l'exil en 1860. Signalons aussi le portail de l'**église Notre-Dame du Tell**, un lieu de culte très ancien mais qui a été reconstruit.

BEIT ED-DÎNE

En continuant la route vers l'est, on parvient rapidement à Beit ed-Dîne. Toutefois, avant de visiter le plus fameux palais du Liban, on aura le loisir de découvrir en chemin une vraie curiosité. A égale distance en effet de Deïr el-Kamar et de Beit ed-Dîne, se dresse une construction franchement loufoque, imaginée par un émule libanais du *Facteur Cheval*: le **château de Moussa** (construit entre 1945 et 1997). Personnage évidemment truculent, «allumé» juste ce qu'il faut pour avoir imaginé un tel assemblage, Moussa n'a pourtant rien d'un gentil rêveur. Son «château» pour poupées géantes et le musée dans lequel sont mis en scène ses délires schizophrènes – il a écrit un livre au titre symptomatique: *Le rêve de ma vie* – ont de quoi mettre mal à l'aise. Reste que cette folie-là au moins n'a causé ni morts, ni destructions, ni exil forcé ! On pourrait même, *a posteriori*, considérer son «chef-d'œuvre» comme une métaphore de la construction nationale libanaise: lui toutefois est parvenu à bâtir quelque chose d'apparemment solide...

A 900 m d'altitude et à 44 km de Beyrouth, le **village de Beit ed-Dîne** est l'un des sites les plus visités du Liban. «Mais, sur ce rocher escarpé, quel est ce coin de Grenade ou de Tolède ?»

■ LE PALAIS DE BEIT ED-DÎNE

« Au-dessus d'un profond ravin, s'élève un des plus saisissants palais mauresques qu'il m'ait été donné de visiter. Je parcours ses jardins, ses salles, ses bains, ses galeries superposées, ses arcades légères, ses patios où murmurent des fontaines, ses tours carrées et crénelées, les masses de verdure qui s'y mêlent. Le beau séjour somptueux ! » (Maurice Barrès, *Une enquête aux pays du Levant*). Grenade ? Tolède ? La comparaison ne manque pas de pertinence. Car c'est vrai que cette région du Chouf a des allures d'*al-Andalus*, mais aussi de Toscane et de Provence ! L'émir Béchir II « le Grand » choisit ce coin escarpé pour en faire sa capitale. Il lança la construction du palais en 1804 ; construction qui ne prit fin qu'en 1840 (!), Béchir n'ayant eu de cesse d'embellir « ce beau séjour somptueux ». Un « Versailles levantin » qui se présente sous la forme d'une longue construction étagée, entourée de jardins en terrasses. Cet édifice résume à lui seul toutes les tendances architecturales et esthétiques de son temps. L'ensemble est sobre, gagnant ainsi en puissance.

A l'entrée (**Dar el-Baranié**), on est accueilli par des **lions**, totems emblématiques des Chehab, et plus généralement des féodaux druzes*. Le palais est en fait constitué de deux corps de bâtiments, distincts dans leur orientation et leur architecture. D'abord la ***madafa***, longue galerie en étage ouvrant au sud sur le ***midan*** et au nord sur un enchaînement de chambres réservées aux hôtes de passage, aujourd'hui transformées en musée féodal. Viennent ensuite le Dar el-Wousta, achevé en 1829, et le Dar el-Harim, les appartements privés de l'émir. On accède au **Dar el-Wousta** par un escalier double, permettant de gagner une **cour** centrale agrémentée d'une **fontaine**. Cette partie du palais était réservée à l'administration et au logement de la garde personnelle de l'émir. Dans la salle Boutros Karamé, poète chrétien d'origine syrienne, confident de Béchir et premier secrétaire de la cour, on a reconstitué un décor à l'ancienne, fait de mosaïques de marbre et de bois sculptés et peints.

En entrant dans le **Dar el-Harim**, c'est toute la luxuriance orientale qui saute aux yeux ! Le portail à lui seul donne le ton de cet univers raffiné et poétique – qui ne doit cependant pas faire oublier que Béchir fit du crime l'une de ses méthodes de gouvernement. C'est là que se déroulaient les interminables palabres, qui font le charme (mais aussi l'agacement) de l'Orient arabe. L'extrême hiérarchisation étant une autre singularité de cette société, les **salons** avaient chacun une fonction bien précise : le *salamlek*, destiné aux réceptions en tous genres, la « salle à la colonne », ou *antichambre*, enfin le *diwane*, où l'émir trônait en personne. L'ingéniosité des architectes n'ayant pas de bornes, les salles où l'on s'entretenait d'affaires importantes étaient agrémentées d'un jet d'eau en continu, afin de se protéger des oreilles indiscrètes...

Venaient enfin les **appartements privés de l'émir**, « palais dans le palais », cachés aux regards étrangers (c'est le seul endroit qui possède une cour fermée). Ces appartements sont équipés d'un hammam particulièrement luxueux, ordonné

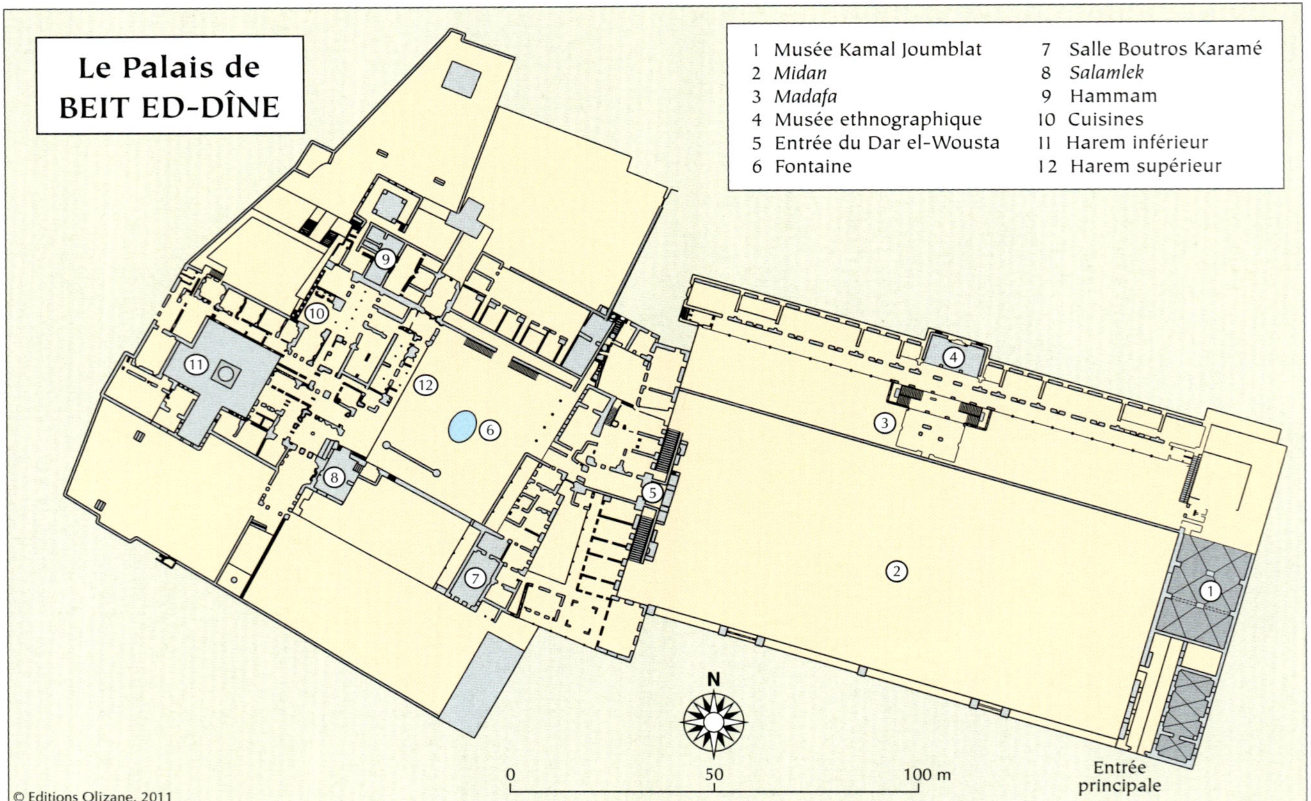
Le Palais de
BEIT ED-DÎNE
1 Musée Kamal Joumblat
2 *Midan*
3 *Madafa*
4 Musée ethnographique
5 Entrée du Dar el-Wousta
6 Fontaine
7 Salle Boutros Karamé
8 *Salamlek*
9 Hammam
10 Cuisines
11 Harem inférieur
12 Harem supérieur
N
0
50
100 m
Entrée principale
© Editions Olizane, 2011

selon un plan traditionnel: un salon de repos avec en son centre un bassin d'eau froide, ensuite les salles chaudes recouvertes de marbre et éclairées par des hublots de verre (on prêtera attention à la présence dans ces lieux d'une insolite croix de Malte...).

Le palais de Beit ed-Dîne, c'est aussi un musée: le «musée féodal», dans la *madafa*, qui présente quelques témoignages intéressants de l'histoire et de la société libanaise (on déplore toutefois la «disparition» d'un grand nombre d'objets d'origine), ainsi qu'une exposition permanente, inaugurée en 1991, consacrée à la vie et l'œuvre de **Kamal Joumblatt**.

Mosaïque dans le palais de Beit ed-Dîne

Pour les druzes*, Kamal Joumblatt est plus qu'un chef communautaire, c'est un *héros*. Dans le Chouf, en effet, on lui voue un véritable culte (on trouve ses portraits un peu partout). Leader charismatique, il était d'abord, pour le peuple, le *moallem*, le «maître». Féru de métaphysique et de soufisme, il cultivait l'image d'un sage qui cherchait sa voie dans les enseignements du Christ, de Mahomet et de Bouddha. Ce qui ne l'empêcha pas d'être un dirigeant politique majeur jusqu'à son assassinat en 1977. Comme l'imam* Moussa Sadr chez les chi'ites*, Kamal Joumblatt défendait la cause de la communauté druze*. Cette dernière vivait mal en effet son exclusion de la vie politique libanaise, elle qui avait «donné» au pays les plus grands émirs. Devenus les maîtres du Chouf, c'est tout naturellement que les druzes* prirent en main l'administration de cette province. Ainsi le PSP* administra-t-il le palais de Beit ed-Dîne jusqu'à l'été 1992, date à laquelle le monument réintégra le giron de l'Etat. L'occasion de rappeler que cet ensemble architectural unique est officiellement, depuis l'indépendance, la résidence d'été des présidents de la République.

Signalons enfin que la femme de Walid Joumblatt, Noura, parraine le **festival international de Beit ed-Dîne** (musique, danse, théâtre et expositions), qui se déroule chaque été au mois de juillet. En 2010, on fêtait le 25e anniversaire de cet événement.

Sur la colline qui surplombe le palais de Béchir II, un autre palais mérite le détour. Celui-ci a été élevé par le troisième fils de l'émir, Amine. Restauré juste avant la guerre, il a été transformé en hôtel de luxe, le **Mir Amin Palace** (le fond de la piscine est orné d'un magnifique tapis de céramique). On notera enfin qu'à Beit ed-Dîne furent enterrés des soldats français morts pendant l'expédition de 1860.

A quelques kilomètres au sud de Beit ed-Dîne et de Deïr el-Kamar se trouve la petite ville de **Baaqline**. Comme ses consœurs du Chouf, la localité est fort bien entretenue. Ancienne capitale de la dynastie Maan, Baaqline possède un **sérail** bâti en 1897, transformé en bibliothèque en 1987. Comme à Beit ed-Dîne, ce sont les druzes* qui en avaient pris en charge l'administration et l'entretien, avant sa restitution, non sans quelques frictions, aux autorités légales en 1992 (des blindés prirent alors position à l'entrée !). Au cœur du bourg se dresse le **palais Hamadeh**, édifié à la fin du XVIe siècle. Un autre palais, celui de la famille **Takieddine**, en cours de restauration, devrait bientôt accueillir un musée historique. En 2007, le Ministère du tourisme a inscrit Baaqline sur la liste des villages *à importance historique*. On pourra aussi agréablement profiter des restaurants situés à proximité des chutes d'eau.

En regagnant la route de Beit ed-Dîne et en continuant vers l'est, on passe non loin de Kfar Nabrakh, pour arriver à Barouk et Fraidiss. Difficile de ne pas signaler que c'est à Kfar Nabrakh, village de peuplement mixte, que les premières tueries confessionnelles ont débuté en 1983. Le village de **Barouk** se situe à 1170 m d'altitude, au pied du *djebel* homonyme qui culmine à 1940 m. Barrès y fit une halte, juste le temps d'être apostrophé par une jeune fille « d'une beauté royale », qui lui lança: « Donnez-nous l'intelligence, ô vous qui la détenez ! » Preuve supplémentaire, aux yeux d'un colonialiste convaincu, qu'en 1914 les Libanais appelaient de leurs vœux la présence française. Aujourd'hui, à Barouk, les jeunes filles sont peut-être toujours aussi belles et impétueuses, mais ce qui fait la réputation du lieu, ce sont les **cèdres**. Des cèdres certes moins connus que ceux de Bcharré, mais beaucoup plus nombreux et qui constituent la plus grande réserve naturelle au Liban. On distingue par endroits des arbres de petite taille, plantés dans le cadre d'un vaste projet de reboisement (écotourisme et randonnées: www.shoufcedar.org). Non loin de Barouk se trouve le village de Fraidiss, qui ne présente d'autre intérêt que son nom: en langue syriaque, il signifie « petit paradis »...

De là, deux directions s'offrent au voyageur: au nord vers Aïn Zhalta et Sofar, au sud vers Moukhtara, Niha et Jezzine. En prenant la direction du sud, on passe par Maasser ech-Chouf, une localité connue pour ses cèdres... et son arak, cette boisson anisée dont raffolent les Libanais ! Puis on gagne **Moukhtara**, lieu de résidence de la grande famille féodale des Joumblatt (à environ 10 km de Beit ed-Dîne). Celle-ci y possède un **palais** de toute beauté, une bâtisse aristocratique reconstruite au XIXe siècle sur les ruines d'un palais plus ancien. C'est une demeure privée, donc en principe interdite à la visite – quoique, avec un peu d'astuce et de patience... L'architecture intérieure rappelle

Fontaine dans le palais de Beit ed-Dîne

certaines demeures italiennes, dans l'utilisation des volumes et le jeu des escaliers notamment. Le palais renferme de beaux spécimens d'artisanat oriental et des œuvres d'art accumulées par la famille.

En suivant la vallée du Nahr el-Barouk, un affluent du Nahr el-Awali, on parvient à Aamatour et Baadarane, deux villages qui conservent quelques belles demeures féodales druzes. La route de montagne continue sur Niha, un village d'où l'on peut rejoindre les grottes de Qalaat Niha (à 3 km) et le sanctuaire druze de Nabi Ayoub (au-dessus du village, accessible en voiture). On découvre **Qalaat Niha** («la citadelle de Niha») lorsque l'on aperçoit des **cavités rupestres**, creusées dans un à-pic vertigineux de près de 300 mètres au-dessus du Wadi Jezzine ! Les croisés, qui occupèrent les lieux par intermittence de 1165 à 1260, lui donnèrent le nom de Chaqif Tyroûn, «les caves de Tyron», sans que l'on connaisse l'origine de ce nom. Ce sont des abris sous roche aménagés sur une centaine de mètres et sans doute occupés depuis la Préhistoire. La légende en a fait un refuge où l'émir Fakhr ed-Dîne, traqué par les Turcs, se serait caché en 1633 (en fait c'est son père qui s'y réfugia et y mourut vers 1585). Pour y accéder il faut marcher le long d'un sentier balisé. La visite du site, parfois périlleuse (sujets au vertige s'abstenir), permet d'accéder à certains logis ainsi qu'aux diverses cavités qui ont servi de réservoirs et de silos.

Très haut dans la montagne, on accède au **sanctuaire de Nabi Ayoub** (ou Yacoub). C'est le tombeau du Prophète Jacob, un lieu de pèlerinage pour les druzes*. La religion druze constitue l'une des grandes originalités de la spiritualité orientale. Issue du mouvement ismaélien*, l'une des variantes du chi'isme, elle emprunte son nom au missionnaire persan al-Darazi, qui vécut au début du XIe siècle. On a pu dire, notamment après les massacres de 1860 et de l'automne 1983, que les druzes* vouaient une haine féroce à l'encontre des chrétiens. Pourtant, les deux communautés ont connu de longues parenthèses de coexistence pacifique et même de réelle fraternité. Gérard de Nerval, observateur éclairé, avait semble-t-il bien compris quelles étaient les «vraies» raisons qui conduisaient périodiquement druzes* et chrétiens à l'affrontement. Ainsi analysait-il la situation explosive qu'il était lui-même en train de vivre (1843): «Au fond, ces peuples s'estiment entre eux plus qu'on ne croit, et ne peuvent oublier les liens qui les unissaient jadis [...] Les moines prêchent, il faut bien courir aux armes; les missionnaires anglais déclament et payent, il faut bien se montrer vaillant; mais il y a au fond de tout cela doute et découragement [...] En suscitant des querelles dans les villages mixtes, on croit avoir prouvé la nécessité d'une entière séparation entre les deux races, autrefois unies et solidaires.» L'écrivain concluait alors par une remarque, que dix-sept années de guerre et de massacres communautaires ont rendue plus pertinente que jamais: «Le travail qui se fait en ce moment dans le Liban sous couleur de pacification consiste à opérer l'échange des propriétés qu'ont les Druzes dans les cantons chrétiens contre celles qu'ont les chrétiens dans les cantons druzes.» Visionnaire, Nerval ?

Des hauteurs de Nabi Ayoub, on a un point de vue unique sur la localité de **Jezzine**, à 950 m d'altitude (on en est d'ailleurs très proche à Qalaat Niha, environ 4 km). Le site naturel est tout à fait remarquable (à voir, si possible au printemps, ses chutes d'eau). Son nom, d'origine araméenne, laisse supposer qu'il y avait là un «grenier», des réserves de céréales à l'époque phénicienne. *Gézin* pour les croisés, c'était un fief rattaché à la seigneurie de Sagette (Saïda), qui fut vendu à l'ordre teutonique en 1256. Avant la guerre civile, Jezzine était une station estivale assez prisée. Jusqu'à l'évacuation du Sud-Liban par les Israéliens, en 2000, la ville constituait l'avant-poste de la zone contrôlée par l'ALS*, la milice libanaise inféodée à l'Etat hébreu. Jezzine était alors l'un des cinq points de passage entre la *zone de sécurité* et le reste du Liban.

En repartant de Barouk en direction du nord, on rejoint **Aïn Zhalta**. A 1200 m d'altitude, c'était d'après Barrès «le site classique des journées d'été». On peut aujourd'hui y admirer quelques belles variétés de **cèdres**. En continuant sur Aïn Dara, on gagne la route internationale. Sur le chemin ramenant à Beyrouth, on passe par Sofar (1280 m), le col le plus élevé de la route de Damas. De là, on domine la vallée du Nahr el-Metn. Au début du XXe siècle, des ingénieurs français y firent percer le tunnel du chemin de fer de Damas (le tunnel existe toujours). Une route évidemment stratégique (c'est par là que les Syriens entrèrent au Liban le 1er juin 1976), qui passe à **Bhamdoun**, à 1000 m d'altitude, une autre station estivale à la mode qui fut elle aussi le théâtre d'affrontements intercommunautaires. Puis on redescend vers Beyrouth, assez rapidement en temps normal, lentement si on a eu la «bonne idée» de rentrer un dimanche d'été en soirée...

LE SUD-LIBAN

Jusqu'en 2000, parcourir le Sud-Liban était soit impossible, soit suicidaire, au mieux risqué. En 2006 encore, lors de l'agression israélienne, la région fut le théâtre de bombardements violents, forçant la population à trouver refuge plus au nord (les infrastructures en ont conservé les stigmates). Aujourd'hui encore, on n'aborde pas le Sud-Liban à la légère, même si les espaces touristiques, principalement Saïda et Tyr, sont d'un accès généralement aisé et ne présentent pas de danger. Il convient de s'informer de la situation politico-militaire et des restrictions aux déplacements. Hormis ces préoccupations, la visite permet d'aller de découvertes en surprises.

Montagneux et rural, le Sud-Liban a longtemps été laissé pour compte. C'est là que dans les années 1960 s'est enracinée la résistance palestinienne, puis le *Mouvement des déshérités* de l'imam* Moussa Sadr. Un mouvement nationaliste qui refusa toutefois d'engager l'épreuve de force avec «l'ennemi intérieur», ainsi qu'étaient souvent qualifiés les Palestiniens. Il avait compris que la spirale de la violence nuirait principalement aux populations pauvres du Sud, quelles que soient leurs origines. De peuplement mixte, cette vaste région agricole (production d'agrumes) survivait en partie grâce à l'argent des émigrés, partis nombreux faire fortune dans le commerce en Amérique ou en Afrique. Une manne qui a permis à certaines localités de se développer: routes goudronnées, électricité, égouts; tout ce que les hommes politiques, trop occupés à faire fructifier leur propre fortune, promettaient avant les élections, pour l'oublier aussitôt élus!

SAÏDA

Si l'on peut joindre Saïda par plusieurs chemins, l'itinéraire à la fois le plus simple et le plus rapide – mais aussi historiquement le plus évident, puisque l'on parcourt ainsi le *rivage phénicien* – emprunte l'autoroute littorale. Située à moins d'une cinquantaine de kilomètres seulement de la capitale, il faut toutefois tenir compte des encombrements chroniques et des possibles contrôles policiers (partir tôt, surtout en été, reste bien sûr la meilleure option).

Troisième ville du Liban après Beyrouth et Tripoli, elle s'appelait *Sidon* dans l'Antiquité. Plus tard les Arabes l'ont baptisée *Saïd* et les croisés *Sagette*. Si les principaux vestiges datent de cette dernière époque, on ne doit toutefois pas oublier que Saïda fut l'une des cités phéniciennes les plus prospères (des fouilles en cours, sur le site dit «du collège», en centre ville, ont révélé un quartier d'ha-

Saïda, entrée du Khan el-Franj

bitation incendié vers 2600 av. J.-C., ainsi qu'une nécropole). Maintes fois mentionnée dans la Bible, mais aussi chez Homère, Virgile et Strabon, *Sidon* apparaît dans les textes comme un port de commerce particulièrement dynamique, notamment à l'époque du protectorat égyptien (dès le XVIe siècle av. J.-C.) Une concurrence effrénée l'opposait alors à sa voisine et rivale, la cité de Tyr. Cette dernière s'imposa d'autant plus facilement que Sidon fut ruinée par les Philistins au XVe siècle av. J.-C. Soumise plus tard par les Assyriens*, elle fut rasée en 677 av. J.-C. et sa population déportée. Cependant, le virus de l'indépendance s'étant emparé des nouveaux habitants, trois siècles plus tard, en 351 avant l'ère chrétienne, ce fut au tour d'Artaxerxés III de la mettre à sac et de l'incendier! L'avènement d'Alexandre le Grand et de son immense empire lui permit de recouvrer quelque prestige. Il n'était toutefois plus question d'*indépendance* – terme qui ne faisait de toute façon pas partie du vocabulaire du Macédonien –, d'autant que la domination romaine, à partir de 64 av. J.-C., l'en empêcha. Si le port déclina lentement, l'artisanat par contre connut un développement sans précédent: les industries de la pourpre et du bronze, mais plus encore du verre, acquirent une renommée internationale (des activités liées à la pourpre, la ville a hérité une accumulation impressionnante de débris de coquillages).

En partie détruite par le séisme de 555 et conquise par les Arabes en 667 (l'an 46 de l'*Hégire*), Saïda servit d'arsenal à la ville de Damas, ce qui lui permit de résister à deux reprises, en 1106 et 1108, aux attaques des croisés. Ces derniers parvinrent néanmoins à s'en emparer deux ans plus tard et à l'inclure dans les *Etats latins d'Orient*. Saïda devint le chef-lieu de la *Seigneurie de Sagette*, rattachée au royaume de Jérusalem (c'est dès 1110 que fut ouverte une liaison maritime régulière entre Saïda et l'Italie). Conquise par Saladin en 1187 (il fit raser les remparts), elle retomba dans l'escarcelle des croisés dix ans plus tard. Confiée à la garde des Templiers (saint Louis y résida en 1253-1254), la ville fut définitivement abandonnée en 1291 sous la pression des mamelouks*. Redevenue l'arsenal de Damas au XVe siècle, Saïda bénéficia plus tard des largesses de l'émir Fakhr ed-Dîne, qui la fit reconstruire... tout en faisant combler son port (il redoutait un débarquement des Turcs). Une initiative qui ruina à tout jamais les espoirs de renouveau commercial. La cité allait désormais vivoter autour de son petit port de pêche et dans le souvenir des Phéniciens et des croisés. Très majoritairement sunnite*, la population (environ 100 000 habitants en 2010) s'est satisfaite de la promotion de la ville au rang de chef-lieu du *muhafazah* (préfecture) du Liban-Sud.

Dans les années 1960, l'arrivée de réfugiés palestiniens allait bouleverser la vie des habitants de Saïda et de sa région. Dans les camps d'Aïn el-Héloué et de Mieh-Mieh en effet, les militants de l'OLP* organisaient la lutte contre Israël... qui répliquait brutalement et aveuglément. Les *fidayîn* en arrivèrent d'ailleurs rapidement à préférer dicter leur loi aux habitants du Liban-Sud, plutôt que de partir à la reconquête de la Palestine. Ils imposèrent une présence de plus en plus

voyante et contraignante, allant jusqu'à effectuer des contrôles d'identités ! C'est à Saïda qu'eut lieu la manifestation de février 1975, appuyée par des militants palestiniens et prélude au déclenchement de la guerre civile. En juin 1976, les Syriens entraient dans la ville, non sans avoir été sévèrement accrochés dans les faubourgs par les Palestiniens et les militants de gauche. Les invasions israéliennes de 1978 et 1982 sont ensuite venues brouiller un jeu politico-militaire déjà compliqué, notamment celle de 1982, qui se solda par le bombardement de la ville et son occupation durant trois ans. En 1991, la restauration de l'Etat libanais eut pour première conséquence le déploiement de l'armée libanaise et le désarmement des camps palestiniens. Mais les fréquentes incursions de *Tsahal*, notamment la violente offensive de 1996, vinrent déstabiliser une région qui avait du mal à se remettre du conflit (par contre, la guerre de l'été 2006, malgré les nombreuses victimes et les destructions, semble avoir plutôt soudé les Libanais).

On commencera la visite par le **Château de la Mer** (*Qalaat el-Bahr* – ouvert de 9 h à 18 h, entrée payante), une forteresse bâtie par les croisés entre 1227 et 1228 (un record pour l'époque !) sur une petite île reliée à la terre par un pont anciennement fortifié. On remarquera d'emblée les fûts de colonnes utilisés pour renforcer les murs, une pratique courante aussi bien chez les croisés que chez les Arabes et les Turcs. Deux tours reliées par un mur ont survécu aux destructions systématiques des mamelouks*, celle de l'ouest étant la mieux préservée (le château a été partiellement remanié par les Arabes). C'est dans une grande salle, aujourd'hui disparue, que saint Louis séjourna en 1253-1254. Dans les soubassements de la tour est, la plus massive, on notera la présence de deux citernes. Le Château de la Mer commandait la passe du **port**, qui occupe l'emplacement du *port phénicien*, dont l'entrée fut comblée au XVIIe siècle par l'émir Fakhr ed-Dîne. C'est aujourd'hui un modeste port de pêche, guère plus étendu que celui de Jbeil. D'autres mouillages (secondaires) étaient toutefois utilisés dans l'Antiquité, notamment derrière un îlot rocheux à environ 800 m au nord, ainsi que dans l'anse appelée *Port égyptien*, au sud de la vieille ville.

En arrière du port on remarquera les vieilles **maisons traditionnelles**. Dans les environs immédiats se trouvent les **souks**, qui, comme ceux de Tripoli, ont conservé un visage très évocateur pour les voyageurs. Ici sont installés des com-

Le port de Saïda

merçants en tous genres et d'authentiques artisans, les uns et les autres délaissant temporairement leurs activités pour se retrouver au café et fumer le *narguilé*, la pipe à eau (on préférera visiter les souks le matin). Au cœur des souks, le **Khan el-Franj** (ou *fransaoui*, c'est-à-dire «des Français»), imposante bâtisse construite par l'émir Fakhr ed-Dîne afin de développer les échanges commerciaux avec l'Occident, est l'un des édifices les plus singuliers de la ville. Intégralement restauré en 1996, l'ensemble se présente comme un caravansérail* traditionnel, soit un vaste rectangle entouré de deux étages de galeries ordonnées autour d'une vaste cour agrémentée d'une fontaine. A une centaine de mètres au nord, le **Khan es-Saboun** («du savon»), restauré et transformé en musée (entrée payante), est un autre exemple de cette architecture.

Toujours dans la vieille ville, à l'ouest, la **Grande Mosquée** (*Jami el-Kabir*) ressemble plus de prime abord à une forteresse qu'à un lieu de culte ! La raison en est qu'elle occupe une ancienne église fortifiée construite par les Hospitaliers de Saint Jean au XIIIe siècle.

Enfin, à l'extrémité sud de la vieille ville enfin, le **Château de Terre** – aussi appelé *Qalaat al-Mou'izz* («château de saint Louis») parce qu'il fait partie de la grande campagne de fortification décidée au XIIIe siècle par Louis IX – n'est plus aujourd'hui qu'une ruine informe. Il fut bâti sur un tertre sans doute occupé dès la Haute-Antiquité, ce qui explique l'accumulation hétéroclite de matériaux de construction qu'on y a exhumé. Juste au sud de ce château, des habitations ainsi qu'un cimetière chi'ite* occupent le sommet de la **colline de murex**, un monticule artificiel d'environ 100 m de long sur 45 m de hauteur, résultant d'un amoncellement de débris de coquillages (le murex, dont la chair produisait la fameuse couleur pourpre).

LES ENVIRONS DE SAÏDA

■ LE TEMPLE D'ECHMOUN, KFAR JARRA, AALIYÉ, LE SANCTUAIRE DE SAYIDET EL-MANTARA, LE CHÂTEAU DE BEI HACEM, DEÏR EL-MOUKHALLÈS, CHHIM

Il ne subsiste aucune trace d'époque phénicienne *intra muros*, si ce n'est la colline de murex. Pour en trouver, il faut sortir de la ville et partir en excursion dans la région environnante, riche en sites antiques. En fonction du temps dont on disposera, on privilégiera d'abord une visite au **temple d'Echmoun**, puis à quelques autres localités. En partant de Saïda par la route de Beyrouth, compter environ 2,5 km pour arriver à l'embouchure du Nahr el-Awali (appelé *Asklépios* ou encore *Bostrenus* par les Anciens) et prendre à droite une route qui longe le fleuve (le carrefour est aisément repérable grâce à deux colonnes sur le terre-plein central). En remontant le cours d'eau sur environ 1,2 km on arrive au lieu-dit Boustan ech-Cheikh. Le sanctuaire se cache derrière un long mur, interrompu par un porche métallique : c'est l'entrée du site.

■ LE TEMPLE D'ECHMOUN

Les vestiges du temple d'Echmoun* constituent **le plus bel ensemble phénicien du Liban**. Son nom est celui d'une divinité, connue aussi sous les deux appellations de Melqart (à Tyr) et d'Adonis (à Byblos). Vénérée dans l'Antiquité, elle personnifie le cycle des saisons, de la mort et de la re-naissance. Les fouilles, commencées par les Ottomans en 1900 et menées systématiquement depuis 1963, ont mis au jour un complexe religieux qui s'ordonne autour d'un temple monumental (le podium* fait 60 m sur 45 m) construit en gros blocs (des inscriptions phéniciennes ont été retrouvées sur des blocs de fondation), aménagé à flanc de colline vers la fin du VIe siècle av. J.-C. sur ordre du roi Echmounazar II. Découvert en 1855, le sarcophage de ce monarque, de type égyptisant, se trouve aujourd'hui... au musée du Louvre (encore un cadeau fait à Napoléon III). Le site a été nettoyé par l'armée, qui en assure la surveillance (le sanctuaire a fait l'objet de fouilles illégales pendant le conflit).

Comme tous les temples antiques, celui d'Echmoun était agrémenté d'une **fontaine sacrée** (on a mis au jour un réseau de canalisations) et de plusieurs **chapelles** dédiées à des divinités orientales, notamment la fameuse déesse **Astarté.**

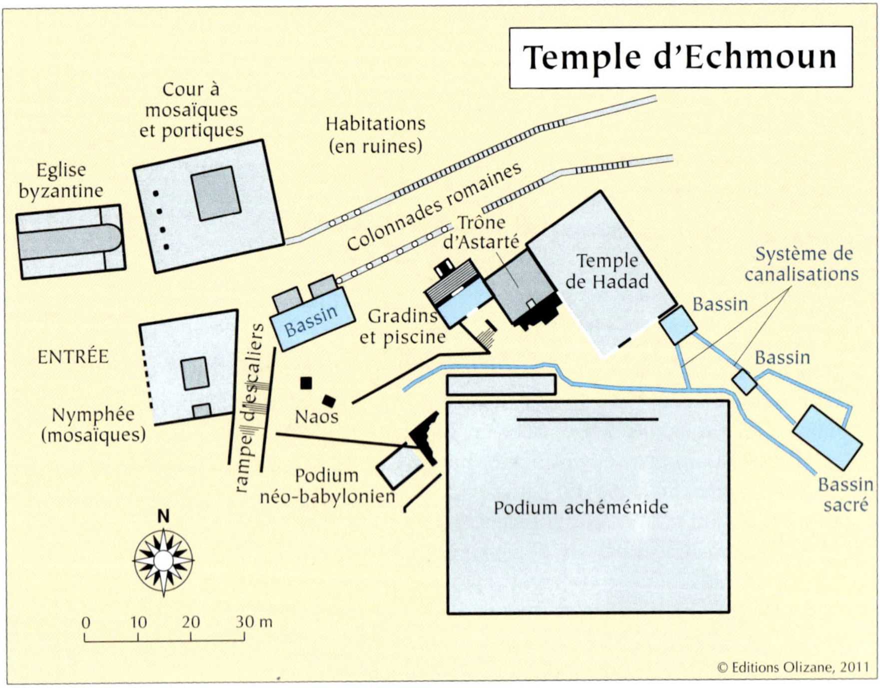

Fréquenté durant toute l'Antiquité, le sanctuaire est riche aussi en témoignages hellénistiques, romains et byzantins: mosaïques, bas-reliefs, nymphée*, bassins et colonnes. Abandonné pendant la guerre, le site s'est couvert d'une végétation dense qui empêche d'en apprécier toute l'étendue et la richesse. Il paraît indispensable de compléter la visite par celle du Musée national, à Beyrouth, qui renferme plusieurs objets exhumés dans le sanctuaire, notamment des statuettes d'enfants offertes en *ex-voto*.

Toujours dans les environs immédiats de Saïda, on mentionnera les localités de **Kfar Jarra**, à environ 7 km sur la route de Jezzine (des sépultures du IIe millénaire), **d'el-Aouatin**, site d'une nécropole phénicienne fouillée par Renan au XIXe siècle, et d'**Aaliyé**, site également d'une nécropole royale découverte en 1887, et dont quatre sarcophages sont aujourd'hui... au Musée archéologique d'Istanbul (le Liban était alors sous domination ottomane). Signalons enfin le village de Maghdoucheh, à une dizaine de kilomètres sur la route de Sarba, où se trouve le sanctuaire de **Sayidet el-Mantara** («Notre-Dame de la Garde»), qui consiste en une chapelle creusée dans le roc (peut-être un ancien sanctuaire dédié à Astarté), et dont la tradition a fait un refuge pour la Vierge Marie durant sa grossesse. Toutefois, si l'on en croit l'Evangéliste Matthieu, c'est bien plus tard que Marie aurait effectué ce voyage, en accompagnant son fils en route pour Tyr et Sidon.

Surplombant un méandre de la vallée de l'Awali, les ruines du **Château de Belhacem** (*Qalaat Abou el-Hasan*) se situent à une quinzaine de kilomètres à l'intérieur des terres. Il reste en vérité bien peu de choses de la forteresse des croisés, réutilisée par les Arabes (accès difficile). Quelques éléments d'architecture font penser que sa construction pourrait avoir été contemporaine de celle du Château de Beaufort (voir plus loin l'itinéraire «les environs de Tyr»). Quant au couvent de **Deïr el-Moukhalès**, il fut fondé en 1711 par des religieux grecs-catholiques sous la dédicace de Saint-Sauveur. Il possède un collège, comme c'est souvent le cas au Liban, et un petit musée religieux.

Profitons-en pour dire deux mots de **Joun**. Cette localité perdue dans la montagne n'a d'autre intérêt que d'avoir été la retraite de Lady Stanhope. L'aventurière anglaise s'installa très précisément sur une colline jouxtant le village, et dont le nom, *Dahr es-Sitt* («la Colline de la Dame»), conserve le souvenir. Elle s'y est éteinte en 1839, et les moines du couvent de Saint-Sauveur justement, propriétaires des lieux, y firent élever un tombeau en 1911 suite à une demande émanant du gouvernement britannique. C'est ainsi qu'à l'occasion du transfert du corps de la «Dame» dans sa demeure définitive, les religieux découvrirent que l'extravagante Lady partageait sa sépulture... avec un homme!

A une dizaine de kilomètres au nord de Joun, le village de **Chhim** (alt. 550 m) présente de très intéressants vestiges d'époque romano-byzantine (entre le Ier et le VIIe siècle ap. J.-C.). Aménagé sur une terrasse naturelle qui domine la plaine

Vue sur la vieille ville de Saïda

littorale, un **temple païen** des IIe et IIIe siècles apr. J.-C. a été fouillé (et en partie restauré) dans les années 1960-70. Des fouilles qui ont mis en évidence une occupation bien plus ancienne : sous la *cella** a été découverte une figurine datée des environs de 2000 av. J.-C. On prêtera attention à certains *éléments de décor* en relief, malheureusement mutilés : un buste solaire notamment (on distingue encore nettement les *rayons*) ou encore un personnage identifié comme un prêtre. Abandonné au Ve siècle, le temple fut transformé en bâtiment agricole. Une **église byzantine**, mitoyenne du temple, vient rappeler que le christianisme est ici implanté de très longue date. Le bâtiment, dans lequel furent réutilisés de nombreux éléments du temple païen, présente un magnifique **tapis de mosaïque polychrome** (extrême fin du Ve siècle). Installé sur les hauteurs, le **village antique** mérite lui aussi une visite : habitat archaïque, rue principale dallée, superbe **pressoir à huile** (dont la balance en bronze est aujourd'hui exposée au Musée national). A noter qu'un **parcours archéologique** a été installé par le Ministère du tourisme.

LA ROUTE DE TYR

■ SARAFAND, AADLOUN, LE FLEUVE LITANI

En continuant l'autoroute littorale, on longe des étendues sableuses et on parvient à l'embouchure du Nahr el-Zahrani. Ici aboutit l'**oléoduc** de l'Aramco (*Arabian American Oil Company*), construit à partir de 1951, qui amenait au Liban le pétrole saoudien *via* la Jordanie et la Syrie (il est aujourd'hui désaffecté). Un peu moins de deux kilomètres au sud, le hameau côtier de Brak et-Tall conserve les vestiges de quatre réservoirs antiques. On parvient ensuite à Ras ech-Chaq et à la localité de **Sarafand**, à une vingtaine de kilomètres de Saïda. Celle-ci occupe l'emplacement de l'antique *Sarepta*, ou *Zarephat* chez le prophète Elie (IXe siècle av. J.-C.), qui y séjourna et, dit-on, y fit des miracles (Elie était parti en guerre contre le «faux dieu» phénicien Baal*). A l'époque phénicienne, les habitants de Sidon y avaient installé un **atelier de fabrication du verre** (en hébreu *saraph* signifie «fondre»). Dans l'Antiquité, la ville était beaucoup plus étendue et possédait un port. On a d'ailleurs retrouvé une tombe de la fin de l'âge du bronze (IIe millénaire) et des vestiges romains. Au temps des croisades, la bourgade fut entourée de murs et constitua un fief de la Seigneurie de Sagette. Un château s'élevait en bord de mer, dont il ne reste rien aujourd'hui. La période d'insécurité qui s'ouvrit au XIIIe siècle força les habitants à déserter le littoral pour le village actuel. Trois kilomètres au sud de Sarafand, le village de Saksakiyé renferme quelques grottes funéraires.

La localité d'**Aadloun**, à moins d'une dizaine de kilomètres de Sarafand, a l'insigne privilège d'être **le plus vieux site d'occupation humaine du Liban**. C'est en effet ici que l'on a mis au jour, dans une grotte appelée Mgharet el-Bzaz, des vestiges du Paléolithique inférieur final, soit vieux d'au moins 300 000 ans. La route continue vers le sud, franchit le Nahr el-Litani, le *Chihor Libnat* de l'Ancien Testament (Josué ch. XIX) ou encore le *Léontes* des sources classiques, et gagne la ville de Tyr. Le **Litani** est l'un des plus puissants fleuves du Liban. Il a toujours été considéré par les juifs comme la limite septentrionale de la *Terre promise*, et revendiqué comme tel par les sionistes, qui lorgnent de surcroît sur l'une des principales réserves d'eau douce de la région. En mars 1978, l'armée israélienne entra au Liban, poussa son avantage militaire jusqu'au Litani et força à l'exil 250 000 personnes.

TYR

A 80 km de Beyrouth, la ville de Tyr (*Sour* en arabe, de l'hébreu *tsor*, «rocher»), avec une quarantaine de milliers d'habitants, est l'une des plus importantes du Liban. Elle a traversé les époques, malgré les envahisseurs, les guerres et les destructions. Visitant la cité au Ier siècle av. J.-C., l'historien grec Hérodote en data la fondation deux mille sept cents ans plus tôt, soit vers 2750 avant l'ère chrétienne. Une chronologie qui laisse cependant les chercheurs perplexes.

Ce dont on est sûr par contre, c'est que ce sont des Cananéens qui l'ont fondée, lorsque ces derniers partirent à la découverte du littoral, qui deviendrait par la suite *phénicien*. Tombée sous la tutelle de l'Egypte, la cité fit néanmoins preuve d'un dynamisme commercial exceptionnel, qui la mit en concurrence directe avec sa voisine et rivale, Sidon. Les Phéniciens en effet n'ont jamais constitué un empire, et chaque cité-Etat affichait une farouche volonté d'indépendance, qui s'affirmait le plus souvent au détriment des autres. La période la plus faste de Tyr commence d'ailleurs avec la ruine de Sidon, ravagée par les Philistins. Au XIIe siècle av. J.-C., les marins de Tyr partirent fonder des comptoirs et des colonies en Méditerranée, facilitant ainsi l'exportation des produits de l'artisanat phénicien, céramiques, étoffes teintes (la pourpre bien sûr) et verrerie notamment. L'une des périodes qui nous sont les mieux connues est celle du règne d'Hiram (*Houran* en hébreu), au début du Xe siècle. La Bible présente le monarque comme l'ami des rois d'Israël, David puis son fils Salomon, à qui il fournit du bois de cèdre pour la construction du premier Temple de Jérusalem: «Hiram, roi de Tyr, envoya ses serviteurs vers Salomon et Salomon envoya dire à Hiram: je me propose de bâtir une maison au Nom de Iahvé, et à présent ordonne que l'on coupe des cèdres du Liban [...] Ainsi Hiram livrait à Salomon des bois de cèdre et des bois de cyprès, tout ce qu'il en désirait. Il y eut la paix entre Hiram et Salomon: ils conclurent une alliance entre eux deux.» (*Premier Livre des Rois*, V, 15-28). Habituée à supplanter ses rivales, Tyr allait finalement précipiter sa propre perte. En fondant Carthage (*Quart Hadasht*, la «Ville Nouvelle») en 814, les Tyriens signèrent en effet l'acte de mort de leur cité, destituée par sa propre «fille»! Tyr allait ainsi connaître un inexorable déclin, sous les tutelles assyrienne et babylonienne d'abord, puis avec la conquête d'Alexandre le Grand (333), qui la détruisit à moitié et fit massacrer 8000 de ses habitants.

Une certaine prospérité devait toutefois revenir avec la conquête romaine (64 av. J.-C.), les nouveaux maîtres octroyant aux Phéniciens une autonomie politique et commerciale. La cité profita notamment des largesses des empereurs Adrien et Septime Sévère – ce dernier l'éleva en 193 apr. J.-C. au rang de capitale de la nouvelle province de Syrie-Phénicie – pour diversifier son artisanat (la pourpre, couleur *impériale*, se vendait à prix d'or) et relancer le commerce. Elle se distingua aussi par son *Ecole de philosophie*, d'où sortirent quelques-uns des penseurs les plus célèbres de leur temps (l'astronome et géographe Marin de Tyr, ou encore les néoplatoniciens Maxime de Tyr et Porphyre). Ceci expliquant cela, on ne sera étonné qu'à moitié d'apprendre que le christianisme, la plus «philosophique» des religions orientales, s'y soit manifesté très tôt (Jésus se rendit à Tyr et saint Paul visita la cité en 57).

Colonnes romaines à Tyr

Prise par les Arabes en 636, son port devint, comme celui de Saïda, un arsenal dépendant de Damas. En 1124, après plus de cinq mois de siège, les croisés s'en emparèrent, la dotant de murailles qui devaient résister à tous les assauts, même ceux menés par l'héroïque Saladin. A la veille des croisades, la majeure partie de la population était de confession chi'ite*. C'est parmi elle que se recrutaient les fanatiques de la secte des *Haschischin* (les «Assassins»), qui firent du meurtre politique un moyen de résistance et la manifestation de leur culte immodéré du martyr: en 1192, le roi de Jérusalem Conrad de Montferrat, en résidence forcée à Tyr – Saladin s'était emparé de Jérusalem cinq ans auparavant – fut «assassiné» par l'un d'eux. Définitivement abandonnée par les croisés en 1291, Tyr fut ensuite démantelée par les Arabes afin qu'elle ne puisse pas servir de tête de pont à la reconquête franque. L'émir Fakhr ed-Dîne tenta bien de lui redonner un rôle commercial, mais sans succès.

Il fallut attendre 1947 et les premières fouilles d'envergure pour que la cité sortît de l'oubli. Des fouilles qui allaient exhumer des témoignages parmi les plus spectaculaires du bassin méditerranéen (étendues sur plus de 15 hectares, les ruines de Tyr sont les plus vastes du Liban). Cependant, l'histoire très mouvementée du Proche-Orient allait rapidement reprendre ses droits. Ainsi, au moment même où la pioche de l'archéologue fouillait le sol de l'antique cité phénicienne, on fourbissait les armes pour la première guerre israélo-arabe (1948). On le sait, d'autres allaient suivre, qui jetèrent sur la route de l'exil des milliers de Palestiniens: 400 000 au moins trouvèrent refuge au Pays des Cèdres, notamment dans les environs immédiats de Tyr, où l'on ne dénombre pas moins de six camps de réfugiés!

En 1959, l'imam* Moussa Sadr vint occuper une fonction religieuse à Tyr. Dix ans plus tard, il prenait la direction du *Conseil supérieur chi'ite*, créé par le Parlement libanais en 1967, puis fonda dans les années 1970 le *Mouvement des déshérités*. Des chi'ites* qui allaient se distinguer dans la lutte contre l'occupant israélien, mais aussi par des actions violentes dirigées contre la FINUL*, à qui ils reprochaient de faire le jeu de l'ennemi. Le 4 novembre 1983, un attentat contre le QG israélien à Tyr, revendiqué par le *Jihad islamique*, faisait 61 morts. A huit siècles de distance, les méthodes violentes des *Haschischin* faisaient la preuve de leur efficacité! Aujourd'hui, si la ville de Tyr semble couler des jours paisibles, il reste que la région est toujours sous la menace d'une expédition punitive israélienne, à laquelle répond systématiquement la résistance libanaise.

Hormis les sites archéologiques, la ville moderne ne présente aucun intérêt particulier (sauf à aller se promener dans les souks ou sur le front de mer). Précisons que la plupart des monuments dégagés datent de l'époque romaine. La visite *intra muros* concerne deux espaces bien distincts: les «fouilles de la Cité», à l'extrémité sud de la presqu'île; la nécropole et l'hippodrome, au sud du quartier moderne d'el-Bass.

Dans l'Antiquité, Tyr était une île. C'est Alexandre qui la fit relier au continent par une chaussée gigantesque, facilitant ainsi sa conquête. La **vieille ville** est aujourd'hui occupée dans sa partie méridionale par un site remarquable, entre ciel et mer (el-Mina, «le port»). L'œil est d'emblée attiré par une **allée monumentale** qui conduit droit à la mer. Longue de 175 m et large d'une dizaine, elle est bordée d'un portique dont les colonnes en marbre cipolin (blanc-vert) ont été partiellement redressées. On remarquera le *dallage de marbre* d'époque romano-byzantine, lui-même recouvrant un pavage de mosaïque plus ancien. Cette allée conduisait au **port antique**, l'un des plus anciens que l'on connaisse, constitué d'une île (un *môle*) relié au continent par des digues capables de résister aux lames les plus puissantes. Les campagnes de fouilles sous-marines, qui ont permis de retrouver précisément le plan de ce port, ont aussi ramené à la surface des objets caractéristiques des périodes grecque et romaine, notamment une **statue de Poséidon empoignant un hippocampe**, une image mythologique popularisée par le géographe grec Strabon. A droite, les vestiges de **l'arène** du IVe ou du Ve siècle permettent d'estimer à environ 2000 le nombre de spectateurs qu'elle pouvait accueillir. Un peu au nord, au pied du mur de clôture du cimetière musulman, on a cru discerner l'emplacement de l'**ancien château croisé**, dont il ne resterait que les soubas-

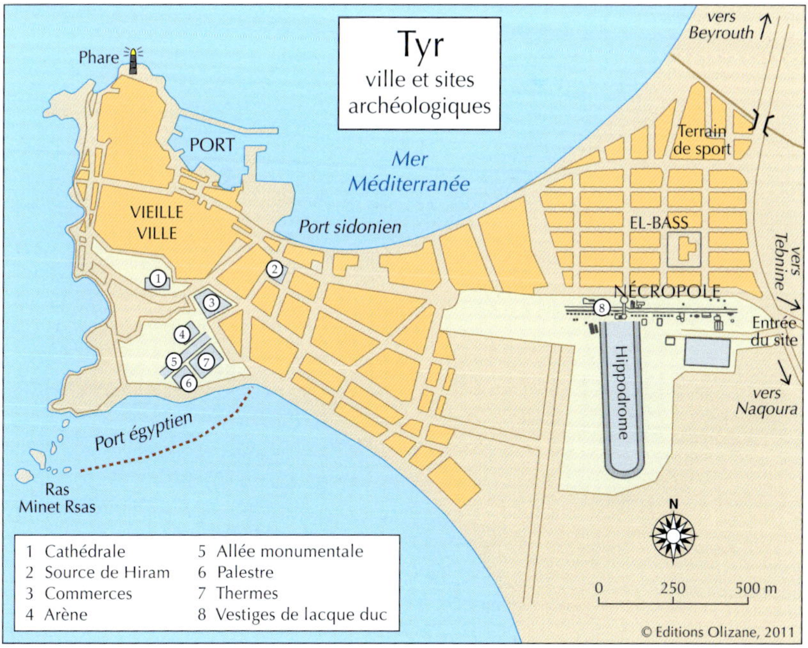

sements massifs. Sur une partie de l'ancien port comblé à l'époque d'Alexandre, les Romains construisirent au IIe siècle une **palestre***, dont il subsiste une dizaine de colonnes de granit, associée à des **thermes**, facilement reconnaissables aux *hypocaustes**, un système de galeries *souterraines* qui permettait de chauffer les bains (on distingue encore les piles de briques sur lesquelles reposait le dallage) ; des thermes réutilisés aux époques byzantine et arabe.

A proximité du chantier de fouilles, un espace clos théoriquement interdit au public renferme les vestiges de la **cathédrale**. Le bâtiment primitif, élevé au IVe siècle par l'évêque de Tyr Paulin, occupait l'emplacement d'un temple phénicien dédié à Melquart, dont il ne reste rien sinon les énormes colonnes de granit rose récupérées par les bâtisseurs chrétiens. Détruite sur ordre de l'empereur Dioclétien, la cathédrale fut reconstruite par les Vénitiens au XIIe siècle et servit de lieu de couronnement pour les rois de Jérusalem, chassés de la cité sainte par Saladin en 1187.

Dans le périmètre de la vieille ville enfin, le port actuel est en fait l'ancien *port sidonien*, ainsi nommé parce que situé vis-à-vis de Sidon, distant d'une quarantaine de kilomètres.

L'autre site à visiter, à 1,5 km dans l'intérieur, est constitué de la **nécropole** et de l'**hippodrome**. L'entrée se situe à el-Bass, sur la route de Naqoura. Ces fouilles sont les plus monumentales de la ville. La nécropole s'étend de part et d'autre d'une large **voie romaine** longue de 500 m, qui rejoignait le littoral (la

Vieux phare de Tyr

via maris) après être passée sous un **arc de triomphe** (restauré) élevé à la fin du IIe siècle et qui s'effondra sans doute trois siècles plus tard. Ici, l'amateur pointilleux et l'esthète exigeant seront comblés. C'est en effet un enchevêtrement de tombes et de sarcophages, la plupart violés dès l'Antiquité ou réutilisés. Les plus beaux **sarcophages** ou éléments de décoration ont été transportés au Musée national. Toutefois, les témoignages *in situ* sont très nombreux et souvent d'une grande richesse. Le nombre élevé des ensembles funéraires ne permet toutefois pas de les présenter en détail : on en distinguera une vingtaine datant tous des IIe et IIIe siècles, en majorité des sarcophages. Les ornementations font toutes référence aux canons et à l'académisme de l'époque : scènes bucoliques et de chasse ou d'inspiration mythologique, notamment l'Iliade (Achille, Hector, Priam...). On notera aussi sur le site les vestiges d'un **aqueduc**, dont subsiste un alignement de piliers sur le côté sud de la chaussée romaine (sur la gauche, passé l'arc de triomphe). Cette conduite amenait à Tyr l'eau captée à Ras el-Aïn, à 6 km au sud de la ville (voir plus loin « les environs de Tyr »). L'**hippodrome** enfin, dégagé par les archéologues au début des années 1970, est l'un des plus vastes et des mieux conservés du monde romain (long de 480 m, il pouvait contenir près de 30 000 spectateurs !). Il n'en subsiste certes pas grand-chose, mais les témoignages mis au jour (une partie des gradins et le champ de course organisé autour de la *spina**) permettent aisément d'imaginer l'allure générale de l'ensemble, qui comportait, outre l'espace sportif, des établissements annexes (des bains notamment) et des boutiques.

Signalons enfin la découverte récente (2008), à l'entrée est de la ville, d'une **importante nécropole** remontant à l'époque phénicienne. Le site funéraire, presque intact, remonterait à une époque comprise entre le IXe et le VIIe siècle av. J.-C. Plusieurs dizaines de jarres ont livré des os calcinés, attestant la tradition funéraire phénicienne de la crémation. Les archéologues comptent beaucoup sur cette découverte pour mieux connaître la civilisation phénicienne orientale. Par contre, l'annonce faite en 1990 de la découverte d'un cimetière d'enfants (un *tophet* comme à Carthage) pourrait être au mieux une erreur, au pire une supercherie.

Ici comme ailleurs au Liban, les habitants profitèrent de la guerre pour mener des fouilles sauvages, dont les conséquences sont toujours catastrophiques : les espaces saccagés sont irrémédiablement perdus pour les scientifiques !

En 1979 fut crée l'*Association internationale pour la Sauvegarde de Tyr*, qui ambitionne d'œuvrer, en partenariat avec l'Unesco, à la conservation d'un patrimoine inscrit à l'inventaire mondial. Une association qui fut longtemps un club de personnalités en vue, comme par exemple l'écrivain français Jean d'Ormesson (en France, les bureaux de l'association se situent avenue Foch). Des *VIP* plus prompts à s'émouvoir du sort des vieilles pierres que de celui des populations bombardées ! En 1994 fut programmée une manifestation internationale intitulée *Le retour des Phéniciens*... On assista surtout au « retour » des émigrés, qui ont feint alors de ne pas s'apercevoir de l'état de misère extrême dans lequel étaient plongés certains de leurs compatriotes (l'association est devenue une fondation en 2008 – http://aistyr.com).

LES ENVIRONS DE TYR

■ TELL EL-RACHIDIYEH, RAS EL-AÏN, AÏN BAAL, QABR HIRAM, HANAOUIYEH, TELL MAACHOUK, EL-AOUATIN, BORJ ECH-CHEMALI

Cette région, on l'a dit, est particulièrement riche en vestiges archéologiques. En empruntant la route côtière vers Naqoura, on atteint (4 km) le site de **Tell el-Rachidiyeh**, une colline artificielle (*tell**) qui pourrait être le site initial de Tyr (on y a découvert de nombreuses tombes d'époque phénicienne). Encore environ 3 km et l'on parvient à **Ras el-Aïn.** Ce hameau est situé au point de convergence de plusieurs ruisseaux (*wadi*), alimentant des sources (*aïn*) exploitées depuis la plus haute Antiquité. Ici, les Anciens construisirent **quatre réservoirs** de grande capacité, toujours en usage. La tradition en attribue la paternité au roi Salomon, qui aurait ainsi remercié Hiram pour le bois de cèdre qu'il lui avait livré (la Bible n'y fait toutefois pas allusion). La ville de Tyr s'approvisionnait à ces sources par un **aqueduc**, encore en service sur l'une de ses portions (voir plus haut la visite de Tyr). A 6 kilomètres de Ras el-Aïn, le village d'**Aïn Baal** (la *Source de Baal**), sur le Wadi Baal, possède une **mosquée** construite en partie avec des matériaux (des colonnes) provenant d'un ancien sanctuaire dédié à la plus célèbre des divinités phéniciennes. Un kilomètre après la sortie du village, en direction de Hanaouiyeh, un énorme **sarcophage** gît au bord de la route. Baptisé ***Qabr Hiram*** («tombeau de Hiram»), le site fut fouillé par Ernest Renan au XIXe siècle. Si rien ne prouve qu'il s'agisse d'un tombeau royal, on est sûr par contre qu'il est d'époque phénicienne. Un peu plus loin, on découvre la colline d'**Hanaouiyeh**, qui porte les restes d'une **citadelle phénicienne**, elle aussi fouillée par Renan (on y a également découvert des tombes).

Un peu au nord, sur la route de Jouaiya, à 1,5 km d'el-Bass, **Tell Maachouk** fut peut-être le lieu d'un culte antique rendu à Melkart* – le toponyme *maachouk*, qui peut se traduire par «amant», ferait référence aux amours de Melkart* et d'Astarté. Au Moyen Age, le promontoire rocheux servit de camp retranché aux croisés lors du siège de Tyr (1124).

Plus loin, la route atteint la **nécropole phénicienne d'el-Aouatin**, elle aussi fouillée par Renan. Enfin, toujours sur le même itinéraire, la localité de **Borj ech-Chemali** a livré du **mobilier funéraire** exposé au Musée national (sarcophages, stèles, Sphinx, etc.) et renferme les ruines d'un fortin attribué aux croisés.

Sarcophages dans la nécropole de Tyr

VERS NABATIYEH ET BEAUFORT

■ CHÂTEAU DE MARON, TEBNINE (CHÂTEAU DE TORON)

A mi-distance de Saïda et de Tyr, **Nabatiyeh**, la ville-carrefour du Liban-Sud, peuplée presque exclusivement de chi'ites*, fut longtemps la bête noire des Israéliens et de l'ALS*. C'est là en effet que débutèrent en 1983 les actions armées contre Israël et sa milice supplétive. Si l'armée libanaise parvint à s'y déployer en 1991, elle ne put par contre rien faire lorsque les Israéliens déclenchèrent une vaste et meurtrière offensive durant l'été 1993.

Avant guerre, les guides touristiques faisaient mention de Nabatiyeh pour sa seule attraction *ethnographique* annuelle: la **fête de l'Achoura**. Lors de cette fête, célébrée au dixième jour du mois de *Muharram* (décembre en 2010), les musulmans chi'ites* commémorent le *martyre* de Hussein, fils d'Ali et troisième imam* des chi'ites, tué en 680 à la bataille de Kerbala (Irak). Avec la révolution iranienne et la montée de l'intégrisme au Liban, cette fête est sortie de son cadre strictement religieux pour servir la cause politique de l'islam chi'ite*. Spectaculaire, elle voit dix jours durant les pèlerins en transe défiler en se frappant la tête à l'aide d'une épée: le sang gicle et de nombreux participants s'effondrent, évanouis! Ces manifestations d'hystérie collective donnent la mesure du drame profond dans lequel se débat une partie de la communauté. Médiatisée à outrance dans les années 1980, notamment dans la banlieue sud de Beyrouth et à Baalbek, cette fête n'est somme toute que la survivance d'une piété populaire, certes très impressionnante, au même titre que les «chemins de croix» des chrétiens et les «lamentations» des juifs. Il reste qu'en revivifiant une spiritualité en déclin, les responsables politico-religieux ont cherché à mobiliser la population sur des thèmes simplistes. Le «culte des martyrs», par exemple, qui s'inscrit lui aussi dans cette entreprise d'aliénation, notamment à l'occasion de l'enterrement des miliciens morts au combat, n'est rien d'autre qu'un élément mobilisateur. Il a permis à l'Iran d'envoyer des milliers d'enfants au massacre sur le front irakien entre 1980 et 1988, et aux intégristes de recruter des candidats au suicide.

De Nabatiyeh, une route mène au village d'Arnoun (moins d'une dizaine de kilomètres au sud-est) et au **château de Beaufort** (en arabe *Chaqif Arnoun* ou *Qalaat ech-Chaqif*, «le château du Rocher»). Juché à 710 m d'altitude sur un éperon rocheux dominant le Litani, c'est l'une des nombreuses forteresses construites par les croisés pour défendre les *Etats latins*. Les chroniques médiévales rapportent que les Francs prirent possession d'un fort arabe en 1139, qu'ils transformèrent en «citadelle inexpugnable». Saladin s'en empara pourtant en 1192, au terme il est vrai d'un siège de deux ans. Restitué aux croisés par le sultan de Damas en 1240, le château fut remis en état et vendu aux Templiers en 1260. A nouveau assiégé en 1268, il fut définitivement enlevé par le sultan Baïbars. Quatre siècles plus tard, l'émir Fakhr ed-Dîne essaya de le remettre en état de défense.

Epousant la configuration du terrain, le château se présente sous la forme d'un rectangle de 150 m sur 100 m divisé en deux parties: une *cour basse* à l'est, première ligne de défense, et une *haute cour* à l'ouest, puissamment fortifiée et renfermant un donjon dont il ne reste presque rien. Bombardé puis occupé par les Israéliens en 1982, il fut abandonné lors de leur retrait en 2000. (Réalisé en 2007, le film israélien *Beaufort* retrace les derniers jours de l'occupation de la forteresse par les forces israéliennes.) Les autorités libanaises ont semble-t-il prévu de le restaurer.

La proximité de la Palestine et de l'ancien royaume de Jérusalem explique que le Sud-Liban soit particulièrement riche en places-fortes franques. La région constitua en effet une ligne de défense à haute valeur stratégique. Plus au sud, à proximité du village de Deïr Kifa (à mi-chemin entre Tyr et Nabatiyeh), se trouvent les ruines d'un autre château croisé: le **château de Maron** (*Qalaat Maroun*), élevé au XIIe siècle puis reconstruit par les Arabes. Sans doute agrandi par les Turcs, aujourd'hui seule son enceinte a conservé belle allure.

A une dizaine de kilomètres au sud-ouest, un autre château croisé, celui de **Tebnine**, se cache sous une citadelle arabe construite au XVIIe siècle. Bâti en 1104 sous le nom de **Toron**, il fut pris par Saladin en 1187, puis récupéré et relevé en 1219 par les Francs. Comme le château de Beaufort, il tomba entre les mains du sultan Baïbars en 1266.

LE LITTORAL SUD

■ ISKANDAROUNA, UMM AL-AMMAD, NAQOURA

Pour conclure ce voyage dans le Sud-Liban, on invitera le voyageur à se rendre à l'extrémité du littoral *phénicien*, jusqu'à la frontière. Une excursion, notons-le, qui n'a d'autre intérêt que la curiosité. A une quinzaine de kilomètres au sud de Tyr, **Iskandarouna** est l'ancienne *Alexandroscène*, un nom grec signifiant «la tente d'Alexandre» et qui fait référence à un campement (présumé) de l'armée d'Alexandre le Grand. Les croisés baptisèrent l'endroit *Scandelion* et en firent un fief dépendant de Tyr. Il ne reste cependant aujourd'hui aucune trace des époques antique et médiévale. Trois kilomètres plus loin par contre, le site d'**Umm al-Ammad** (la *Mère des Colonnes* en arabe) présente des vestiges intéressants, là aussi fouillés par Ernest Renan. La principale curiosité réside dans une **acropole** qui portait un temple d'époque hellénistique dédié à Baal-Hammon (vers le IVe siècle av. J.-C.). Un autre temple, plus récent de deux siècles, était consacré à la déesse Astarté.

Naqoura, enfin, constitue le dernier village libanais avant la frontière. Nous ne le mentionnons que parce qu'il servit de cadre en mai 1983 à la signature d'un traité de paix entre les Israéliens et le président Amine Gemayel, traité qui ne sera d'ailleurs jamais ratifié. C'est aussi à Naqoura que se situe le siège de la FINUL*.

A la Rescousse des Tortues de Mer

En 1999, à l'occasion d'une visite à ses proches, Mona Khalil assiste par hasard à une ponte de tortue sur la plage d'Al Mansouri, proche de la maison familiale, située à environ 15 kilomètres au sud de Tyr. Ne connaissant absolument rien aux tortues de mer, Mona se documente, contacte des organismes de protection de la nature (notamment MEDASSET, l'Association méditerranéenne pour le sauvetage des tortues de mer) et elle réalise alors l'importance de sa découverte qui fera vite le tour de la communauté scientifique: Al Mansouri est un lieu de ponte et de nidification d'une importante colonie de tortues vertes *(Chelonia mydas)* et de tortues caouannes *(Caretta caretta)*, toutes deux sur la liste rouge des espèces menacées.

Mona, qui demeure alors à l'étranger, décide de rentrer au pays et de se consacrer à leur conservation. L'année suivante, dès le début de la période de nidification (mai à septembre), elle est sur pied de guerre avec l'aide de volontaires. Ensemble, ils nettoient et aplanissent la plage afin qu'aucun obstacle n'empêche les tortues de sortir de l'eau, de creuser un nid à même le sable et d'y déposer leurs œufs. Parallèlement, Mona commence un travail d'information auprès de la population locale afin de dissuader les gens de déranger les tortues durant la durée de la nidification.

En 2001, en collaboration avec le Ministère de l'environnement, MEDASSET réalise une première étude sur place qui confirme l'importance du site (ainsi que celui d'une autre plage, Al Aabassiyé, située au nord de Tyr).

Depuis, d'autres études ont suivi, confirmant toutes les hypothèses avancées et l'urgence des mesures à prendre pour la protection des tortues.

Formée par des spécialistes, Mona est désormais mieux équipée pour s'occuper efficacement de ses protégées: un système simple mais efficace de grilles enterrées préserve dorénavant les nids des dégâts dûs aux prédateurs (chiens, renards, crabes, etc.). Mais le danger principal pour les tortues est imputable à l'homme: ses activités de loisirs (baignade, jeux de plage, automobiles sur la grève), l'agriculture et la pression urbanistique, constituent des menaces, tout comme la pêche illégale à la dynamite ou la pollution industrielle. Mona et son assistante Habiba Syed essaient alors de convaincre les acteurs locaux (autorités, pêcheurs, habitants et responsables du développement touristique) de l'importance de leur projet, non seulement pour les tortues, mais également pour les êtres humains qui les côtoient.

Les tortues de la Méditerranée

Deux espèces survivent en Méditerranée. La **tortue caouanne** est carnivore et se nourrit essentiellement de crustacés et de mollusques. Mesurant un peu plus d'un mètre, d'un poids de 160 kg, elle fréquente principalement les eaux entre Grèce, Turquie et Chypre et, dans une moindre mesure, les rives sud de la Méditerranée jusqu'en Tunisie; occasionnellement, on la rencontre en Espagne ou en Italie.

La **tortue verte** est végétarienne et se nourrit surtout d'algues. Pouvant atteindre une longueur de 1 m 60 et un poids de 360 kg, elle préfère les eaux plus chaudes du bassin sud-est, principalement les côtes proches de la Turquie et de Chypre. Moins fréquemment, on la trouve aussi en Egypte, en Syrie, en Israël et au Liban.

Les deux espèces ont une espérance de vie estimée entre 70 et 80 ans. Adultes dès l'âge de 20 à 30 ans, elles retournent sur leur plage de naissance tous les deux ou trois ans, où elles déposent entre deux et quatre pontes d'une centaine d'œufs chaque fois. C'est la température du sable durant l'incubation qui décidera ensuite du sexe de la progéniture. A leur sortie de l'œuf, les jeunes tortues rejoignent la mer, mais une seule sur mille atteindra l'âge adulte.

Orange House B&B

En 2000, après le départ des troupes d'occupation israéliennes, Mona et Habiba, parallèlement à leurs efforts de conservation, entreprennent la restauration de la ferme familiale près de la plage. Pour financer leur travail de conservation, elles commencent à louer des chambres selon la formule *Bed & Breakfast*. C'est ainsi qu'a démarré ce projet d'éco-tourisme qui permet aux hôtes de participer à la protection des tortues en aidant au nettoyage de la plage et à la surveillance des nids, ou encore en expliquant à d'autres visiteurs, tant étrangers que locaux, l'importance de la sauvegarde de ce patrimoine naturel en grand péril.

K.T. Ferrer

Orange House Bed & Breakfast / Sea Turtle Conservation
PO Box 19, Tyre, Liban
orangehouseproject@gmail.com
www.orangehouseproject.com

LE METN ET LE KESROUAN

■ NAHR EL-KALB, ZOUK MKAYEL, JOUNIEH, KASLIK, HARISSA

A l'est de Beyrouth s'étend la région du Metn, ancienne province féodale du Mont-Liban. Pour des raisons pratiques, l'itinéraire qui suit ne respecte pas scrupuleusement les limites historiques de la région. Nous le bornons au sud à la route internationale Beyrouth-Damas et au nord à la route Jounieh-Faraya. Pour toute excursion, on tiendra compte des embouteillages, particulièrement denses.

Cette région est l'une des plus pittoresques du Liban, celle où les Beyrouthins ont l'habitude d'aller prendre l'air et se divertir. A l'origine province de peuplement mixte, elle fut au XIXe siècle le théâtre d'affrontements qui la vidèrent progressivement de sa population druze*. Pendant la guerre civile elle devint un fief chrétien, dans la continuité de Beyrouth-Est et du Kesrouan. Lors de l'intervention syrienne de 1976, les troupes de Damas prirent position sur les hauteurs à l'est, maintenant ainsi la pression sur le «réduit chrétien». Devenu l'un des bastions des Forces libanaises* de Samir Geagea, le Metn passa ensuite aux mains des troupes fidèles au général Aoun, qui en fut lui-même délogé lors de l'offensive conjointe des troupes gouvernementales et de l'armée syrienne en octobre 1990.

L'itinéraire emprunte d'abord la route du littoral, de Dbayeh à Jounieh, pour ensuite s'aventurer dans la montagne. Après avoir passé la localité d'Antélias (voir Grand Beyrouth), l'autoroute côtière traverse la localité de Dbayeh, à une douzaine de kilomètres de la capitale. En 1976, les milices chrétiennes chassèrent les habitants (pourtant eux-mêmes chrétiens !) du camp palestinien.

En continuant vers le nord, on atteint l'embouchure du **Nahr el-Kalb** (tunnel routier à 15 km de Beyrouth), l'un des hauts lieux touristiques du Liban. Pas un guide en effet qui ne s'attarde longuement sur les péripéties dont fut témoin le «fleuve du Chien» (*kalb* en arabe), le *Lycus* des Anciens. Occupé dès la Préhistoire, le site constituait dans l'Antiquité un lieu stratégique sur la route du littoral. A cet endroit, la montagne vient tutoyer les vagues, formant un obstacle naturel que les conquérants devaient nécessairement contourner. C'est sans doute l'une des raisons qui les amenèrent à graver dans la roche des **stèles** commémorant leurs victoires ! En tout près d'une vingtaine, des plus anciennes (les deux stèles de Ramsès II, représentant le Pharaon sacrifiant des captifs aux dieux Amon et Harmakhis) aux plus récentes (une stèle rappelant l'évacuation du Liban par les troupes françaises en 1946) – en quelque sorte un raccourci sai-

Pages précédentes : Le port de Byblos

sissant de l'histoire du Liban, d'un protectorat... à l'autre. Entre les deux, des inscriptions babyloniennes (Nabuchodonosor), assyriennes, grecques, romaines (l'empereur Caracalla), arabes, françaises (l'expédition de 1860-61) ou anglaises (les troupes d'Allenby en 1918). On peut aussi aller flâner le long du cours d'eau et se rafraîchir ou se restaurer à proximité de l'**ancien pont**.

Deux kilomètres plus au nord, **Zouk Mkayel** se souvient peut-être qu'elle fut le lieu de résidence d'une puissante famille féodale, les Khazen, « l'une des trois plus nobles de la nation maronite » (Nerval), avec les Awaki et les Hobeish. Une famille comblée par Louis XIV, qui confia à plusieurs de ses membres des fonctions consulaires. Aujourd'hui la localité est incluse dans un tissu urbain tentaculaire et supporte avec flegme la disgracieuse et polluante centrale électrique dont elle a hérité. Un kilomètre plus loin, sur les premières pentes de la montagne, le village de **Sarba** est dominé par le **couvent grec-catholique de Saint-Sauveur**, construit sur les murs de soubassement d'un grand temple romain. En contrebas se trouve une **grotte**, dont la légende a fait le repère du dragon terrassé par saint Georges (ce combat est traditionnellement localisé à Beyrouth). Encore un kilomètre et l'on arrive à **Jounieh**.

Pendant la guerre, Jounieh s'est vue investie du rôle de « capitale-bis » (« capitale du pays chrétien »). L'autoroute, qui domine une baie autrefois propice aux rêveries méditerranéennes, traverse un espace bâti sans aucun souci d'esthétique. C'est à Jounieh que fut ouvert, à la fin des années 1950, le **Casino du**

La plage de Jounieh

Liban, le plus fameux espace de jeux du Proche-Orient. Il a été reconstruit sur les hauteurs à Maameltein (pour les amateurs de *roulette* et de *blackjack*, www.cdl.com.lb).

On est aussi très proche de l'**Université de Kaslik**, dirigée par des moines maronites*. C'est là, dans les années qui ont précédé la guerre, qu'a été forgée et entretenue l'idéologie *libaniste*, la version la plus réactionnaire du nationalisme libanais. Une idéologie à laquelle ont puisé les milices chrétiennes, *Kataëb** en tête, afin de légitimer leurs crimes. Sur les hauteurs, à **Harissa**, une immense statue immaculée vient rappeler, si besoin est, qu'on est ici en «pays chrétien»: **Notre-Dame du Liban** (*Saydet Loubnan*), érigée à la fin du XIXe siècle, qui accueille chaque année une foule de pèlerins, d'autant plus enthousiastes qu'ils auront emprunté... le téléphérique pour se rendre au sanctuaire (le Ministère du tourisme édite une brochure intitulée «Liban, une terre de pèlerinage. Un hommage aux saints libanais»).

LA MONTAGNE, LES MOINES... ET LES AUTRES

■ ANTOURA, JEITA, QALAAT FAKRA, JABAL SANNINE, SAINT-JEAN DE KOUNCHARA, AÏNTOURA, BIKFAIYA, HAMMANA, SALIMA, BROUMMANA, COUVENT DE MAR CHAAYA

On ne quitte pas les moines en se rendant au village d'**Antoura** (Aïntoura), rapidement accessible de Zouk Mkayel. Le village est connu pour son **collège**, fondé en 1728 par un prêtre maronite*, puis administré par les jésuites et les lazaristes. En 1843, Nerval constatait que les activités y étaient nombreuses, de l'enseignement à la viticulture en passant par l'imprimerie (les moines éditaient un journal, *L'Ermite de la Montagne*). De son côté, Charles Reynaud (1846) notait que «dans ce pays que le despotisme étouffe dans l'ignorance, ces collèges sont un foyer de civilisation très puissant et très actif». Comme toutes les institutions religieuses privées, le collège d'*Antoura* accueille la bourgeoisie libanaise de toutes confessions (le grand poète et dramaturge Chekri Ganem y fit ses études, avant de partir pour Paris en 1882). Jusqu'en 1946, les classes étaient aussi fréquentées par les jeunes Français.

En rejoignant la route d'Aajaltoun, on passe à **Jeita**, réputée pour sa **grotte**. Ouverte au public en 1955, elle offre plus de 6 km de galeries et une grande variété de cristallisations (de petites embarcations permettent de se déplacer sur les eaux souterraines). Réquisitionnée par les FL*, qui y stockèrent armes et munitions, la grotte repassa sous contrôle gouvernemental en 1992 et fut rouverte au public en mars 1995. En reprenant la route, on gagne la localité d'Aajaltoun, à 850 m d'altitude, une station estivale appréciée. La route continue ensuite dans la montagne, longe la vallée du Nahr el-Mghara et parvient à **Faraya,** une station de sports d'hiver située à 50 km de Beyrouth, à une altitude

Fresques de l'église Saint-Nicolas, couvent de Saint-Jean de Kounchara

de 1300 m. De là on gagne le site de **Qalaat Fakra**, à environ 3,5 km au sud-ouest. On est surpris et impressionné d'y découvrir des **ruines antiques**, à une altitude peu courante (1500 m). Ce qui étonne en premier lieu, c'est le **paysage majestueux**, chaotique et torturé, sculpté par le calcaire dolomitique, une roche fracturée et creusée par l'érosion. Les Romains ont bâti là un sanctuaire constitué de **plusieurs temples** : le plus grand, plus ou moins bien restauré, était peut-être dédié à Adonis (aucune inscription ne l'a confirmé) ; quant au petit, on sait qu'il était réservé au culte d'Atargatis, une divinité syrienne majeure, assimilée à Astarté, la déesse de la fécondité. Il a peut-être servi de baptistère à l'église élevée à l'extérieur. Un édifice cubique tronqué d'une quinzaine de mètres de côté, dénommé «**la tour**» par les archéologues et dont on ne connaît pas la fonction exacte (monument funéraire, poste de guet, autel de sacrifice ?), porte une inscription de l'empereur Claude (43-44 apr. J.-C.). Mentionnons encore le **grand autel**, où l'on pratiquait les sacrifices (voir une tête de taureau sculptée), et l'**édicule à colonnettes**, peut-être un autre autel. Non loin du site, on aura remarqué un **pont naturel** qui enjambe le torrent du Nahr el-Laban.

De Faraya, on peut continuer la route de la montagne plein est, et rejoindre ainsi la plaine de la Bekaa et Baalbek (voir l'itinéraire dans la Bekaa). Pour rester dans le Metn, on empruntera la petite route en direction du sud-ouest, vers Mazraat Kfarbidiane, puis à gauche une route plus large, mais tortueuse, qui monte vers **Baskinta** (1350 m), une station estivale au pied du **Jabal Sannine**. Les amateurs de randonnées pourront joindre Nabaa Sannine (1650 m), un hameau distant de 7 km, d'où l'on part pour l'**ascension du Sannine**, qui culmine à 2628 m (compter trois bonnes heures, la pente est raide).

De Baskinta on redescend vers Bteghrine, puis on rejoint la grande route de Bikfaiya à Zahlé, après être passé à Bolonia (à 1150 m) et son célèbre bois de pins (le **Bois de Boulogne**). Toutefois, entre Bolonia et Bteghrine, on aura fait une halte au couvent grec-catholique **Saint-Jean de Kounchara**, où fut installée en 1733 la première imprimerie en caractères arabes du Liban. Plus d'un siècle auparavant, une presse en caractères *karshuni* (syriaque) avait été installée dans le monastère Saint-Antoine de Qozhaïya, proche de Bcharré (voir «La route des cèdres»). Entre-temps (1727), les Turcs avaient levé l'interdiction d'imprimer les livres en arabe, la langue sacrée du Coran.

En prenant à gauche à l'embranchement, on gagne la localité de Mrouj, autre station estivale à un kilomètre du croisement. C'est une petite ville maronite* typique, avec son église surmontée de croix rouges. En continuant la route de Zahlé, on arrive six kilomètres plus loin au village d'**Aïntoura**, à ne pas confondre avec la localité du même nom proche de Jounieh (*Antoura*, voir plus haut). De là, un sentier conduit aux ruines d'un **temple antique**. Situé à un point stratégique sur la route de Zahlé (un axe vital entre le «pays chrétien» et la ville (chrétienne) de Zahlé), Aïntoura fut le théâtre de violents combats opposant miliciens chrétiens et «progressistes», puis constitua une position occupée par l'armée syrienne.

Comme l'on pouvait, de Faraya, rejoindre Baalbek, on peut, d'Aïntoura, franchir le Jabal Knissé et descendre en suivant la vallée du Nahr el-Derdoun jusqu'à Zahlé (la route Baskinta-Zahlé est en mauvais état). En reprenant la direction de Mrouj, on rattrape le carrefour de Bolonia. De là, deux itinéraires sont envisageables: plein ouest vers Bikfaiya (A) ou au sud vers Mteïn (B). Dans tous les cas, il sera difficile de faire les deux dans la même journée.

L'itinéraire A mène à **Choueir**, à 1060 m d'altitude (plus haut, à 1200 m, se trouve la station de Dhour ech-Choueir) et à Douar. Choueir est un village habité par des chrétiens de rite grec-catholique et grec-orthodoxe. On mentionnera dans **l'église** Mar Elias Chouaïya une **iconostase**, une cloison recouverte d'icônes, qui sépare la nef du sanctuaire.

Après Choueir, on gagne le village-carrefour de Douar, d'où l'on peut rejoindre l'itinéraire B. Douar connut aussi de violents combats durant la guerre. Les dernières années du conflit, Douar marquait la limite du réduit contrôlé par les troupes du général Aoun.

Quelques kilomètres seulement séparent Douar de **Bikfaiya**. La ville est avant tout connue pour être le berceau des **Gemayel**, une grande famille maronite* dont le destin est lié à celui du Liban depuis les années 1930. C'est en

Fakra, colonnes romaines

effet à cette époque que *cheikh** Pierre Gemayel fonda la milice des *Kataëb** (la « Phalange »), calquée sur celle de la dictature espagnole. Il devait par la suite participer au gouvernement du général Fouad Chehab (1959), où il cumulait plusieurs portefeuilles. Son fils aîné Béchir, surnommé *el-Anid* (« le têtu ») par ses propres partisans, devint chef militaire des *Kataëb** en 1976, mais surtout président de la République en août 1982. Assassiné moins d'un mois plus tard, c'est son frère Amine qui lui succéda. Toute entière entre les mains des Gemayel, la ville a érigé une statue (plusieurs fois vandalisée) en l'honneur du « patriarche » Pierre, tandis qu'un autre monument commémore les « martyrs », les combattants morts pour la « cause chrétienne » !

Au carrefour de Bolonia, l'itinéraire B passe par **Mteïn** (1080 m), qui conserve quelques belles demeures des XVIIIe et XIXe siècles, puis monte jusqu'à **Hammana**, à 1180 m d'altitude. C'est une station estivale recherchée, réputée pour ses **sources** et ses **cascades** (le Nahr el-Metn). Durant son séjour au Liban, Lamartine fit une excursion jusqu'à la vallée de Hammana, « un des plus beaux coups d'œil qu'il soit donné à l'homme de jeter sur l'œuvre de Dieu ». Les ravins, les cascades, la vapeur d'eau et la brume ; tout est en place pour « saisir le voyageur » : « C'était une scène de l'Enfer de Dante, réalisée à l'œil dans un des plus terribles cercles que son imagination eût pu inventer. »

En reprenant la route en sens inverse, 1,5 km après Qornayel, un embranchement sur la gauche, part en direction de Salima. L'**ancien palais** est là pour témoigner qu'au siècle dernier **Salima** fut l'une des résidences des émirs Abillama, qui donnèrent deux *kâymakâm** au Liban : Haïdar en 1842 et Béchir Ahmed en 1854. Le voyageur Charles Reynaud nota de son côté qu'on y produisait du « vin d'or », très proche du madère. En continuant sur Aarbaniyeh, on franchit le Nahr Salima et la route en lacet mène à **Baabdat**, une station estivale à 850 m d'altitude.

On arrive enfin à **Broummana**, l'une des stations les plus fameuses de la montagne libanaise, avec ses hôtels, ses restaurants, ses boîtes de nuit et ses salles de jeux. En 1990, Broummana se situait en plein *fief* aouniste. Moins de 15 jours après la reddition du général, les restaurants affichaient complet ! Comme quoi les Libanais n'avaient finalement considéré sa *révolution nationale* que comme une péripétie. Situé à 1,5 kilomètre au nord de Broummana, le **couvent de Mar Chaaya**, fondé en 1700, est le plus ancien établissement au Liban des *Antonins*, un ordre de chanoines né en France au XIe siècle.

De Broummana, on peut regagner le littoral par Roumié et Jdaïdeh, ou bien continuer sur Beit Méri et redescendre sur Beyrouth par le quartier de Borj Hammoud.

LE KESROUAN ET LA RÉGION DE JBEIL

Communément appelée *Marounistan*, l'ancienne province féodale du Kesrouan est partie intégrante du «pays chrétien». Au XVIIe siècle, c'était la seule région où les chrétiens étaient en position de force, même si les *cheikh** druzes* en restaient les maîtres (ce fut l'émir Fakhr ed-Dîne qui introduisit le système féodal druze* au Nord-Liban). Non seulement les grandes familles maronites*, les Hobeish et les Khazen notamment, étaient associées aux druzes*, mais elles furent même leurs alliées lorsqu'il s'est agi, en 1840, de résister à la tutelle égyptienne de Mohammed Ali. Gérard de Nerval notait à ce propos que «la grande force des Maronites est dans la province du Kesrouan, située derrière Djebail et Tripoli». Dans les années 1858-60, les révoltes des paysans maronites* contre leurs *cheikh** féodaux dégénérèrent rapidement en affrontements communautaires. Dans le Chouf, les massacres eurent pour conséquence de «débarrasser»le *kâymakâ** druze* des chrétiens. Il fallut l'intervention des troupes françaises pour empêcher que ce scénario ne se reproduisît au Kesrouan. Par la suite, le canton devait définitivement passer sous l'autorité maronite*.

BYBLOS *(Jbeil, Gebal)*

A une dizaine de kilomètre de Jounieh, le gros bourg maronite* de **Ghâzir** fut le lieu de résidence de la famille féodale des Hobeish. C'est là, «à une heure de cheval des fouilles de Gebeil» (Barrès), que Gérard de Nerval écrivit la *Vie de*

Touristes et casques bleus de la FINUL dans le théâtre romain de Byblos

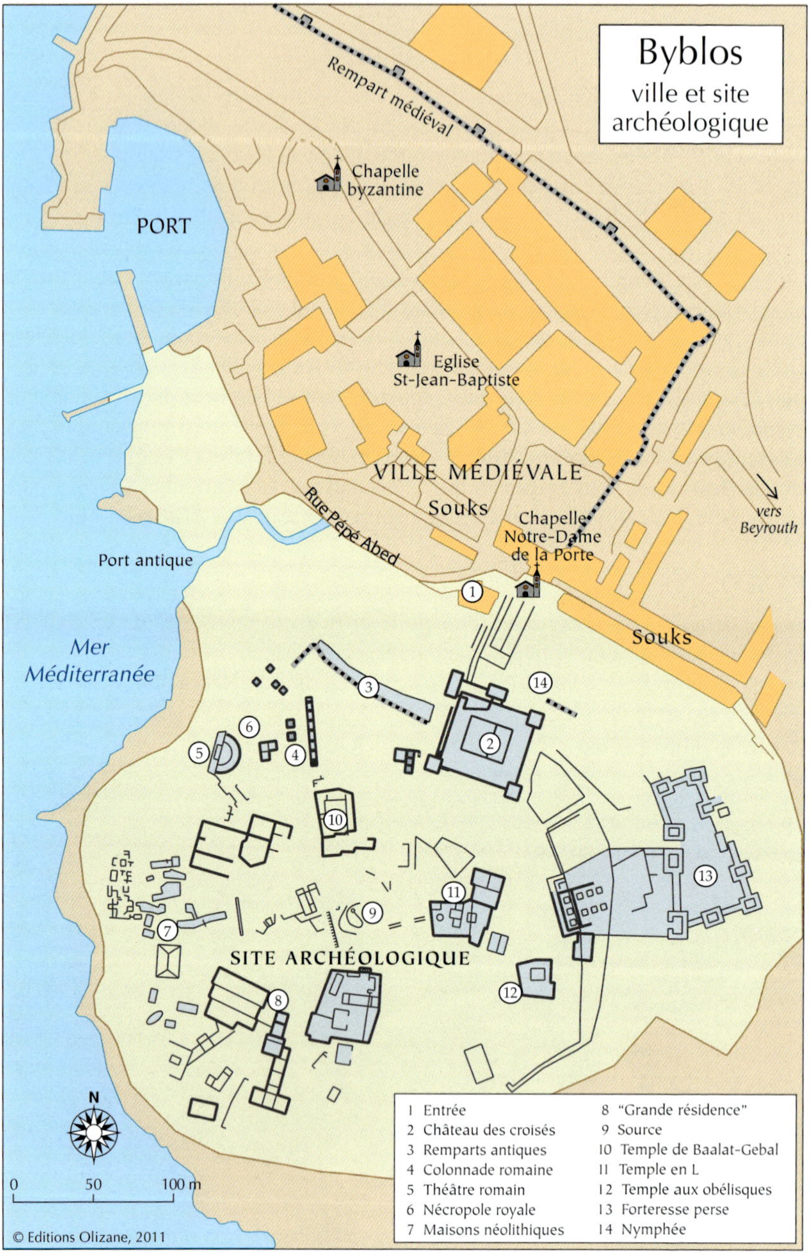
Byblos
ville et site archéologique
Rempart médiéval
Chapelle byzantine
PORT
Eglise St-Jean-Baptiste
VILLE MÉDIÉVALE
Souks
Rue Pépé Abed
Chapelle Notre-Dame de la Porte
vers Beyrouth
Port antique
Souks
Mer Méditerranée
SITE ARCHÉOLOGIQUE
N
0
50
100 m
1 Entrée
2 Château des croisés
3 Remparts antiques
4 Colonnade romaine
5 Théâtre romain
6 Nécropole royale
7 Maisons néolithiques
8 "Grande résidence"
9 Source
10 Temple de Baalat-Gebal
11 Temple en L
12 Temple aux obélisques
13 Forteresse perse
14 Nymphée
© Editions Olizane, 2011

Jésus, le premier volume de son *Histoire des origines du christianisme* (1863-1883). A l'époque, Ghazir comptait 6000 habitants et cinq églises. A noter qu'on y produit depuis 1930 un vin fameux, le *Château Musar*. Dix kilomètres plus loin, à une altitude 800 m, le village de **Ghiné** renferme les **vestiges d'un temple** transformé en église (amas de ruines difficiles à localiser). A quelque distance, au milieu des vignes, un **gros rocher** porte un bas-relief interprété par Renan comme le combat légendaire d'Adonis contre un sanglier (Barrès pour sa part a cru distinguer un ours...).

L'itinéraire gagne ensuite la ville de Jbeil (à 38 km de Beyrouth). C'est la **Byblos** des Anciens, la *Giblet* des croisés, un site classé *patrimoine de l'humanité* par l'Unesco en 1984. On en parle comme de «la plus vieille cité du monde» (on est certain qu'il existait déjà un site urbain au Néolithique, il y a 7000 ans), titre prestigieux revendiqué par d'autres villes, notamment Jéricho. La Bible, qui a donné son nom à la cité phénicienne de *Gebal* – les marchands y faisaient commerce du papyrus (*bublos* en grec) –, parle des *Giblites* comme de charpentiers réputés: ils réparaient les bateaux et auraient façonné les poutres du Temple de Salomon. Cette communauté primitive occupait un tertre en bord de mer, qu'elle aménagea avec toutes les innovations urbaines de l'époque: des maisons à étages, un système d'écoulement des eaux, des remparts.

Le IIIe millénaire fut pour la cité celui de «l'âge d'or», illustré notamment par des relations privilégiées avec l'Egypte. Byblos se couvrit alors de temples, où l'on honorait pêle-mêle divinités phéniciennes et égyptiennes. Lorsque le protectorat égyptien déclina, au XIIe siècle av. J.-C., la cité dut affronter les prétentions de Tyr et reconnaître sa suprématie. Ce qui ne l'empêcha toutefois pas de diffuser une invention qui allait révolutionner le «vieux monde»: **l'alphabet** (conservé au Musée national, le sarcophage d'Ahiram porte gravées les fameuses *19 lettres*, la plus ancienne forme d'alphabet connue – voir plus loin). Le dernier millénaire fut celui d'un déclin lent mais inexorable. Cependant, Byblos se fit encore longtemps remarquer par la ferveur et le retentissement de ses cultes, celui d'Adonis en particulier. L'épisode croisé (1104-1187, puis entre 1199 et 1266) lui permit de renouer avec le commerce et l'opulence. Emportée par le sultan Baïbars, elle retomba dans l'oubli et s'enferma dans l'existence tranquille d'un petit port de pêche (même pendant la guerre, Jbeil connut une relative quiétude).

Commencées au XIXe siècle par Renan, ce sont les fouilles menées par les archéologues français Pierre Montet et Maurice Dunand qui ont fait resurgir un passé vieux de 7000 ans. L'**acropole antique** se trouve derrière le **Château des croisés**, qu'il faut donc traverser pour se rendre sur le site (entrée payante, tous les jours de 8 h 30 au coucher du soleil). La richesse du lieu tient au fait que la sédimentation chronologique s'étage sur sept millénaires. Ainsi, sur plus de 10 ha se côtoient habitats néolithiques, maisons de l'âge du bronze, tombeaux phéniciens, théâtre et colonnades romains, le tout jouxtant la ville médiévale.

Dans le cadre du projet *Byblos 2002* (mise en valeur du site archéologique), des panneaux ont été installés à intervalles réguliers et permettent au visiteur de se familiariser avec un site archéologique remarquable, mais parfois difficile à comprendre.

Par ordre chronologique, les principales curiosités sont d'abord les **maisons néolithiques**, simples cabanes sur assises empierrées, entre lesquelles étaient enterrés les morts placés dans des jarres. A ces cabanes succédèrent des **maisons aux murs de pierre**, de la période dite *préurbaine* (fin du IVe millénaire). Sont apparus ensuite des édifices plus sophistiqués, comme le **temple de Baalat-Gebal** (Astarté), réutilisé jusqu'à l'époque romaine, le **temple en L**, détruit par le feu vers 2150, ainsi que la «**grande résidence**», vaste et luxueuse maison datée de la seconde moitié du IIIe millénaire. On remarquera aussi les neuf **tombes royales**, d'où fut exhumé le mobilier funéraire ayant échappé au pillage, notamment le fameux **sarcophage d'Ahiram**, daté du XIIe siècle av. J.-C. et transporté au Musée national (d'autres sarcophages sont visibles *in situ*). Notons enfin les vestiges des **remparts antiques** (26 m d'épaisseur !), datant du début du IIIe millénaire puis sans cesse réaménagés pendant 2000 ans, ainsi que le **théâtre romain**, déplacé par les archéologues pour fouiller son emplacement initial.

Jbeil, c'est aussi une **ville médiévale** qui mérite le détour. Construit au XIIe siècle, le **Château des croisés** est particulièrement bien conservé, notamment le **donjon** (la seule tour qui ne soit pas d'angle), bâti avec des matériaux de réemploi, de grosses pierres et des colonnes. Un **musée** fort intéressant a été aménagé, retraçant plusieurs milliers d'années d'occupation du lieu, de la Préhistoire au Moyen Age.

20 000 LIEUX SOUS LES MERS

A Byblos, le *Fishing Club* c'est bien plus qu'un restaurant: une véritable institution. Ouvert depuis soixante ans, c'est son propriétaire, *Pépé Abed*, un Libanais pur jus mort en 2006 à l'âge de quatre-vingt-quinze ans, qui lui a fait sa renommée.

Né Youssef Gergi Abed dans le quartier chrétien de Rmeil, à Beyrouth, ce personnage haut en couleur a incarné pendant des décennies la vitalité et la mémoire d'un Liban insouciant. Ici les stars se sont succédé, de Brigitte Bardot à Marlon Brando, en passant par Julien Clerc. Amateur de jolies femmes et d'archéologie, *Pépé*, comme on l'appelait familièrement, a collectionné les aventures mais aussi les objets archéologiques, amphores, pierres et statues remontées des fonds marins. Une collection exposée sur place dans une cave-musée.

L'église Saint-Jean-Baptiste, à Byblos

A voir aussi l'**église Saint-Jean-Baptiste** toute proche, un édifice romain qui fut la cathédrale de *Giblet* (elle possède un beau **baptistère** adossé à son flanc nord).

Le **port** enfin, auquel on accède côté sud par une ruelle en pente (rue *Pépé Abed*), s'alanguit autour d'un bassin irrémédiablement calme et d'un paysage préservé (ils paraissent bien loin, les navires phéniciens chargés de ce bois de cèdre dont les *Giblites* faisaient commerce). L'endroit se prête évidemment à la flânerie. Plusieurs restaurants installés dans les vieilles maisons offrent des terrasses ombragées, particulièrement bienvenues en été ! A prix sensiblement égal, on choisira le *Byblos Fishing Club*. Au sud du port, sous le tertre archéologique, une petite crique offre un espace de promenade sympathique. On évitera toutefois de s'y baigner, pour cause de pollution aux hydrocarbures (un souvenir de la gigantesque marée noire de 2006 déclenchée par les bombardements israéliens ?).

Avant de quitter Jbeil, on fera un tour aux **souks** superbement restaurés. Au milieu de la bimbeloterie touristique, on pourra dénicher une réédition de l'ouvrage de Maurice Dunand, *Fouilles de Byblos*, publié en 1940, ainsi que des reproductions d'objets archéologiques de belle facture. On évitera par contre d'acheter des poissons fossiles. Il faut savoir en effet que leur « récolte » entraîne le saccage irrémédiable des sites géologiques. Quant aux « antiquités », il y a de fortes chances que ce soient des fausses !

L'ARRIÈRE-PAYS

■ LAQLOÛQ, ARZ TANNOURINE, AAQOURA, AFQA, YANOUH, MACHNAQA

De Jbeil, on emprunte la petite route en direction de Laqloûq. A 4,5 km, on parvient au village de **Blat**, dont l'église fut bâtie avec des débris d'un temple du Ier siècle apr. J.-C. La route continue vers l'est, passe à Qattine, Ehmej, Mkada (Jabal el-Qaraqif) et arrive à Arab el-Laqloûq. Trois kilomètres au nord, l'importante station de sports d'hiver de **Laqloûq** (1750 m) permet d'atteindre les champs de neige situés à plus de 2100 m d'altitude. De la station, la route mène au massif d'**Arz Tannourine** et aux cèdres (*arz* en arabe). On continuera au sud sur Aaqoura (5 km), Majdel (10 km) et Afqa (15 km).

Le village d'**Aaqoura** a été bâti au pied d'une falaise impressionnante, dans laquelle fut aménagée une **nécropole rupestre**, sans doute à l'époque romaine (sarcophages taillés dans la roche), puis transformée en église. Toutefois, la grande curiosité de cette promenade dans la montagne c'est la grotte d'**Afqa**. C'est là en effet, à la source du Nahr Ibrahim, qu'a pris naissance le mythe d'**Adonis**, le nom ancien du fleuve. D'une beauté exceptionnelle, l'éphèbe, dit-on, fit chavirer les sens de Perséphone, la reine des Enfers, mais aussi d'Aphrodite. «Confié» à l'une et à l'autre par Zeus selon un calendrier très strict, Adonis s'attira la colère d'un amant jaloux, qui lui envoya un sanglier. Mortellement blessé par l'animal, le jeune homme fut soigné par Aphrodite près d'une grotte, le temps d'une dernière étreinte. Le sang d'Adonis se changea alors en anémone, la première et éphémère fleur du printemps... Ce mythe très «transparent» représente à l'évidence le cycle des saisons, la «mort» et la «renaissance» de la nature.

Le site d'Afqa est tout à fait impressionnant. L'immense caverne s'ouvre sur le flanc d'une falaise à près de 200 m de hauteur (accès assez aisé, sur la droite), d'où s'échappe un torrent. On se doute de l'excitation qui s'emparait jadis des voyageurs lorsque, après plus de sept heures de progression depuis Byblos, ils parvenaient enfin à leur but: «Quel émerveillement grandiose! C'est un lieu religieux. Tout invite au silence et à la vénération. On se meut ici dans une pensée grandiose et de qualité héroïque. La présence de la divinité est certaine.» (Barrès) On n'est pas obligé d'en faire autant. Pourtant, il est difficile devant un tel spectacle de ne pas avoir du vague à l'âme... De l'autre côté de la route, on devine un amas de ruines, celles d'un temple fameux dans l'Antiquité, dédié évidemment à Aphrodite (on y célébrait, paraît-il, un culte «licencieux»).

A quelque distance d'Afqa, le Jabal el-Mnaïtra fut à l'époque des croisades un fief dépendant de Tripoli (*Moinestre*). En repartant sur Majdel, on regagne la route de Qartaba (à gauche), gros village à 1150 m d'altitude, où des saisonnières du Sud viennent ramasser les pommes en septembre. Avant d'arriver à

Qartaba, toutefois, il faut prendre le temps de s'arrêter à **Yanouh**, village qui renferme les ruines d'un **sanctuaire** antique. Occupés à l'époque hellénistique (un petit édifice datant de cette période a été mis au jour), les vestiges du **temple** datent néanmoins de l'époque romaine (IIe siècle). Il subsiste une partie des murs de la *cella**, ainsi que la niche, au fond, dans laquelle prenait place la statue (l'estrade de l'*adyton** a par contre disparu). Au Ve siècle, une **basilique byzantine** fut érigée le long du mur nord du *téménos**.

Une dizaine de kilomètres après Qartaba, en longeant la vallée du fleuve Adonis, on parvient à **Machnaqa**. A quelques centaines de mètres du village, sur le plateau du Chir el-Meidân, on a restauré un **ancien sanctuaire d'Adonis** datant du début de l'ère chrétienne. L'autel monumental en est la pièce maîtresse, entouré des colonnes du temple proprement dit et d'une large enceinte d'une centaine de mètres sur cinquante. De Machnaqa, la route suit l'escarpement de la vallée jusqu'à la côte (15 km environ).

LA ROUTE VERS BATROÛN

■ AAMCHIT, MAAD, SMAR JBEIL, KFAR AABÉIDA, EDDÉ, BATROÛN, MSEILHA, KOUBBA, RACHANA

En repartant de Jbeil par l'autoroute côtière, puis en la quittant sur la droite, on parvient au village d'**Aamchit** (2 km), connu pour abriter la sépulture de la sœur d'Ernest Renan, morte du paludisme en septembre 1861 (bien qu'extrêmement rare, le paludisme existe au Liban et concerne environ une cinquantaine de cas par an). Après Aamchit, on reprend l'autoroute, que l'on quitte à nouveau sur la droite pour se rendre à **Maad** (12 km). L'**église** du village a été bâtie au XIe siècle sur les ruines d'un temple romain consacré à Jupiter, dont de nombreux éléments ont été réemployés. L'intérieur conserve quelques beaux exemples de **fresques byzantines** (pour les amateurs, on signalera aussi la petite église médiévale d'Elije, près de Maïfouq, à une dizaine de kilomètres à l'est). A 5 km, **Smar Jbeil** mérite une mention pour son **église Mar Nohra**, un saint (*mar*) d'origine persane martyrisé à Batroûn à la fin du IIe siècle, et pour les restes d'un château médiéval.

En arrivant à proximité de Batroûn, on ira voir l'intéressant site de **Fadous-Kfar Aabéida**, joliment situé sur le rivage à environ 2 km au sud. Il s'agit d'un *tell** archéologique découvert en 2004 ; une petite **ville de l'âge du bronze ancien** (vers 2750 av. J.-C.) dont les maisons carrées étaient construites en pierre. Les archéologues de l'AUB y ont aussi mis au jour un rempart. On pourra enfin s'arrêter au village montagnard d'**Eddé**, dont l'**église Mar Saba** a elle aussi été construite sur l'emplacement d'un temple antique (fresques byzantines).

Cet itinéraire se termine par **Batroûn**, *Batrouna* pour les Phéniciens, *Botrys* pour les Romains. Après la visite de Tyr et de Byblos, on sera immanquablement déçu par la rareté des vestiges antiques, qui se résument à quelques gradins du **théâtre romain** (au nord-est de la ville). La **vieille ville** (restaurée) n'en mérite pas moins le détour, ne serait-ce que pour ses maisons médiévales, son vieux **souk** à l'activité réduite et ses églises.

Dans les environs proches, on ira voir l'intéressant **château de Mseilha** (à 3,5 km), mis en péril par l'exploitation excessive de carrières de pierre. Daté des XIIIe-XIVe siècles, on ne sait à qui en attribuer la construction, les croisés ou les Arabes. Et puis il y a le village de **Koubba**, au nord, qui abrite une **petite église** (Saint-Sauveur) du XIIe siècle. Enfin, on mentionnera la localité de **Rachana**, entre Maad et Smar Jbeil, où les frères **Alfred et Joseph Basbous**, sculpteurs, possèdent leur atelier et exposent leurs œuvres en plein air (voir aussi p. 31, « Art & Architecture ».

DE BATROÛN À TRIPOLI

■ RAS ECH-CHEKKA, ENFÉ, EL-QALAMOUN, ABBAYE DE BELMONT

Cet itinéraire exclusivement littoral est la suite logique du précédent, l'autoroute côtière menant à la grande ville sunnite* de Tripoli. En partant de Batroûn, on gagne rapidement **Ras ech-Chekka**, l'antique *Théouprosôpon* (« la face de Dieu »). Habité depuis la Préhistoire, le lieu a livré des objets du Paléolithique moyen (vers 500 000 ans), retrouvés dans une carrière au-dessus des cimenteries. La route passe à Chekka (15 km) et rejoint **Enfé** (3 km). A l'époque des croisades, *Néphin* possédait un **château** remarquablement situé sur une presqu'île au nord du bourg. Un très large fossé de 100 m sur 30 m isolait la citadelle (dont il ne reste que quelques ruines) du continent. Comme à Saïda et Tyr, les réalisations immobilières et touristiques contribuent à défigurer le lieu.

A sept kilomètres au nord, on passe à **el-Qalamoun**, un petit village d'où l'on peut gagner à pied la ***grotte de Marina***, un sanctuaire rupestre qui conserve des peintures byzantines. Le long de l'autoroute, on remarquera des **marais salants**, écosystème fragile toujours à la merci de projets immobiliers délirants.

A 3,5 km d'el-Qalamoun, l'**abbaye de Belmont** (Deïr Balamend) est un crochet obligé. Fondée par les cisterciens en 1157 (achevée en 1169), elle passa aux orthodoxes après la chute des royaumes latins (1289). Malgré les remaniements, on retrouve la sobriété des cisterciens, mariée avec plus ou moins de bonheur aux ajouts postérieurs. Le clocher, du XIIIe siècle, est l'un des rares à n'avoir pas été détruits par les musulmans. L'église, la salle capitulaire (très remaniée) et le cloître (agrémenté d'une balustrade baroque) sont d'origine. Plusieurs autres bâtiments, dont la cuisine, datent du XIIIe siècle. On signalera pour les amateurs une riche collection d'icônes des XVIIIe et XIXe siècles. Aujourd'hui, Balamend abrite une université.

Dans le Khan el-Kayyâtin, Tripoli

TRIPOLI ET LA VALLÉE DE LA QADICHA

On arrive enfin à Tripoli, la deuxième ville du pays (près de 200 000 habitants, très majoritairement de confession sunnite*), qui s'est développée dans une étroite plaine littorale très fertile. *Tripolis*, *Tarabolos*, *Trablous*: elle est la «ville triple», un nom qui lui vient des trois cités-Etats qui formaient la *confédération phénicienne*, Sidon, Tyr et Arados (Arwad, en Syrie), dont les populations vivaient là dans trois quartiers distincts.

La rareté des vestiges et des sources littéraires laisse penser que Tripoli fut, dans l'Antiquité, une cité mineure. Par contre, les Arabes en firent tout à la fois une place militaire, une ville de commerce dynamique et un centre culturel renommé. Détruite puis reconstruite lors des croisades, Tripoli connut ensuite une période de stabilité et de prospérité. Elle bénéficia de la liaison maritime régulière avec l'Italie, inaugurée l'année même de sa conquête, en 1109, qui dynamisa ses échanges (son artisanat, notamment le tissage et la verrerie, était réputé). Dynamisme culturel aussi, dont témoignent alors les innombrables établissements religieux et les écoles de philosophie et de médecine. Pendant près de deux siècles de présence latine, le comté de Tripoli fut l'un des Etats latins d'Orient les plus prospères. Les poètes de toutes confessions ont d'ailleurs célébré sa richesse et son art de vivre. Tombée aux mains des mamelouks* en 1289, qui la livrèrent aux massacres et aux pillages, elle devait par la suite (1516) revenir aux Ottomans, qui n'oublièrent pas le long épisode croisé et en facilitèrent l'accès aux marchands européens. Elle accueillit aussi des juifs chassés d'Espagne par la *Reconquista* et le vent d'antisémitisme qui soufflait sur l'ancien califat.

A la fin du XVIe siècle, le port de Tripoli était l'un des plus fréquentés du Levant. Les livres de comptes nous ont laissé des listes impressionnantes de produits emportés par les Français et les Vénitiens: des épices, du coton, des soieries, des *drogues* (plantes, épices et produits pharmaceutiques). La ville était alors très appréciée des voyageurs, qui mentionnent notamment cette curiosité que constituent les marchands d'*eau de neige* (morceaux de glace et sorbets), que l'on trouvait ici toute l'année.

Dans les années 1950-60 la ville s'industrialisa et connut un développement identique à celui de Beyrouth. Une raffinerie fut notamment construite au terminal pétrolier de l'IPC (*Irak Petroleum Company*) à el-Beddaoui. Entre 1968 et 1974, l'architecte brésilien Oscar Niemeyer réalisa la *Foire internationale de Tripoli* (rebaptisée *Rachid Karamé*), un complexe dominé par un immense bâtiment ovale, qui n'a toutefois pas eu le temps de remplir sa fonction. Comme à

Vente de pain dans une rue de Tripoli

Beyrouth, l'urbanisation a tendance à se développer un peu anarchiquement, même si l'on n'en est pas (encore ?) au même stade.

Ici comme dans le reste du Liban, ce sont les *clans* qui dominent la vie politique, sociale et économique. La plus puissante famille de la région est celle des Karamé, qui donna au pays un premier ministre, Rachid, assassiné en 1987. La guerre n'a pas épargné la capitale du Nord-Liban. Elle eut principalement à souffrir des affrontements entre groupes palestiniens rivaux et de la politique musclée de Damas. Un « ordre syrien » qui s'est imposé par la violence, notamment lorsque la ville fut assiégée et bombardée en décembre 1983, afin d'en chasser le *Fatah*, la principale composante politique de l'OLP* (le centre-ville subit alors des destructions considérables). Et puis les sunnites* ont aussi leurs intégristes. A Tripoli, ce fut le *Tawhid*, fondé en 1982 par Saïd Chaabane, qui s'imposa. Une violence toujours prompte à redémarrer, comme ce fut le cas en 2007, lorsque l'armée libanaise affronta des miliciens islamistes palestiniens dans le camp de Nahr el-Bared.

Une visite nonchalante de Tripoli peut prendre toute une journée. Un coup d'œil au plan, et l'on comprend aisément que la visite se déroule en deux étapes : la **vieille ville**, sachant que la citadelle (château Saint-Gilles ou *Qalaat Sanjil*) est une « ville dans la ville » ; **el-Mina** et ses environs. La rue Abdul Hamid Karamé et sa tour de l'horloge peuvent constituer un point de repère et de départ (le petit jardin *César Naufal* offre l'occasion d'une halte dans une ville trépidante et bruyante).

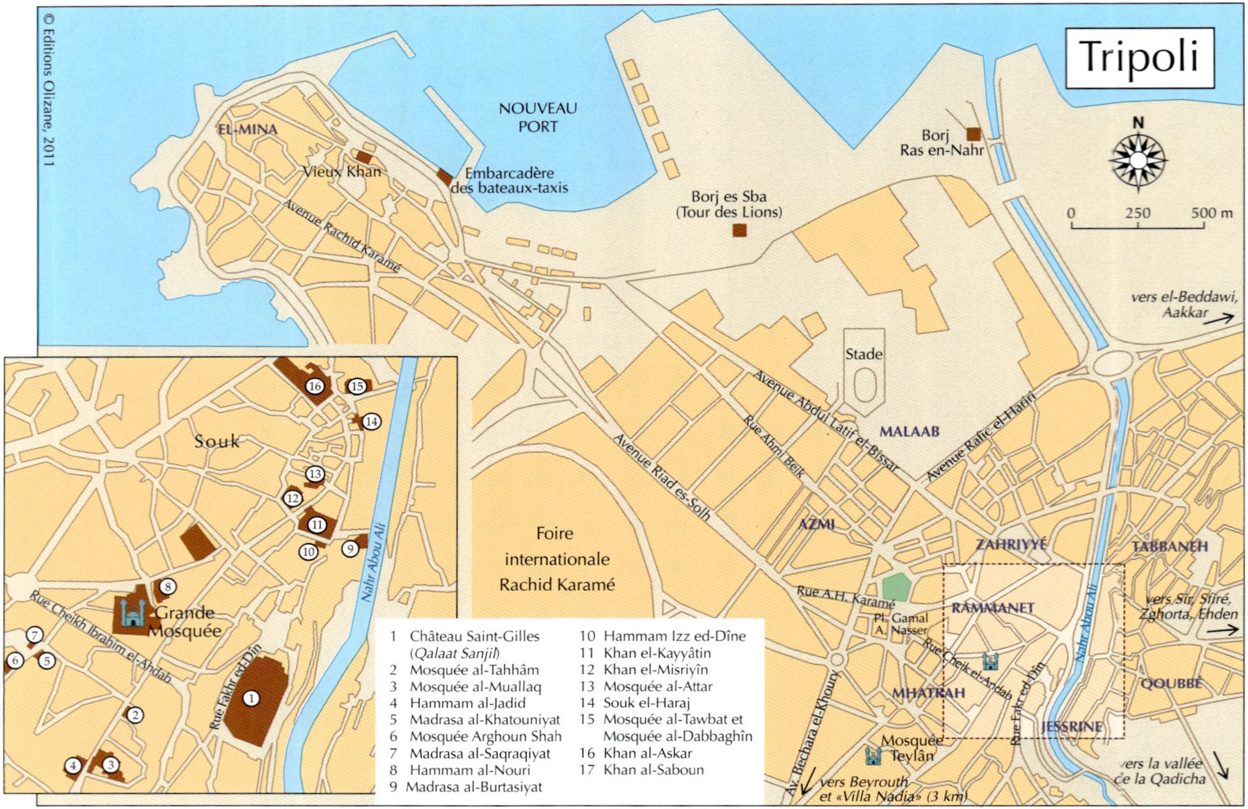
Tripoli
N
0 250 500 m
NOUVEAU PORT
EL-MINA
Vieux Khan
Embarcadère des bateaux-taxis
Avenue Rachid Karamé
Borj es Sba (Tour des Lions)
Borj Ras en-Nahr
Stade
MALAAB
Avenue Abdul Latif el-Bissar
Avenue Rafic el-Hariri
Rue Ahmi Beik
Avenue Riad es-Solh
AZMI
ZAHRIYYÉ
TABBANEH
RAMMANET
QOUBBÉ
MHATRAH
JESSRINE
Nahr Abou Ali
Rue A.H. Karamé
Pl. Gamal A. Nasser
Rue Cheik el-Andab
Rue Fakr ed-Dîn
Mosquée Teylân
Av. Bechara el-Khoury
vers el-Beddawi, Aakkar
vers Sir, Sfiré, Zghorta, Ehden
vers la vallée de la Qadicha
vers Beyrouth et «Villa Nadia» (3 km)
Foire internationale Rachid Karamé
Souk
Grande Mosquée
Rue Cheikh Ibrahim el-Ahdab
Rue Fakhr ed-Dîn
Nahr Abou Ali
1 Château Saint-Gilles (Qalaat Sanjil)
2 Mosquée al-Tahhâm
3 Mosquée al-Muallaq
4 Hammam al-Jadid
5 Madrasa al-Khatouniyat
6 Mosquée Arghoun Shah
7 Madrasa al-Saqraqiyat
8 Hammam al-Nouri
9 Madrasa al-Burtasiyat
10 Hammam Izz ed-Dîne
11 Khan el-Kayyâtin
12 Khan el-Misriyîn
13 Mosquée al-Attar
14 Souk el-Haraj
15 Mosquée al-Tawbat et Mosquée al-Dabbaghîn
16 Khan al-Askar
17 Khan al-Saboun
© Editions Olizane, 2011

LA VIEILLE VILLE DE TRIPOLI

On fera d'emblée un sort à la **Grande Mosquée**, construction monumentale qui déçoit par ses lignes et sa décoration. Bâtie à la fin du XIIIe siècle, elle a intégré des éléments d'architecture franque (l'ancienne cathédrale Sainte-Marie, du XIIe siècle), notamment le clocher transformé tout naturellement en minaret. A l'intérieur même de la mosquée, on notera la présence de deux *madrasa**, al-Shamsiyat et al-Macilhad, édifiées au XIVe siècle. Une troisième (al-Qartawiya) fut élevée à l'extérieur contre le flanc est, par l'émir Qaratay, *wali* (gouverneur) de Tripoli entre 1316 et 1326. De l'autre côté de la rue, quatre autres ***madrasa**** (al-Nouriyat, de l'émir Nûr ed-Dîne, qui a reconquis sur les Francs le comté d'Edesse en 1144, al-Malek al-Nasir, al-Khariyat Hassan et al-Tuwashiyat) rappellent le rôle important dévolu aux écoles religieuses dans le développement et l'affirmation de l'orthodoxie musulmane. Toujours à proximité de la Grande Mosquée, le **hammam al-Nouri**, achevé en 1333, mérite une mention particulière pour les dimensions inhabituelles de la salle chaude. Ce hammam est malheureusement abandonné et attend sa restauration.

En s'enfonçant dans la vieille ville par les ruelles au nord-est, on gagne le **quartier des souks**. Le **souk des Bijoutiers** a conservé le nom d'une corporation prospère. On y trouve cependant de tout, de l'orfèvrerie bien sûr, mais aussi tout ce que recèlent les bazars orientaux. Juste à côté, le **Khan al-Saboun**, construit au début du XVIIe siècle, fait référence à l'une des vieilles industries locales, la fabrication du *savon* à l'huile d'olive. Dans les environs immédiats du souk des Bijoutiers se trouvent **deux mosquées**, Abd el-Wahed, avec un minaret polygonal, et al-Uwaysiyat, avec un minaret rond d'époque ottomane. On retrouve ici l'atmosphère des souks d'Istanbul, qui renferment des mosquées de taille modeste. En approchant du Nahr Abou Ali, on parvient à l'un des ensembles architecturaux les plus originaux de Tripoli, le **Khan el-Kayyâtin** («des tailleurs»). Bâti dans la première moitié du XIVe siècle (et restauré juste avant guerre), il s'agit d'un souk monumental à demi-couvert. Accolé, le ***hammam* Izz ed-Dîne**, du nom d'un gouverneur du XIVe siècle, arbore de bien curieuses coupoles: la lumière y pénètre grâce à une multitude de culs de bouteille colorés! On remarquera aussi son portail d'entrée, construit avec des éléments d'architecture franque. En face du Khan* el-Kayyâtin, le **Khan* el-Misriyîn** («des Egyptiens»), où l'on peut se procurer du savon, date de la première moitié du XIVe siècle. Un peu à l'écart, au bord du fleuve, la ***madrasa** al-Burtasiyat** est l'un des meilleurs exemples de l'art et de l'architecture mamelouks*. Datée du début du XIVe siècle, elle impressionne par sa sobriété et la qualité de sa réalisation. L'intérieur permet d'apprécier l'élévation de la coupole et la marqueterie de pierre de son *mihrab* (la niche indiquant la direction de La Mecque). Au dehors, on aura un regard désolé pour le lit du Nahr Abou Ali, bétonné et encombré de détritus. Quand on sait qu'ici viennent mourir les eaux tumultueuses et fraîches de la Qadicha, la «vallée sainte», on se dit que le Liban a perdu son âme dans la guerre, et l'a noyée... dans le béton. En remontant vers le **quartier de Zahriyyé**, après avoir passé la **mosquée al-Attar** («du Parfumeur», 1350) et le vieux **souk el-Haraj**, peut être contemporain des croisades, on parvient à un ensemble constitué de **deux mosquées** – **al-Tawbat** («du repentir», bâtie en 1612) et **al-Dabbaghîn** («des Tanneurs», du milieu du XVe siècle) – et du **Khan* el-Askar** («des Soldats»), une ancienne caserne construite au XIVe siècle.

En revenant au point de départ, on peut gagner la ville moyenne, au sud de la Grande Mosquée, et aller jeter un œil à **trois mosquées**: **al-Tahhâm**, construite vers 1600, au minaret richement sculpté; **al-Muallaq** («la Suspendue», construite au-dessus d'un passage voutée), du milieu du XVIe siècle; **Arghoun Shah**, du milieu du XVe siècle. A voir aussi le **hammam al-Jadid** (1740) et les ***madrasa** al-Khatouniyat** et **al-Saqraqiyat**, situées des deux côtés d'une petite rue, de style typiquement mamelouk*. Restera à visiter dans cette partie de Tripoli le **château Saint-Gilles** (*Qalaat Sanjil*), bâti sur un promontoire qui domine la ville, le *mont Pèlerin* (on y accède par une rampe assez raide). Il s'agit de l'une des forteresses les mieux conservées du Liban. Elle fut construite pendant le siège de la ville par le comte de Toulouse, Raymond de Saint-Gilles (*Sanjil*), qui y mourut en 1105, quatre ans avant la fin du siège! Réutilisée et profondément remaniée par la suite (transformée en prison par les Ottomans), ses derniers occupants furent les soldats syriens, qui profitèrent avantageusement de sa situation. L'intérieur se résume à un dédale de ruelles, de

VILLA NADIA

Comme pour le *Byblos Fishing Club* de Jbeil, ce petit aparté n'a pas pour but de faire la promotion d'un restaurant ou d'un hôtel. On peut en effet se rendre au *Château des Oliviers* (plus connu à Tripoli sous le nom de *Villa Nadia*) sans être client. On y va pour rendre visite (on aurait presque envie de dire «rendre hommage») à la *sitt* du lieu (la «Dame»), la délicieuse Nadia. Pour y accéder, il faut emprunter la route Haykalieh en direction de l'hôpital Haykal. Ici, dans ce qui fut d'abord une maison et un refuge avant de devenir un hôtel de charme, Nadia a mis à l'abri un patrimoine exceptionnel, notamment des plafonds en bois sculpté de Damas du XVe siècle... une merveille! Mais le vrai *trésor* c'est elle, cette femme extraordinaire qui personnifie l'âme libanaise, sa force, sa beauté, sa sensualité... et son entêtement! En parcourant le Livre d'or, vous remarquerez peut-être une petite phrase simple et sobre, qui lui va si bien: «le Liban est une femme...» Gageons que celui ou celle qui l'a écrite a compris beaucoup de choses au Liban... et aux femmes.

www.chateau-des-oliviers.com

petites cours et d'esplanades, qui sont le résultat des aménagements successifs. Il reste en fait assez peu de témoignages de l'époque franque, sinon dans les soubassements (non loin du château, des fouilles ont mis au jour les substructures d'une église croisée).

Avant de se rendre à el-Mina, on ira voir la **mosquée Teylân**, à la limite du quartier Abou Samra. C'est incontestablement l'un des monuments les plus intéressants de Tripoli. Elle fut construite en 1336 par l'émir Sayf ed-Dîne Teylân, gouverneur de la ville, sur les ruines de l'ancienne église des Carmes. Sa sobriété en fait un édifice remarquable, notamment les **voûtes** de la **première salle**, qui pourrait être la nef d'une église du XIIIe siècle. Un grand **portail** de style arabe du XIVe siècle la sépare de la **salle de prière** en pierre ocre. L'intérieur du **minaret** est occupé par un **double escalier** qui mène à la terrasse et aux quatre coupoles de couleur verte. Aux mains des intégristes pendant les années de plomb, elle est aujourd'hui accessible, y compris aux femmes, moyennant une tenue stricte.

El-Mina

On gagne el-Mina (« le Port ») par l'avenue Riad es-Solh, qui passe à proximité du bâtiment de la **Foire internationale** (sur la gauche). Construit au début des années 1970, il devait faire de Tripoli une place économique de dimension internationale. Les édiles et les acteurs économiques tentent aujourd'hui de le dynamiser. En arrivant sur el-Mina, **cinq colonnes** découvertes dans le port viennent rappeler que comme à Tyr, la ville antique, dont il ne reste aucun autre témoignage, se situait sur ce petit *Finisterre*. Le monument le plus singulier est sans conteste le **Borj es-Sba** (« la Tour des Lions »), à l'extrémité est du petit port. Bâtie entre 1441 et1442 sur un plan rectangulaire, elle présente une caractéristique architecturale déjà rencontrée dans maintes constructions : le renforcement de l'édifice par des **fûts de colonnes antiques** encastrés dans les murs. On peut voir une **autre tour** du même type mais plus petite, le **Borj Ras en-Nahr**, à l'embouchure du Nahr Abou Ali. On prendra aussi le temps de se promener dans le quartier du vieux port, et de remarquer les **maisons anciennes**, souvent en très mauvais état, ainsi qu'un vieux et vaste ***khan****, malheureusement très dégradé. Notons enfin que des **bateaux-taxis** emportent les touristes pour des promenades en mer, jusqu'aux petites îles qui forment un archipel en face d'el-Mina (prix à négocier).

En quittant Tripoli par le nord, on arrive à **el-Beddaoui**, siège d'un ancien **couvent de derviches** (nom donné aux musulmans soufis dans le monde turco-persan) installé dans un prieuré croisé consacré à Saint-Antoine de Padoue (*Mar Antoun Beddaoui*). Mais la localité de banlieue est surtout connue pour son terminal pétrolier et sa raffinerie (gravement endommagés par la guerre) et son camp de réfugiés palestiniens. Plus loin, le camp de Nahr el-Bared a fait parler de lui en 2007, lors d'affrontements sanglants (voir plus haut).

LA VALLÉE DE LA QADICHA ET LES CÈDRES

■ PLATEAU DE KOURA, AMIOUN, BCHARRÉ

Cet itinéraire forme une boucle, qui mène de Tripoli à la vallée de la Qadicha (*via* les cèdres) et retour. Cette vallée du Mont-Liban est célèbre autant pour sa nature puissante que pour avoir été, vers le milieu du VIIe siècle, le lieu d'enracinement de la communauté maronite*. Des maronites qui ont ensuite essaimé vers le Kesrouan, le Metn et le Chouf. Réputée pour son accès difficile et les nombreux monastères qu'elle renferme, la **Qadicha** est le cœur de la *nation* maronite*. Livrée aux rivalités féodales, elle a longtemps vécu au rythme des sanglantes vendettas, qui ne sont d'ailleurs pas sans rappeler la Corse. Si la guerre civile a pu y introduire des considérations politico-militaires, celle-ci n'a cependant rien changé à la nature de ces rivalités ancestrales, qui puisent leurs origines dans les âges obscurs du Liban féodal. Quant aux **cèdres de Bcharré**, ce sont les plus célèbres du pays.

En partant de Tripoli, on emprunte la route qui monte vers Koucha pour gagner Amioun, à une vingtaine de kilomètres (on peut aussi redescendre vers Chekka puis prendre la petite route par Kfar Hazir). Amioun se situe à la lisière du **plateau de Koura**, qui marque la limite entre la région de Tripoli, de peuplement sunnite*, et la montagne chrétienne. Habitée en majorité par des grecs-orthodoxes, la région fut pendant la guerre sous le contrôle du PSNS*, un parti autoritaire fondé en 1932 par Antoun Saadé. **Amioun** est connue pour son **église Mar Foukas** (*Saint-Phocas*), un édifice de petite taille situé au centre du village, et qui daterait de la fin du XIIe siècle. A l'intérieur on peut encore voir quelques traces de peintures byzantines (une partie de l'église s'est effondrée en 1925), notamment un épisode de la vie de saint Phocas (IIe siècle). En haut du village, la grande **église Mar Gérios** (*Saint-Georges*) a été bâtie sur l'emplacement d'un temple romain, dont elle a conservé l'assise.

D'Amioun on se dirigera vers **Bziza**, distant d'environ 5 km. C'est un village majoritairement maronite*, à la sortie duquel se trouve un petit **temple romain** bien conservé: on y voit encore les quatre colonnes du porche (sur lesquelles repose une partie de l'entablement*) ainsi que les vestiges des murs de la *cella**. De Bziza on remonte sur Kousba (alt. 500 m), à la limite du plateau de Koura et des **montagnes de la Qadicha**. En langue syriaque, la langue de la liturgie primitive des maronites*, *qadicha* signifie «sainte» (*qadosh* en hébreu). C'est là que vint s'établir la communauté au VIIe siècle, chassée de Syrie par l'expansion arabo-musulmane. D'un naturel farouche, les maronites* allaient faire de la vallée une véritable citadelle, parsemée de villages austères et truffée de monastères inaccessibles.

Pages précédentes: Les fameux cèdres du Liban

BCHARRÉ

L'itinéraire suit la route qui s'enfonce dans la vallée par Aabdine, Beit Menzer, Kaddet ej-Jebbé, Dimane (la résidence d'été du patriarche maronite*), Hasroun et Bazaaoun, jusqu'à **Bcharré**, à 1400 m d'altitude. Les croisés l'avaient baptisée *Buissera*, un fief rattaché au comté de Tripoli. Les voyageurs du passé n'auraient manqué sous aucun prétexte ce détour par les couvents et les ermitages, mais aussi par les forêts de cèdres les plus célèbres du Liban. Sur la *route des cèdres* justement, Lamartine traversa «le village de Beschieraï, dont les maisons se distinguent à peine des rochers roulés par les torrents.» Plus tard, au début du XXe siècle, certains se lamentèrent sur le sort réservé aux *cèdres maronites* (ainsi appelés pour les distinguer de ceux du Barouk, dans la montagne du Chouf), «agressés» par la fréquentation touristique!

Tombe phénicienne à Bcharré

Bcharré, c'est aussi la ville natale de **Khalil Gibran**. Si l'auteur du *Prophète* y a vu le jour en 1883, il n'y a toutefois vécu que onze ans, avant d'émigrer aux Etats-Unis (de la maison familiale, qui se trouvait au centre du village, il ne reste que quelques vestiges, au milieu desquels on a érigé un **buste** du poète). Revenu un temps au Liban, Gibran s'en prit violemment à l'aristocratie féodale et au clergé maronite*, qui ne le lui pardonnèrent pas (il fut excommunié). Parti visiter l'Europe, il quitta l'habit du *révolutionnaire* pour endosser celui du *mystique*; un mysticisme qu'il traduisit autant dans sa littérature que dans sa peinture. Mort à New-York à l'âge de 48 ans, il fut inhumé selon son vœu dans une chapelle rupestre du **couvent de Mar Sarkis** (Saint Serge), aujourd'hui transformé en **musée** abritant une importante collection de ses écrits (manuscrits et carnets de notes) et de ses œuvres picturales (plus de 500 dessins et peintures). Le musée et la sépulture se trouvent à la sortie du village (ouvert de 9 h à 17 h, sauf le lundi, entrée payante).

Plus proche de nous (mais moins poétique), on notera que Samir Geagea est aussi un «enfant de Bcharré». Celui qu'on a surnommé *al hakim* («le docteur»), en référence à son passage en fac de médecine, est devenu en 1986 le chef des Forces libanaises* et par la suite le plus déterminé des adversaires du général Aoun! Il participa à la peu glorieuse expédition d'Ehden, le premier règlement de comptes sanglant entre chrétiens (voir plus loin). Condamné à mort en 1994 pour divers crimes, sa peine fut commuée en détention à perpétuité. Il bénéficia d'une libération anticipée pour raison médicale en 2005.

LA ROUTE DES CÈDRES

■ LES SANCTUAIRES RUPESTRES, LA GROTTE DE LA QADICHA, LES CÈDRES, LE QORNET ES-SAOUDA, DEÏR QANNOUBIN, SAINT-ANTOINE DE QOZAÏYA, EHDEN, AAKRINE, ZGHORTA

De Bcharré, on gagne les nombreuses **chapelles rupestres** et **couvents** nichés dans les gorges. Creusé dans le rocher, le vieux **couvent de Mar Elichaa** (Saint-Elysée, mentionné pour la première fois au XIVe siècle) se trouve à plus d'une heure de marche, après avoir emprunté une petite route non loin du musée Gibran. A proximité, on pourra voir les chapelles rupestres de **Qadiset Chamouneh**, **Mar Bohna** et **Mar Sarkis**, un ensemble de constructions bâties à l'intérieur d'une grotte. En empruntant la route de la montagne, on rejoint la grotte de la Qadicha et les cèdres. A 3 km de Bcharré, dans un virage en face de l'hôtel L'Aiglon (stationnement), un sentier permet de se rendre en un quart d'heure à la **grotte de la Qadicha** (entrée payante). Sur une centaine de mètres, dans la fraîcheur et le vacarme des eaux tumultueuses, on longe la source jusqu'à une petite salle. A l'extérieur, la terrasse offre un très beau **panorama** sur la vallée.

En continuant la route, on parvient rapidement aux **cèdres**, à près de 2000 m d'altitude. La première impression est décevante: les «cèdres de Dieu» (*arz er-Rab*), des arbres qui seraient «millénaires», ne sont plus qu'une douzaine, tandis qu'on compte quelques centaines de cèdres plus «jeunes» (plusieurs siècles tout de même). Ce sont ces mêmes cèdres que Lamartine tenta (en vain) de joindre pendant l'hiver 1833. Au-dessus des cèdres, une **station de ski** a installé ses remontées mécaniques sur les pentes du Dahr el-Qadib, contrefort du **Qornet es-Saouda** (3088 m) dont les amateurs pourront faire l'ascension (au sommet, par temps clair, la vue porte jusqu'à Chypre, à 250 km!). La route quant à elle franchit le col d'el-Mastabé et redescend sur la Bekaa et Baalbek.

En repartant de Bcharré par la route d'Ehden, Zghorta et Tripoli, on gagne la ville de Hadchit (3,5 km), à 1320 m d'altitude, sur un éperon rocheux au-dessus de la Qadicha. De là, un sentier permet d'atteindre les nombreux **monastères** et **ermitages** qui sont installés de longue date dans la vallée. La **grotte de Deïr es-Salib** («le couvent de la Croix») est une vaste caverne aménagée et décorée de peintures byzantines. Plus bas on rejoint la **chapelle rupestre de Mar Antoun Beddaoui** (Saint-Antoine de Padoue) ainsi que la **grotte** dite **Mougharat Ahqlat es-Saïd**, creusée très haut dans la paroi. Plus loin on rencontre d'autres refuges d'ermites, les **grottes de Mar Selouan, Mar Chalitta et Mar Jourios.** Par cet itinéraire, on pourra se rendre au plus important et au plus ancien sanctuaire maronite*, fondé dit-on par l'empereur Théodose le Grand (379-395): **Deïr Qannoubin** (du grec *koinobion*, «communauté»). Au XVe siècle, les patriarches maronites* en firent leur résidence et leur demeure éternelle. Une chapelle construite à l'entrée de la grotte de Sainte-Marina renferme les cercueils de dix-huit patriarches, dont les corps ont été partiellement conservés grâce à la sécheresse du lieu (un dix-neuvième, celui de Youssef Tyan, installé dans un cercueil au couvercle de verre, repose dans une petite pièce attenante à l'église). Au XVIIe siècle, le couvent devint un grand centre spirituel et œcuménique, avant de sombrer dans l'oubli et d'être transformé... en bergerie. «Redécouvert» à l'occasion d'un renouveau de la spiritualité maronite*, il est devenu un lieu de pèlerinage.

Presse à imprimer conservée au couvent de Qozaïya

De Hadchit, la route passe à Blaouza (3 km), puis à Bane (5,5 km), d'où un sentier permet de joindre le **couvent Saint-Antoine de Qozaïya**, dans une gorge sauvage à 900 m d'altitude. Avant d'entrer dans le couvent on peut observer, creusées dans le rocher, les **cellules des ermites**, datées des premiers siècles de l'ère chrérienne. Une autre grotte était destinée à isoler les fous, que l'on enchaînait dans l'attente d'une hypothétique guérison miraculeuse... C'est dans ce monastère qu'au début du XVIIe siècle fut installée une presse en caractères *karshuni* (syriaque), probablement par un diplômé maronite* de Rome, d'où sortit un livre de psaumes en arabe en 1610.

En reprenant la route, on gagne la ville d'**Ehden**, à 5 km de Bane et à 1450 m d'altitude. Ville «100 % maronite*» comme aiment à le rappeler ses habitants, Ehden est la cité de Youssef Karam, chef maronite* populaire et allié de la France en 1860. En rébellion permanente contre le pouvoir turc, Youssef Karam fut envoyé en exil en Europe et mourut en Italie en 1889 (son corps fut ramené et déposé dans l'église). Les habitants vous diront que ce héros libanais fut trahi par le patriarche maronite* et les consuls étrangers. Ce qu'ils ne vous diront pas en revanche, c'est que Karam fut un piètre diplomate et qu'il paya cher son manque de discernement! Un voyageur du XIXe siècle, le vicomte de Vogüé, avait quant à lui souligné le rôle ambigu du clergé maronite*: «Joseph Karam ne puisa son audace et sa popularité que dans les encouragements d'un clergé qui avait lu, je le crains, les Maccabées [du nom d'une famille juive du IIe siècle av. J.-C. qui se révolta contre l'hellénisation forcée] plus volontiers que l'Evangile.» Soleiman Frangié (1910-1992) par contre, qui naquit à Ehden, se révéla un plus fin politique que son prédécesseur. Parvenu à la présidence de la République en 1970, il se fichait comme d'une guigne de la morale politique – et de la morale tout court. Régnant sans partage sur son fief de Zhgorta (voir plus loin), on rapporte qu'il aurait veillé à ce que fût régulièrement (et ostensiblement) abattu un musulman de Tripoli, afin de rappeler «qui

était le maître» ! Il ne s'agit peut-être que d'une légende, forgée pour effrayer les adversaires… Reste que dans les années 1950, il fut forcé de trouver refuge en Syrie, devenant ainsi l'homme lige du «maître» de Damas...

Ehden ne fut toutefois pas épargnée par la violence : en 1978, un règlement de compte interchrétien se solda par le massacre de Tony, fils de Soleiman, de sa famille et d'une trentaine de personnes. Les choses ne sont heureusement pas toujours aussi graves, comme cette anecdote associée à l'*hôtel Abshi*. A l'intérieur de l'établissement, on remarquera une singulière petite maison qui fait office de boîte de nuit : si l'on en croit le propriétaire, il s'agirait de l'ancienne demeure du *cheikh** d'Ehden, dans laquelle Lamartine aurait résidé après l'échec de sa tentative d'atteindre les cèdres (voir au-dessus). Une autre anecdote, associée cette fois-ci à l'**église Notre-Dame de la Forteresse** (*Sayidet el-Hosn*, peut-être un ancien poste de garde remontant à l'époque romaine), rapporte qu'après s'être effondrée sous le poids de la neige, l'église fut reconstruite plus bas. Le nouveau bâtiment s'effondra à son tour, mais cette fois sans raison apparente. Cela fut interprété comme un *signe*, un *message*, et les habitants s'empressèrent de la remettre à son emplacement d'origine... où il ne lui est rien arrivé depuis.

En quittant Ehden on pourra faire un crochet par **Aïn Aakrine**, à moins de 10 km. Au sommet d'une colline subsistent **deux temples romains**, connus sous le nom de *Qsar Naous*. L'un des deux temples, celui de l'ouest, est en bon état de conservation : sur un podium* surélevé subsistent en partie les murs de la *cella**, ainsi que des colonnes du péristyle*. Dans les ruines du second temple, on a découvert le buste très abîmé d'une divinité solaire *(Hélios?)*. Du site, le point de vue est remarquable vers Zghorta et Tripoli, au sud vers la région de Batroûn et à l'ouest vers le plateau de Koura.

L'itinéraire se poursuit par la route de Tripoli, vers Sebaal, lieu de naissance du poète Youssef Rouhana (1924-2001) puis **Zghorta**. C'est la plus importante agglomération de la région de Tripoli. C'est aussi le *fief* de la famille Frangié, qui enrichit considérablement la cité, notamment lorsque Soleiman accéda à la présidence de la République en 1970 (la première voie rapide du pays fut construite entre Zhgorta et Tripoli). On y voit encore quelques **belles maisons traditionnelles** libanaises, mais davantage d'immeubles résolument modernes. De Zhgorta, on rejoint assez rapidement Tripoli, à 8 km environ.

L'industrie du tapis est encore bien présente au Liban

LE NORD-LIBAN ET LE AAKKAR

■ TELL ARQA, LE CHÂTEAU D'AAKKAR, MENJEZ, QOUBAIYAT, LA ROUTE VERS HERMEL, SFIRÉ

Cette région se caractérise surtout par ses paysages, qui tranchent nettement avec ceux que l'on a rencontrés dans les itinéraires précédents. Ici, le Mont-Liban s'abaisse brusquement, annonçant la «trouée» de Homs, tandis qu'à l'ouest la plaine côtière va en s'évasant vers la Syrie, pour se refermer à nouveau à hauteur de Tartus. Les sites historiques sont beaucoup moins nombreux et remarquables, même si certains, comme celui de Tell Arqa, sont d'une importance capitale pour la connaissance du Liban de la Haute-Antiquité. La proximité de la Syrie en a fait une région contrôlée très tôt par Damas, qui y fit entrer massivement ses troupes le 1er juin 1976. Comme pour l'itinéraire précédent, celui-ci se présente comme une boucle au départ de Tripoli.

En quittant Tripoli par le nord, on passe à el-Beddaoui (voir itinéraire de Batroûn à Tripoli), puis on longe le rivage au plus près sur une quinzaine de kilomètres, pour gagner el-Aabde et l'embranchement vers Halba. Six kilomètres après el-Aabde, un grand *tell** sur la droite indique l'emplacement de l'antique ville d'**Arqa** (*Ircata* dans les textes).

Pour gagner le chantier des fouilles, on traverse le village moderne et on emprunte un chemin qui passe sur un pont à une seule arche, apparemment très ancien. Occupé à l'époque néolithique, le site joua un rôle important dès la plus

Moulin à olives trouvé à Qsar Naous

Eglise près de Bcharré, dans la Qadicha

haute Antiquité. Le matériel archéologique laisse supposer qu'Arqa fut une cité densément peuplée et dynamique dans le commerce international. Les Grecs la nommèrent *Héraclée* et les Romains *Arca Cæsarea* (aussi connue sous le nom de *Césarée du Liban*). Conquise par les Francs lors de la première croisade, elle fut reprise sur les Templiers par le sultan Baïbars en 1266.

Commencées en 1972, les fouilles ont permis de dégager les niveaux néolithique (6500 à 5500 av. J.-C. – le *tell** proprement dit), romain et médiéval (en tout, plus de 17 couches d'occupation !) La ville romaine, dont il ne reste aucune trace en surface, s'est développée au nord du *tell** au début de l'ère chrétienne, jusqu'au IVe siècle. Dans le niveau médiéval, on a repéré des vestiges byzantins (VIe-VIIe siècles) et arabes.

Sur les collines au sud a été dégagée une **nécropole**, dont certaines tombes (pillées depuis longtemps) ont pu être datées du IIIe millénaire. Le chantier de Tell Arqa est un bel exemple de coopération et de courage, réunissant chercheurs libanais et français de l'IFAPO (l'Institut français d'Archéologie du Proche-Orient, devenu l'IFPO, l'Institut français du Proche-Orient – www.ifporient.org) depuis trente-cinq ans, à raison d'une saison de fouille par an (été-automne), même pendant la guerre.

On reprend la route en direction d'Halba, pour aller jusqu'à Beino et Aakkar al-Aatiqa, sachant qu'il faudra rebrousser chemin pour continuer cet itinéraire. Arrivé à Halba (l'ancienne *Albe* des croisés), prendre une petite route sur la droite qui conduit à Jebrayel (8 km) puis Beit Mellat (12 km). De là on peut gagner Beino, la *Banna* des croisés, mais surtout le **Château d'Aakkar** (lieu-dit

Aakkar al-Aatiqa) juché sur un éperon au pied duquel coule le Nahr el-Aakkar. Le mauvais état de conservation de la forteresse est compensé par le **site exceptionnel** qu'elle occupe, à 700 m d'altitude, sur un éperon rocheux long d'environ 150 m, coupé au sud par une tranchée. Le château emprunterait son nom à celui de son fondateur, Mouhriz Ibn Aakkar. Tombé aux mains des Francs en 1109 après la prise de Tripoli, qui le baptisèrent *Gibelacar*, il fut confié le siècle suivant aux Hospitaliers de Jérusalem, qui en firent un véritable «nid d'aigle» d'où ils lançaient des expéditions-éclairs à la mode arabe (les *rezzou*). Conquis par le sultan Baïbars en 1271, le château fut utilisé jusqu'en 1627, puis enlevé par l'émir Fakhr ed-Dîne qui ordonna sa destruction (une partie des matériaux servit à la construction de son palais de Deir el-Kamar). Il reste aujourd'hui peu d'éléments en élévation: quelques vestiges des remparts, ainsi qu'une partie (mieux conservée) du **donjon**, dont l'entrée, toujours visible, se situait à plus de trois mètres du sol (on y accédait par un escalier en bois amovible). Par temps clair on distingue vers le nord, en territoire syrien, la masse imposante du **Crac des Chevaliers**, la plus célèbre des citadelles croisées en Orient, également confiée à la garde des Hospitaliers de Jérusalem.

En retournant sur Halba, on reprend la route de Qoubaiyat. Après une quinzaine de kilomètres, une route sur la gauche conduit à **Menjez**, village maronite* d'où l'on gagne le **couvent de Notre-Dame du Fort** (à 2,5 km). Construit au XIXe siècle, il doit son nom à la proximité d'un **château croisé**, Qalaat el-Felis (*Félicium*), dont il ne reste pratiquement rien (accès difficile). Du couvent, on peut se rendre aux ruines d'un petit **temple romain** du Ier siècle, bâti en basalte (une roche volcanique sombre et dure), connu sous la double appellation de *Maqâm er-Rabb* et *Beit Jaalouk*. Le sanctuaire était dédié à la déesse grecque *Némésis*, qui avait pour fonction de remettre à leur place les mortels orgueilleux: on remarquera une *roue de Fortune* gravée dans un bloc gisant dans la cour du sanctuaire. On peut aussi reconnaître un relief sculpté du dieu Mercure.

En reprenant la route principale, on passe à Biré (à 4 km de la bifurcation) puis on arrive à Qoubaiyat. Gros bourg habité par des maronites*, **Qoubaiyat** aligne paisiblement des maisons anciennes agrémentées de petits jardins, mais aussi des immeubles modernes. Les villages environnants sont peuplés de grecs-orthodoxes et de sunnites* (on y croise même des turcophones, les *Coueschra*). En continuant sur Aandqet (3 km), une route sur la gauche conduit au village d'Aaïdmoun, connu pour son artisanat familial de tapis de haute laine (tapis épais à longs brins noués).

De là, on peut rejoindre Menjez par le nord, en passant à proximité de la frontière syrienne, qui suit le cours du Nahr el-Kebir, et reprendre ensuite la route de Halba et Tripoli. On pourra aussi choisir de redescendre sur la Bekaa et la ville de Hermel (itinéraire suivant). La route est très belle. Elle traverse l'extrémité méridionale du Jabal Akroum, pour joindre la ville de Charbiné et les paysages désertiques du nord de la Bekaa (la route du Aakkar à Hermel est souvent impraticable en hiver à cause de la neige).

Avant de conclure cette escapade dans le Nord-Liban, on pourra se rendre à Sfiré, un village à 35 km à l'est de Tripoli, qui renferme un temple romain particulièrement bien conservé. Pour s'y rendre au départ de Tripoli, il faut quitter la ville par le quartier de Qoubbé, laisser la route de Zhgorta sur la droite et continuer sur Kfar Habou puis Sir ed-Danié (pendant le trajet, on sera passé de l'olivier au pommier). La région de Sir ed-Danié (station estivale située à 900 m d'altitude) est riche en cascades et torrents, qui vont grossir le Nahr el-Bared, au nord, et le Nahr Abou Ali à l'ouest. On gagne Sfiré, à 1200 m d'altitude, par une route qui descend en lacets dans la vallée du Wadi Soukkar, puis remonte sur Beit el-Faqs. Situé à la sortie du village, le **sanctuaire de Sfiré** réunit trois bâtiments dépourvus de colonnes, dont deux au moins sont des **temples**. Le plus grand, qui repose sur un important soubassement (podium*), est **l'un des édifices antiques les mieux préservés du pays** (il ne manque en effet que la couverture). L'**entrée monumentale**, ornée d'un aigle aux ailes déployées, ouvre sur la *cella** et l'*adyton**, ce dernier édifié sur une *crypte** voûtée. Du second temple, situé à quelques mètres, il ne reste presque rien. Plus petit et plus simple (il ne comporte ni podium* ni crypte*), on distingue toutefois très nettement le plan d'origine, entrée, *cella** et autel. A l'extérieur, vers le sud, on reconnaît une construction déjà rencontrée à Qalaat Fakra: un autel de sacrifice, au sommet duquel on accédait au moyen d'une échelle. Reste un troisième monument, dédié à la déesse syrienne Atargatis*, là encore comme à Qalaat Fakra. A l'écart enfin, une vingtaine de mètres plus haut, un petit sanctuaire en ruine laisse encore voir un enclos, devant lequel gisent éparpillés des blocs sculptés (on remarquera le relief d'une tête de taureau, animal de sacrifice).

BAALBEK ET LA BEKAA

La Bekaa constitue l'une des régions les plus singulières du Liban. Bénéficiant d'une hydrographie exceptionnelle, cette plaine d'altitude coincée entre Liban et Anti-Liban est **la région agricole la plus riche du pays**. Dans la Bible, elle est nommée tout simplement *la plaine du Liban*, comme s'il n'y avait rien d'autre à ajouter. Les Grecs lui donnèrent le nom *Cœlé-Syrie*, la «Syrie-creuse», allusion transparente à sa situation géographique. De nombreuses traces repérées par les archéologues indiquent une présence très ancienne, remontant aux époques Paléolithique (sites de Meyrouba, Joub Jannine et Kamed el-Laouz) et Néolithique (sites de Tell Ksar Laboué, Tell Naba' Litani et Tell Ghassil). Disputée de tous temps, la Bekaa est revendiquée aussi bien par les Libanais que par les Syriens et les Israéliens (dans sa partie méridionale). En 1920, les maronites* obtinrent gain de cause, les Français ayant choisi d'inclure ce «grenier à blé» dans les limites de «l'Etat du Grand-Liban».

De peuplement mixte (chrétien, musulman et druze*), la Bekaa a constitué un terrain d'affrontements entre les grandes familles, les islamistes et les Syriens (notamment pour le contrôle du trafic de drogue), mais aussi entre ces derniers et Israël. Entre juin 1982 et juin 1985 en effet, les Israéliens occupèrent la Bekaa occidentale et méridionale, tandis que les islamistes s'implantaient durablement à Baalbek: en 1982, quelques centaines de *pasdarans* iraniens (les *gardiens de la Révolution*), vinrent participer à la création du Hezbollah*, qui fit de la Bekaa son fief et le «sanctuaire» de la résistance. Depuis la fin de l'occupation, la Bekaa est intégralement ouverte au tourisme, même si pour de multiples raisons politico-militaires, son accès peut être limité, voire interdit. Cette visite de la Bekaa se subdivise en quatre itinéraires: de Beyrouth à Baalbek; Baalbek; de Baalbek à Hermel; de Zahlé à Rachaïya.

DE BEYROUTH À BAALBEK

■ CHTAURA, ZAHLÉ, FOURZOL, NABI AYLA, NIHA, HOSN NIHA, QSARNABA, RAYAK, HADET

Au départ de Beyrouth, on emprunte la route de Damas par Aaley, Bhamdoun et Sofar (voir itinéraires «Grand Beyrouth» et «Chouf»), pour franchir le col du Dahr el-Baïdar (alt. 1556 m) et redescendre sur la Bekaa jusqu'au carrefour de Chtaura (46 km). Quatre kilomètres avant Chtaura, un embranchement sur la droite permet de faire un crochet par Qabb Elias (2 km). A la sortie du village,

Pages prédédentes: L'Odéon, site archéologique de Baalbek

la petite sépulture de Sayidet-Chaawani est connue pour être un lieu de pèlerinage druze*. A 900 m d'altitude, **Chtaura** est un nœud routier important et une étape sur la route de Damas. Sur les coteaux alentour, on produit **les crus les plus célèbres du Liban**, le *Kéfraya* (produit au village voisin de Jdita – www.chateaukefraya.com) et le *Ksara* (voir plus loin), ainsi que le non moins célèbre «alcool national», l'*arak*. Chtaura a aussi donné son nom à l'accord palestino-libanais de 1973, qui faisait suite aux violents accrochages entre l'armée et les *fidayîn*. Enfin, c'est le 24 novembre 1989 que, dans le luxueux *Parc Hôtel*, les députés libanais élisaient Elias Hraoui président de la République, deux mois seulement après l'assassinat de René Moawad.

Au sud de la ville, sur la route de Damas, s'étend le domaine de Tanaïl, un ancien marais assaini par les jésuites au XIXe siècle. En continuant la route vers Zahlé, on passe à Taalabaya et Saadnayel (2 km), où les jésuites, propriétaires depuis 1857, produisent le vin de *Ksara*. On pourra d'ailleurs aller visiter **les caves**, sur la gauche avant d'entrer dans Zahlé (www.ksara.com.lb).

ZAHLÉ

Avec environ 150 000 habitants (ville et banlieue), Zahlé (alt. 945 m) est la quatrième ville du Liban et le chef-lieu du *mohafazah* de la Bekaa. De peuplement grec-catholique (les faubourgs par contre sont habités par des musulmans), elle constitue le principal foyer chrétien de la Bekaa. Lors des affrontements communautaires de 1860, Zahlé fut assiégée puis prise par les druzes*. La population attendit en vain l'intervention de Youssef Karam, qui préféra camper à distance pour ne pas s'attirer la colère des Turcs (les habitants échappèrent au massacre en s'enfuyant vers le Metn). Dès le début de la guerre de 1975, Zahlé prit les armes contre les villages environnants et les Palestiniens. Sa situation géographique, au contact de la montagne chrétienne, en faisait un enjeu stratégique capital. Au printemps 1981, elle fut le théâtre du premier accrochage sérieux entre Israéliens et Syriens (ces derniers encerclaient alors la ville aux mains des Forces libanaises*).

On voit encore dans cette ville bourgeoise et commerçante de nombreuses **maisons traditionnelles** aux toits de tuile rouge, jouxtant des jardins publics bien entretenus. Célèbre pour son *arak* et ses *mezzé*, Zahlé est l'**étape gastronomique indispensable**. On recommandera d'ailleurs un détour au complexe du **Wadi el-Arayech** («la vallée des Treilles», clin d'œil à la principale production agricole de la région), construit de part et d'autre d'un torrent, où une vingtaine de restaurants (ici on les appelle «casinos») proposent toutes les spécialités libanaises.

On pourra aussi remonter la vallée du Nahr el-Berdaouni, qui prend sa source dans le Jabal Sannine, et gagner ainsi des altitudes entre 1100 m et 1400 m (vers Qaa er-Rim), à 7 km du centre ville. Des restaurants sont installés tout au long du trajet jusqu'à la source, où l'on peut déguster des truites élevées sur place. Un club local organise des randonnées jusqu'aux **troglodytes** situés au-dessus de la source du Nahr el-Berdaouni. A 1 km à l'est de Zahlé, la légende situe le tombeau de Noé (*Nouh*) dans le petit village de Karak Nouh.

En continuant sur la route principale, on arrive au carrefour d'Ablah (5 km) qui permet de rejoindre Rayak, puis Baalbek (on peut gagner directement Baalbek par Bednayel). A gauche de la route, à flanc de colline, on ira voir Fourzol (alt. 1025 m), Nabi Ayla et le sanctuaire romain de Niha. **Fourzol**, que les Romains semble-t-il nommaient *Mariamnansis*, hébergeait au Ve siècle un siège épiscopal important. A proximité du village, les « grottes de l'Ermite » *(Mougharat el-Habis)* forment un **ensemble troglodytique** original, constitué de cavités artificielles aménagées en cellules. La plus grande salle, à laquelle on accède par quatre marches faisant suite à une cour, est peut-être un ancien temple phénicien. Un peu plus loin, le petit village (entièrement chi'ite*) de **Nabi Ayla** renferme un sanctuaire organisé autour de la sépulture d'un saint vénéré par les musulmans (sous le vocable d'Ayla) et les chrétiens (sous celui d'Elie). On vient de loin pour offrir un mouton en sacrifice et obtenir en retour la force et les conseils prodigués par la sainte dépouille.

Le village de **Niha** pour sa part (entièrement chrétien) conserve les restes importants d'un **temple romain** dédié, semble-t-il, au dieu syro-phénicien *Hadaranès*, dont on sait peu de choses, sinon qu'il était associé à Jupiter Héliopolitain (vénéré à Baalbek), lui-même affilié à Baal* et Hadad (divinité mésopotamienne), dans un syncrétisme religieux dont l'Orient a le secret. L'ensemble est fort bien conservé, d'autant que le site, appelé *Nihata* dans l'Antiquité, a bénéficié d'une reconstruction partielle. On remarquera au bas de l'escalier un relief représentant un personnage (un prêtre officiant), à côté duquel figure une inscription en grec (de nombreux autres reliefs sont visibles à l'extérieur et dans le temple). A gauche de l'entrée, un escalier intérieur permet d'accéder au-dessus du *portique**. La *cella**, prolongée par l'*adyton**, est d'autant plus impressionnante que le majestueux escalier est parsemé de colonnes brisées et de blocs effondrés, comme le décor saisissant d'un péplum ! (le temple fut détruit par un tremblement de terre). Comme c'est souvent le cas au Liban, une crypte* fut aménagée sous l'estrade de l'*adyton** (certains chercheurs ont cru y déceler la « caverne » d'un oracle). A proximité, les ruines d'un autre édifice ont été mises à profit par la population pour donner des spectacles. On ne manquera pas non plus l'insolite **socle** représentant une divinité féminine (la divinité protectrice des lieux) entre deux lions.

Plus haut dans la montagne, à environ 3 km, les deux **temples** du sanctuaire d'**Hosn Niha** (alt. 1334 m) sont assez bien conservés. Des fouilles ont également mis au jour les ruines d'une église byzantine, d'un village et d'une nécropole rupestre. En redescendant sur Niha, on pourra faire une halte à une ancienne fontaine (eau potable), à environ 200 m en contrebas du premier temple.

En suivant la route vers Bednayel, on gagne rapidement (environ 7 km) le village de **Qsarnaba**. Sur les hauteurs, on découvre les vestiges assez impressionnants d'un **temple romain**, dont il subsiste le podium* surélevé ainsi qu'un remarquable escalier à deux volées, précédé d'un autel de sacrifice. On remarquera un bloc de pierre un peu insolite, installé au sommet d'un fronton reconstitué par les archéologues : le buste d'un personnage barbu, surmonté d'une inscription (NONI ANUS), probablement un prêtre.

En repartant de Qsarnaba, on peut continuer vers Bednayel puis Baalbek, ou bien rejoindre le carrefour d'Ablah pour se diriger sur **Rayak** (5 km). Cette ville joua un rôle important lors de l'installation du Mandat* en Syrie-Liban. C'est à Rayak en effet que les Français construisirent un aérodrome, l'une des pièces maîtresses de leur dispositif militaire. Cette base aérienne, ainsi que le chemin de fer de Homs, permirent le développement de la ville et de la région environnante. Le paysage urbain a d'ailleurs conservé les traces de cette période : une gare (désaffectée), des maisons « à la française », ainsi qu'un cimetière situé au carrefour de la route de Baalbek. De peuplement mixte, Rayak est également habitée par une communauté arménienne. De Rayak, on pourra gagner Baalbek par une voie large et rectiligne (25 km), ou bien choisir d'emprunter les petites routes à flanc de montagne. On prendra alors toute la mesure de l'éparpillement de l'habitat et de la mise en valeur de la vallée (on rejoint la route précédente, celle qui mène aux sanctuaires romains de Niha et Qsarnaba).

Temple romain dans le village de Niha

En retournant au carrefour d'Ablah et en se dirigeant vers Bednayel, une petite route permet de joindre le village de Nabi Rachadé, au croisement de la route de Faraya (à une vingtaine de kilomètres d'Ablah – voir itinéraire «le Metn»). A proximité, le petit village de **Hadet** renferme les ruines d'un **temple romain** dédié à Apollon. De Hadet, on rejoindra Baalbek par la montagne ou bien en rattrapant la route principale par Nabi Rachadé et Hizzine. Cette partie de la vallée est parsemée de campements de fortune, ceux de **bédouins** en voie de sédentarisation. Des bédouins «apatrides» (l'Etat rechigne à leur accorder la naturalisation) originaires de l'hinterland désertique syro-jordanien, qui louent leurs bras aux agriculteurs de la région ou gardent des troupeaux de chèvres aux oreilles démesurées.

BAALBEK

Baalbek! Que n'a-t-on dit pendant des décennies à propos de cette cité en apparence paisible. Certes, c'est là qu'au début des années 1980, de jeunes Iraniens exaltés sont venus prêcher la *bonne parole* de la «révolution islamique», le Coran dans une poche et les dollars dans l'autre. Car si le succès fut immédiat, on le doit en grande partie à l'argent des mollahs. Ainsi a-t-il été plus «facile» pour les jeunes femmes de se couvrir de la tête aux pieds, quand ce «choix» garantissait un revenu aux familles les plus pauvres, qui plus est en temps de

Temple de Bacchus, à Baalbek

FAIROUZ, LA SEPTIÈME COLONNE

On ne présente plus la *diva* libanaise, née en 1935 à Jabal el-Arz (la « Montagne du Cèdre »), la plus grande chanteuse arabe avec Oum Kalsoum, cette dernière décédée au Caire en 1975, quelques semaines seulement avant le déclenchement de la guerre civile...

La voix extraordinaire de Fairouz se prête autant au chant arabe classique qu'aux mélopées jazzy ou sud-américaines. Qu'on ne s'y trompe pas, ce surnom de « Septième colonne » ne lui a pas été attribué à cause d'une quelconque activité subversive (même si elle incarne le « mal » aux yeux des islamistes), mais suite à sa prestation lors du Festival international de Baalbek de 1957 : sur l'estrade installée au pied du gigantesque temple de Jupiter, avec en toile de fond les célébrissimes colonnes du péristyle* (au nombre de six), ce « monument national » se vit décerner ce titre flatteur par les journaux de l'époque, en vérité une bien jolie métaphore.

guerre ! Il aura d'ailleurs suffi du tarissement de cette manne pour voir certaines d'entre elles retrouver des habitudes plus « libanaises », c'est-à-dire... plus occidentales. Reste que Baalbek est le fief du Hezbollah*, et qu'à ce titre il règne en maître sur la vie locale, depuis l'assaut de la caserne Cheikh Abdallah, en octobre 1983, et l'expulsion de l'armée libanaise. A l'entrée de la ville, le camp de réfugiés de Wavel (environ 5000 personnes), vient une fois encore rappeler que le drame de l'expulsion des Palestiniens (la *Nakba*, la « catastrophe » de 1948) n'en finit pas de plomber tout espoir de paix globale au Proche-Orient.

Distant d'environ 2 km du centre ville, le site de **Baalbek-Héliopolis** mérite pleinement le surnom de « merveille du désert » que lui décerna un Lamartine ébloui. La ville tient vraisemblablement son nom de *Baal nebek*, « Baal de la source » en cananéen. Les vestiges actuels datent cependant de l'époque romaine (il ne reste rien de la Baalbek phénicienne), quand l'empereur Auguste, au début de l'ère chrétienne, fit construire sur une acropole un temple grandiose en l'honneur de **Jupiter Héliopolitain**, qui venait prendre la suite des cultes archaïques de Baal-Shamash, Aliyan (divinité mésopotamienne associée aux sources) et Astarté. Entre-temps, les Grecs avaient baptisé le sanctuaire *Héliopolis* (la « Cité du Soleil ») et remplacé la triade phénicienne primitive par Zeus, Aphrodite et Hermès. Les successeurs d'Auguste continuèrent l'aménagement du sanctuaire, achevant les constructions déjà en chantier et programmant de nouvelles réalisations : les temples de Bacchus et de Vénus à la fin du IIe siècle, l'entrée monumentale le siècle suivant. L'avènement du christianisme marqua l'abandon des grands projets d'embellissement, suivi sous le règne de l'empereur Théodose (379-395) d'une campagne de destructions systématiques. Transformés par les Arabes en forteresse, les temples furent ensuite abandonnés et oubliés. Redé-

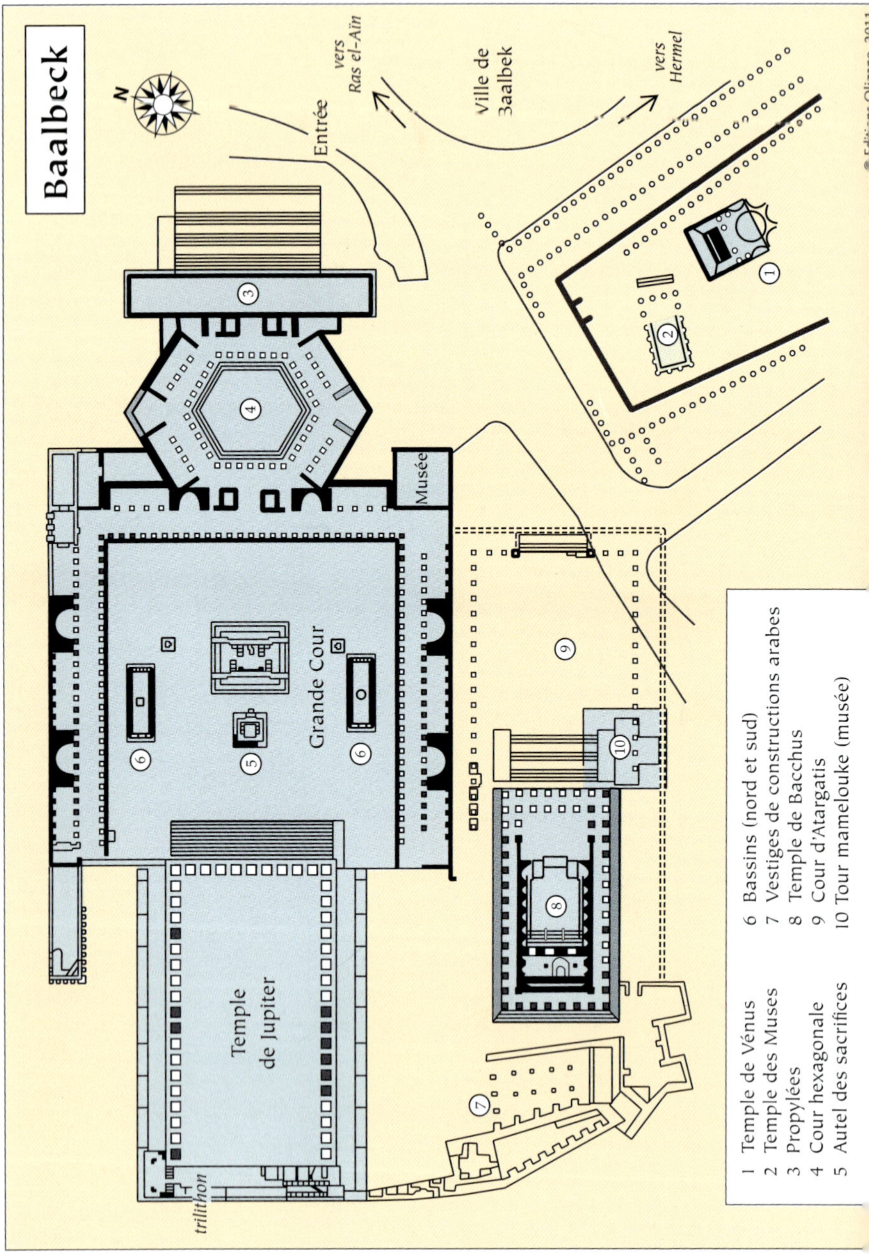
Baalbeck
N
vers Ras el-Aïn
Entrée
Ville de Baalbek
vers Hermel
Musée
Grande Cour
Temple de Jupiter
trilithon
1 Temple de Vénus
2 Temple des Muses
3 Propylées
4 Cour hexagonale
5 Autel des sacrifices
6 Bassins (nord et sud)
7 Vestiges de constructions arabes
8 Temple de Bacchus
9 Cour d'Atargatis
10 Tour mamelouke (musée)

couvert par les voyageurs au XVIIIe siècle, le site ne fut vraiment étudié qu'à la fin du siècle suivant. L'époque du Mandat* sera mise à profit pour développer les fouilles archéologiques et les travaux de restauration. Les Libanais prirent la suite après l'indépendance, Baalbek restant encore de nos jours attachée à la personnalité de l'émir Maurice Chehab (1904-1994), directeur du Service libanais des Antiquités.

En 1955 naissait le **Festival international de Baalbek**, réunissant des troupes de théâtre et de danse ainsi que des formations musicales. La guerre allait bien évidemment faire cesser toute activité, les ruines servant même un temps de terrain d'entraînement aux militants islamistes... Le site a finalement retrouvé ses touristes et son festival (www.baalbeck.org.lb). La visite (payante) s'effectue entre 8 h 30 et le coucher du soleil (compter un minimum de deux heures). Comme en Egypte, une foule de guides plus ou moins sérieux «offrent» leurs services; se renseigner auprès de l'accueil pour bénéficier d'un guide accrédité. Baalbek ayant fait l'objet de nombreuses publications savantes, que l'on peut également se procurer sur place, les indications qui suivent ne sont fournies qu'à titre indicatif (le fascicule écrit par Jean Awad reste une référence).

L'escalier qui permet d'accéder à la cour hexagonale date du XIXe siècle. On passe d'abord sous le **propylée** (*portique** à douze colonnes qui constitue l'entrée monumentale du sanctuaire), dont les deux tours d'extrémité furent transformées en bastions par les Arabes. Dans l'Antiquité, la **cour hexagonale** jouait le rôle de «palier», d'étape de réflexion avant de pénétrer plus avant dans le sanctuaire. Dans une grande niche on a placé un **bas-relief** découvert à 8 km de là, et représentant **Jupiter Héliopolitain** cuirassé et serrant la foudre. On accède ensuite à la grande cour, ou *cour de l'autel* (135 m x 113 m): seuls les fidèles faisant preuve d'une réelle piété (?) pouvaient y pénétrer. Deux **grands bassins** disposés symétriquement servaient aux ablutions, tandis que la **tour-autel** (arasée à l'époque paléochrétienne) permettait aux pèlerins d'apercevoir l'image du dieu au fond du temple. Du **temple de Jupiter** proprement dit, il reste notamment l'immense soubassement et **six colonnes** (hautes de 22 m) du péristyle* (elles étaient encore au nombre de neuf avant le séisme de 1759). Le **soubassement** est remarquable par la taille de certains blocs, notamment le fameux ***trilithon***, un ensemble de trois énormes monolithes de près de 20 m x 4 m, et pesant chacun entre 750 et 1000 tonnes! (Il faut contourner le site par le sud et gagner le côté ouest du temple.)

Par un escalier en bois installé au fond du temple, on rejoint en contrebas la cour séparant les deux temples. Le **temple de Bacchus** est exceptionnellement bien conservé. Un peu moins grand que le temple de Jupiter, il possède encore un **plafond à caissons** dans le péristyle* entourant la *cella**, le sanctuaire proprement dit. Le **portail** d'entrée impressionne par ses dimensions et la finesse de son ornementation. La *cella** (27 m x 22,5 m) est dans un état de conservation tel qu'il est aisé d'en imaginer l'aménagement primitif et la décoration. Au fond, on distingue encore très nettement l'escalier qui permettait d'accéder à l'*adyton**, le saint des saints du temple où trônait (peut-être) la statue du dieu: on n'est pas absolument sûr qu'il s'agissait de Bacchus. Avant de quitter l'enceinte des deux temples, on pourra monter au sommet de la **tour** construite par les mamelouks* au XIVe siècle. On sort par une **grande galerie** voûtée (120 m x 5 m), qui appartient aux substructions de la grande cour du temple de Jupiter, réaménagée en 1998 pour abriter une partie du **musée archéologique**. Des vestiges antiques, il reste encore à voir le temple de Vénus et celui dit *des Muses*. Situé au sud-est de l'acropole, le **temple de Vénus** possède une *cella** circulaire, ce qui en fait un édifice unique au Liban. Le monument s'élève au milieu d'un enclos sacré délimité par trois rues antiques. Ce sont les coquilles utilisées dans l'ornementation qui ont fait penser que ce sanctuaire pouvait être dédié à Vénus (faut-il rappeler qu'Aphrodite-Vénus est née dans une coquille?). Daté du Ier siècle de l'ère chrétienne, le **temple** (dit) **des Muses** n'a conservé de son architecture initiale que le podium* et le départ des murs. En face, on remarquera des arcades ogivales, uniques témoins d'une **mosquée** construite par les 'Umayyades au VIIIe siècle avec des matériaux antiques.

Des **nombreux chantiers** ouverts dans les environs immédiats du site, on retiendra celui de l'**odéon** (un petit théâtre), vers le sud, où l'on a remonté une belle colonnade appartenant à un édifice non déterminé. Bien d'autres traces de la ville antique ont été repérées, éparpillées dans Baalbek et la campagne proche: le **théâtre**, enfoui sous l'hôtel Palmyra, un **temple** consacré à Mercure sur la colline Cheikh Abdallah, le petit **monument funéraire arabe** (effondré) de Douris (3 km au sud-ouest de Baalbek, à proximité de la route de Rayak), dans lequel ont été réutilisées huit colonnes de granit rose. Et puis surtout l'**antique carrière** creusée dans le flanc nord de la colline Cheikh Abdallah, où l'on peut voir deux **énormes blocs de pierre**, longs de plus de vingt mètres et pesant au moins un millier de tonnes chacun. Le plus grand fut baptisé *Hajar el-Houblé* par les Arabes, «la pierre de la Femme enceinte», qu'il faut entendre comme «la pierre détachée de la roche-mère». Sans aucun doute destinés au soubassement du temple de Jupiter (on pense naturellement au *trilithon*), ils sont restés sur place faute de moyens de levage appropriés. D'autres carrières ont servi de **nécropoles** dès l'époque phénicienne et de **catacombes** à l'époque romaine. On pourra aussi aller se rafraîchir à **Ras el-Aïn**, à environ un kilomètre du site, qui a conservé les vestiges d'un temple et d'un nymphée*.

On ne quittera pas Baalbek sans avoir visité un autre «monument»: le célèbre **Palmyra Hotel**. Cette bâtisse de caractère serait le premier établissement du genre en Orient. On sait que l'empereur Guillaume II s'y est arrêté en 1898. Pendant la Première Guerre mondiale, l'armée allemande, qui encadrait les troupes ottomanes, en avait fait son QG. Lors de la Seconde, ce fut au tour des Anglais d'occuper les lieux. Le général de Gaulle fut aussi l'un de ses clients, ainsi bien sûr que Fairouz (demandez si possible à voir les chambres qu'ils occupèrent... séparément). La grande fierté de son propriétaire est que l'établissement ne ferma jamais ses portes, même aux heures les plus sombres de la guerre civile.

DE BAALBEK À HERMEL

■ IAAT, YAMMOUNÉ, EL-LABOUÉ, FAKÉHÉ, RAS BAALBEK, PYRAMIDE DE HERMEL, COUVENT DE SAINT-MARON, LES SOURCES DE L'ORONTE

Avant de continuer sur Hermel et les sources de l'Oronte, cet itinéraire invite à une escapade sur la route du Mont-Liban. En prenant la direction du nord-ouest, on passera d'abord à **Iaat** (5 km), où l'on aperçoit une **colonne isolée** haute de 18 m, qui pourrait matérialiser une frontière ou commémorer une bataille.

La route continue en montant sur Deïr el-Ahmar (le «Couvent Rouge», à 16 km de Baalbek), qui doit son nom à la couleur de la pierre. Cinq kilomètres après Deïr el-Ahmar, une petite route sur la gauche permet de rejoindre le village de **Yammouné** (alt. 1400 m), à 8 km de l'embranchement. Au bord d'un lac aujourd'hui asséché, s'élevait autrefois un **temple** dédié à Vénus. Il subsiste une partie de l'enceinte, sur près d'une centaine de mètres de longucur, ainsi que le soubassement, surélevé). En revenant sur la route principale, on peut

Le raisin – et le vin – de la Bekaa ont acquis une renommée internationale

continuer sur Aïnata et le col d'el-Mastabé (alt. 2650 m), pour rejoindre les cèdres et la Qadicha (voir itinéraire «la Route des Cèdres»).

De retour dans la Bekaa et Baalbek, on prendra au nord-est la direction d'El-Laboué et Hermel. A la hauteur de Maqué, la plaine est généralement inondée au printemps, lorsque les nombreuses sources en provenance de la montagne viennent se répandre dans le fond de la vallée. Les paysages traversés sont toutefois désertiques et dépeuplés, ce qui n'empêche pas, par endroits, l'apparition de drapeaux noirs et des représentations de la mosquée *al-Aqsa* (Jérusalem), qui sont sans équivoque quant aux convictions des rares habitants.

Trente kilomètres après Baalbek, on arrive à **El-Laboué.** On a cru reconnaître dans ce nom le lointain souvenir de la limite septentrionale de la *Terre promise*, l'hébreu *Leboa* pouvant être traduit par «entrée». La profusion des **sources** a permis une mise en valeur très précoce de la vallée: outre les canaux

L'OPIUM DU PEUPLE

On les appelle les *cultures cachées*. Pas si bien «cachées» que cela d'ailleurs, puisque les noms d'au moins une trentaine de localités de la Bekaa sont connus de tout le monde ou presque. La drogue, au Liban, n'est pas née de la dernière pluie... Il n'est pas tant question du haschisch, cette plante à l'odeur enivrante qui pousse ici comme du chiendent, mais du pavot à opium, qui se transforme en héroïne entre les mains de chimistes peu scrupuleux. Dans les années 1980, au pire moment de la guerre civile, on estimait à environ soixante tonnes annuelles la production d'opium au Liban, dont une partie était transformée sur place (soit à peu près cinq tonnes d'héroïne). Si la culture extensive du haschisch et sa commercialisation ont continué de mobiliser les pouvoirs publics (plusieurs centaines de tonnes par an pour un chiffre d'affaires qui tournait autour des six milliards de dollars), c'est toutefois la forte croissance du marché de l'héroïne qui a inquiété policiers et douaniers. Ce marché en effet a généré une délinquance qui a partie liée avec les cartels internationaux (les autorités ont mis en évidence des *connexions* entre cartels colombiens et trafiquants libanais).

La longue guerre civile fut naturellement une aubaine, dans un pays où les milices prirent le relais d'un Etat chroniquement déficient (avant guerre, certains parmi les plus hauts responsables politiques du pays trempaient eux-mêmes dans le trafic!). Mais le plus grave, pour la population, fut que le nombre de consommateurs explosa à partir de 1975. La drogue devint dès lors une substance indispensable à la survie des Libanais: les miliciens s'en gavaient avant de partir au combat et de commettre leurs atrocités; la population prise au piège en prenait pour pallier l'angoisse et la vision quotidienne de l'horreur. Les chefs militaires jouaient tout à la fois le rôle de producteurs, de trafiquants et de pourvoyeurs, incitant leurs hommes à en consommer toujours plus (on pense évidemment à Hassan ibn al-Sabbah, grand maître de la secte des Assassins, dont les disciples fanatiques

d'irrigation bien visibles le long de la route, on notera qu'ont été repérés les vestiges d'un **grand canal** antique, attribué à la reine de Palmyre Zénobie (seconde moitié du IIIe siècle – voir plus loin). Une route sur la gauche permet de se rendre à la «citadelle», à moins d'un kilomètre du village. Il s'agit en fait d'un **temple** romain arasé et transformé en forteresse par les Arabes. En continuant sur Hermel, on passe à el-Aïn (4 km), un village connu pour ses **luthiers**, puis une petite route à droite permet de gagner les localités de Fakéhé et Ras Baalbek (autre village de luthiers). **Fakéhé** est réputé pour ses **tapis de haute laine**, une activité familiale traditionnelle. Dans les années 1960, les habitants étaient majoritairement chrétiens. Aujourd'hui, après des décennies d'exil et d'exode, les chrétiens ne représenteraient plus qu'environ 20 % de la population. Sur cette terre peu fertile, l'artisanat du tapis est une ressource non négligeable. La laine est préparée sur place, lavée, filée, teintée (une dominante rouge), puis tis-

étaient semble-t-il drogués). Toutes les parties en présence ou presque en tirèrent de gigantesques profits, qui servirent notamment à acheter des armes. De leur côté, les paysans de la Bekaa, confrontés à une crise économique grave et emprisonnés dans des structures tribales et féodales contraignantes, comprirent le parti qu'ils pouvaient tirer de ces «cultures cachées». Déjà au début des années 1950, le prix de vente du haschisch était 500 fois plus élevé que celui du blé! (la culture du pavot fut introduite à la fin des années 1970). Les intérêts en jeu (des milliards de dollars) aiguisèrent les appétits et générèrent des affrontements extrêmement violents, dans un pays surarmé. A maintes reprises, les médias firent état d'«accrochages sérieux» dans la plaine de la Bekaa, notamment à l'arme lourde, sans préciser toutefois – mais qui était vraiment au courant? – que la politique n'avait rien à voir, et qu'il s'agissait en fait d'affrontements entre trafiquants de drogue!

Le retour à une situation plus stable ne pouvait évidemment pas être accueilli avec grand enthousiasme par les *narcos*. D'autant que le parrainage des Etats-Unis annonçait un renforcement des mesures anti-drogue. La Syrie de son côté, impliquée dans le trafic, ainsi d'ailleurs que la Turquie et Israël, s'engageait à faire le gendarme dans les zones qu'elle contrôlait. De plus, la restauration progressive de l'Etat et le déploiement de l'armée entravaient la liberté de manœuvre des trafiquants: il devenait ainsi plus difficile d'utiliser la quinzaine de ports illégaux...

Reste que le trafic de drogue a encore un bel avenir au Pays des Cèdres, dans une région minée par les conflits, les rivalités et les allégeances multiples (aujourd'hui on accuse, un peu trop facilement, le Hezbollah* d'être financé en partie par la drogue). Ce qui est sûr, c'est que le «miracle» libanais doit beaucoup aux milliards de la drogue, allègrement blanchis et recyclés, notamment dans les prestigieux projets immobiliers du centre ville de Beyrouth.

Dans la plaine d'Aaïha, près de Rachaïya

sée par les femmes. Un grand tapis nécessite trois personnes et vingt journées de travail, d'où des prix assez élevés (il faut évidemment discuter, en restant conscient du travail fourni). On peut néanmoins acheter de petits modèles à des prix très intéressants.

A un kilomètre de Fakéhé, le village de **Ras Baalbek** renferme quelques ruines et un **couvent** quatre fois centenaire, bâti sur un ancien sanctuaire romain des débuts de l'ère chrétienne (on retrouve l'effigie de l'empereur byzantin Justinien sur le portail d'entrée ainsi que sur une pierre découverte en 1992). Sanctuaire chrétien, le couvent accueille aussi des pèlerins musulmans (sunnites* et chi'ites*), qui viennent accomplir ici des sacrifices rituels. Un **musée ethnographique** a récemment été aménagé sur le site d'un ancien *pressoir à mélasse*, un dessert à base de raisins secs typique de la région. On pourra aussi rendre visite à des **maîtres luthiers** renommés, qui perpétuent la tradition orientale du *oud*.

Pour visiter les **grottes** et le **monastère troglodyte** de Saint-Nicolas, dans la montagne de l'Anti-Liban, juste au-dessus, compter une heure et demie de marche.

En reprenant la route de Hermel, on traverse une région désertique et très aride en été. Avant d'arriver au carrefour de Mhattat Ras Baalbek (site de l'ancienne gare de chemin de fer), on distingue les **vestiges du canal d'El-Laboué** (voir plus haut), notamment des tronçons de canalisation de la taille d'un homme (!), témoignages saisissants des aménagements hydrauliques réalisés dans l'Antiquité. Il faut prendre à gauche pour gagner Hermel. Avant d'atteindre la ville, on distingue nettement sur la droite un monument insolite dans ce paysage désolé : la **Pyramide de Hermel** (*Qamouât el-Hermel*). Ce qui surprend lorsque l'on arrive au pied de cet édifice singulier... c'est le vent. On se trouve en effet au beau milieu d'un corridor qui s'ouvre sur le désert syrien, balayé par un vent brûlant en été ! Dominant la plaine de ses 27 mètres, la pyramide n'a pas encore livré tous ses secrets. Sans doute s'agit-il d'un **tombeau**, puisque aucune ouverture n'y a été pratiquée. On a émis l'hypothèse de la sépulture d'un prince syrien des premiers siècles av. J.-C. Quoi qu'il en soit, la construction impressionne par son aspect massif mais élégant, son assise de lave noire et ses bas-reliefs représentant des scènes de chasse.

En reprenant la route de Hermel et en revenant un peu sur nos pas (1,5 km), une petite route mène au **couvent de Saint-Maron** (*Deïr Mar Maroun*, 3 km environ) et aux sources de l'Oronte. Connu aussi sous le nom de *Mougharat er-Rabih* (« la caverne du Moine »), le couvent a été aménagé dans une cavité artificielle, dont la légende a fait la retraite du fondateur de la communauté maronite*. C'est en effet au VIIIe siècle que cette secte chrétienne, fuyant les persécutions byzantines puis musulmanes, s'installa au Nord-Liban et dans la Qadicha. Remontant le cours de l'Oronte, les maronites* se sont ensuite installés solidement dans la montagne libanaise. La misère et les violences communautaires eurent toutefois raison de leur détermination : c'est en grand nombre qu'ils émigrèrent aux XIXe et XXe siècles.

Un peu plus bas, un chemin de terre conduit aux **sources de l'Oronte**, tapies dans un cadre luxuriant qui tranche avec l'aridité alentour. L'Oronte est un fleuve original à plus d'un titre. Extrêmement généreux avec les régions qu'il traverse, surtout la Syrie, il est le seul fleuve libanais à prendre résolument la direction du nord... d'où le surnom de « capricieux » *(Nahr el-Aassi)* qui lui a été donné. Les gens viennent ici manger et danser sous les ombrages, comme le faisaient déjà les populations dans l'Antiquité, qui vouaient aux sources un culte passionné.

Pour terminer cet itinéraire dans le nord de la Bekaa, on pourra se rendre à Hermel (à 58 km de Baalbek), principale localité de la région et chef-lieu de *caza* (une subdivision du *mohafazah*). La ville ne présente pas un intérêt particulier. On notera cependant que l'on y a découvert quelques vestiges antiques.

Si l'on désire se reposer et se restaurer, on choisira de préférence l'un des nombreux **restaurants** établis le long de l'Oronte (l'eau est ici glacée en toutes saisons !), notamment au lieu-dit **Jisr el-Aassi**. On mentionnera enfin, à proximité de Charbiné (6 km au nord de Hermel) les «**stèles de Nabuchodonosor**», des inscriptions babyloniennes datant du VIe siècle av. J.-C. Il s'agit de deux roches situées de part et d'autre de la route, gravées à l'occasion d'une des nombreuses campagnes militaires du roi de Babylone Nabuchodonosor, deuxième du nom. De Charbiné on peut remonter sur le Aakkar et rejoindre Qoubaiyat (voir itinéraire Nord-Liban).

DE ZAHLÉ À RACHAÏYA

■ KAMED EL-LAOUZ, LAC DE QARAOUN, HASBAIYA, RACHAÏYA, AÏN HERCHA, LE MONT-HERMON, DEÏR EL-AACHAYER, MAJDEL AANJAR, DAKOUÉ, AANJAR

Cet itinéraire peut démarrer de Zahlé ou de Chtaura, voire de Rayak si l'on revient de Hermel et de Baalbek (trois routes parallèles suivent l'axe de la vallée). On passera d'abord à Barr Elias (à 7 km de Zahlé), pour prendre ensuite la direction de Joub Jannine, à 20 km au sud. La route, très rectiligne, emprunte le fond de la vallée et passe à proximité de la cité 'umayyade d'Aanjar (à main gauche, voir plus loin). A environ 4 km à l'est de Joub Jannine on trouve le *tell** de **Kamed el-Laouz**, la *Kumidi* des Anciens. Il s'agit, avec Tell Arqa, de l'un des sites les plus importants pour la connaissance du Liban de la Haute-Antiquité. Ici en effet, les archéologues ont identifié des traces remontant au IVe millénaire. C'est toutefois à l'âge du bronze récent (1550-1200 av. J.-C.) et à l'âge du fer (1200-300 av. J.-C.) que le site connut son apogée : entourée de remparts, la ville possédait un palais et un temple, tandis que le matériel archéologique exhumé témoigne d'un artisanat de grande qualité et d'échanges fructueux avec l'ensemble du Proche-Orient.

En revenant à Joub Jannine et en continuant vers le sud, on gagne la localité de **Qaraoun** (à une dizaine de kilomètres), qui a donné son nom au **lac artificiel** de 5 km de long formé par un barrage sur le Litani.

En s'enfonçant vers le Sud, on approche de l'ancienne « zone de sécurité », contrôlée pendant près de vingt ans par les Israéliens et la milice libanaise de l'ALS*. La bourgade de Machghara (« la terre des eaux »), poste avancé de la résistance libanaise, a vécu entre 1986 et 2004 sous le régime sévère du Hezbollah* : ambiance de guerre, culte (officiel) des martyrs, suspicion, interdits en tous genres, etc. ; bref une atmosphère délétère, dont la population est parvenue à se débarrasser.

De là deux possibilités : *descendre* jusqu'à Hasbaya ou prendre la transversale jusqu'à Rachaïya.

Hasbaya (alt. 800 m). Certains ont cru reconnaître dans cette bourgade du Sud-Liban la cité cananéenne de *Baal Gad*, dont s'empara Josué après la mort de Moïse (*Josué XI, 16-22*). On est ici dans le Wadi al-Taym, berceau de la religion druze* – leur sanctuaire principal, *Khalouat el-Biyada*, se trouve à environ deux kilomètres au sud – et foyer de la famille des émirs Chehab, dont était originaire Béchir II « le Grand ». Lors des affrontements communautaires de 1860, des centaines de chrétiens y furent massacrés, après avoir vainement cherché refuge dans la citadelle gardée par les Turcs. Un colonel britannique, témoin de

cet épisode dramatique, raconte: «Les portes furent brusquement ouvertes et les druzes se précipitèrent à l'intérieur en hurlant... Et la boucherie commença. Les druzes tirèrent d'abord une salve générale depuis l'entrée, puis fondirent sur les chrétiens, armés de yatagans, de haches et de serpes... L'émir Saad ed-Dîn fut décapité et sa tête envoyée en guise de trophée à Saïd Bey [chef des insurgés druzes*]. Progressivement, la masse mouvante fut sabrée... Au début, quelques chrétiens essayèrent de s'échapper par la porte. Les soldats turcs s'emparèrent d'eux et les livrèrent aux druzes: fréquemment, ils les tuèrent eux-mêmes.»

Située à une vingtaine de kilomètres de Machghara, la ville de **Rachaïya** (alt.1350 m) est la capitale du Wadi al-Taym et fut elle aussi en 1860 le théâtre de massacres communautaires. Au siècle suivant, les druzes* se révoltèrent contre la mise en place du Mandat*: en 1925 ils assiégèrent la garnison française retranchée dans la citadelle, qui fut dégagée par deux colonnes de secours qui bombardèrent la ville. Cette même citadelle où furent emprisonnés sur ordre des autorités mandataires, le 11 novembre 1943, les chefs du parti indépendantiste libanais: le président de la République Béchara El-Khoury, le président du Conseil Riad es-Solh et plusieurs ministres dont Camille Chamoun. Brève incarcération, puisque onze jours plus tard, le **22 novembre** (jour de la fête nationale libanaise), ils ressortaient tous triomphalement! C'en était fini de la présence française au Liban.

La **citadelle** fut bâtie sur l'emplacement d'une ancienne tour croisée, elle-même érigée au XIIe siècle sur les vestiges d'un sanctuaire romain. Sous contrôle de l'armée libanaise, elle est en principe fermée aux visites. Il est néanmoins possible d'y accéder, et de voir notamment les cellules où furent enfermés les «héros de l'indépendance» (se renseigner sur place). En contrebas, la bourgade semble paisible. Les regards cependant trahissent encore l'étonnement, sinon la méfiance (les touristes il est vrai se risquent rarement jusque-là). Comme dans les autres régions du Liban, les constructions neuves ont proliféré, souvent de manière anarchique. De nombreuses maisons respirent l'aisance, voire la richesse. Sans doute est-ce là le signe d'une activité agricole dynamique, mais plus encore d'une diaspora qui a fait fortune en Amérique ou en Afrique. Le **vieux village** mérite le détour, ne serait-ce que pour l'artère principale, pavée (un héritage de la période ottomane) et bordée de maisons basses aux toits de tuile rouge. Certaines ont leur rez-de-chaussée occupé par l'échoppe d'un artisan druze, facilement reconnaissable à son *sirwal* et à son bonnet.

A une dizaine de kilomètres au sud de Rachaïya, à proximité du village d'**Aïn Hercha**, on trouve les vestiges d'un **petit temple romain** du début du IIe siècle, parmi les mieux conservés du Liban. Sobre dans sa décoration, il présente néanmoins quelques reliefs intéressants, notamment un buste féminin dans un croissant de Lune (la déesse grecque Séléné), un buste solaire représentant Hélios (frère de Séléné), ainsi qu'un temple en miniature sur la face arrière de l'édifice. L'intérieur s'organise selon un plan classique: au fond de la *cella** se situe l'*adyton**, l'estrade sur laquelle prenait place la statue de la divinité, le sous-sol étant divisé en trois cryptes*. Les vestiges disséminés alentours (maisons, lieux sacrificiels et sépultures) témoignent du dynamisme de ce sanctuaire dans l'Antiquité.

Au sud, le **Mont-Hermon**, qui culmine à 2814 m, est lui aussi un témoin de l'immuabilité d'une civilisation millénaire. *Saniron* pour les Assyriens*, *Sirion* pour les Phéniciens (*Jabal ech-Cheikh* en arabe), cette montagne personnifie la profondeur des sentiments qui animent tout un peuple, au-delà des frontières et des idéologies. L'Hermon, c'est le siège du sacré. Là le Jourdain prend sa source puis s'élance vers la Palestine, par une des vallées les plus profondes du monde. Vénéré de tous temps, c'est sur ses hauteurs que l'on a découvert les plus vieux sanctuaires du monde antique. A son propos, le Baron de Tott disait qu'il était «l'asile de la liberté ou le repaire de la tyrannie», formule choc qui résume assez bien toutes les ambiguïtés de ce petit pays aux nombreuses sensibilités. Si l'on en a l'occasion, de Rachaïya on gagnera le village de **Deïr el-Aachayer** (dans le Jabal el-Mazar, 25 km de petite route), à la frontière syro-libanaise. Ce village renferme les ruines imposantes d'un **temple** dont il ne reste que le podium*; il est néanmoins le mieux conservé de la région. On reconnaît sans mal le plan de la *cella** ainsi que l'*adyton** surélevé au fond,

Séchage des feuilles de tabac

Le Grand Palais, à Aanjar

sous lequel fut aménagée une crypte*. En repartant vers Yanta (8 km) et Aita el-Foukhar (15 km), on peut aussi aller voir les ruines de deux autres temples (moins bien conservés) au lieu-dit Khirbet el-Knissé, dans le Jabal el-Baiyada (accessible seulement à pied).

D'Aita el-Foukhar on rejoint la route qui remonte au nord vers Majdel Aanjar, Dakoué et Aanjar. Perché au sommet d'un éperon rocheux, le **temple de Majdel Aanjar** a encore fière allure. Les archéologues ont dégagé l'espace sacré (le *téménos**), son enceinte (le *péribole*, constituée d'un mur en gros appareil), ainsi qu'un portique* à colonnes. Daté de la fin du IIe siècle, le temple, qui a conservé de puissants murs en élévation, rappelle le temple de Bacchus à Baalbek. L'intérieur de la *cella** a par contre été entièrement dévasté, laissant apparaître la crypte*, primitivement dissimulée par l'estrade de l'*adyton**.

Guère éloigné du précédent, le site de **Dakoué** a conservé un **temple** modeste mais dans un **état de conservation exceptionnel**. C'est sa réutilisation qui l'a préservé, au prix toutefois de quelques modifications : l'*adyton** a disparu, tandis qu'une ouverture a été pratiquée dans le mur du fond (qui a néanmoins conservé la niche primitive, dans laquelle était installée l'image de la divinité).

On terminera cette visite du Liban par une surprise de taille : les vestiges de **la cité arabe d'Aanjar** (Haouch Moussa, à 5 km au nord-est de Majdel Aanjar et 56 km de Beyrouth – site ouvert de 8 h à 17 h 30 en hiver, 19 h en été). On peut évidemment s'y rendre directement de Chtaura, de Zahlé ou de Baalbek. Le site impressionne autant par la personnalité de ses bâtisseurs – les 'Umayyades, la première grande dynastie de l'islam conquérant, qui fondèrent le califat de Cordoue en 756 – que par les ruines qui nous sont parvenues. « Découvertes » dans les années 1950, ces ruines se sont révélées d'une extrême richesse, livrant le cadastre détaillé et les éléments d'architecture d'une ville fondée au tout début du VIIIe siècle, dont il n'existe aucun autre exemple au Liban (l'autre témoignage de la période 'Umayyade est la mosquée de Baalbek). La cité se présente sous la forme d'un rectangle de 385 m x 350 m, entouré d'une enceinte munie de tours semi-circulaires et percée de quatre portes, situées aux points cardinaux (l'entrée, payante, se fait par la porte nord).

L'intérieur est organisé selon un plan d'une rigoureuse symétrie, à partir des deux rues principales qui se coupent d'équerre au centre, à la manière des Romains (le *cardo maximus** et le *decumanus**, au croisement desquels a été élevé un *tétrapyle*, un monument comportant quatre colonnes). Ainsi distingue-t-on nettement quatre quartiers, qui se subdivisent eux-mêmes (toujours avec la même rigueur) en secteurs. Les fouilles ont d'ores et déjà dégagé des ensembles bien distincts : un grand et un petit palais (un harem ?), une mosquée et un hammam dans la moitié ouest, des maisons et des boutiques (ainsi qu'un petit hammam) à l'est. Il reste à exhumer un tiers de la ville environ, et l'on a déjà repéré d'autres palais et des jardins. Certains éléments d'architecture ont été relevés, notamment dans le grand palais, qui donnent la mesure de l'élégance qui caractérisait l'ensemble. Le grand palais communique directement avec la salle de prière de la mosquée, jouxtant elle-même un petit souk. En se promenant dans les rues principales, larges d'une vingtaine de mètres et bordées de portiques, on peut facilement imaginer l'animation d'une ville princière très commerçante, comme en témoigne la profusion de boutiques (on en a dénombré six cents) qui s'alignent en arrière des portiques. Très bien équipée, à l'image des cités arabes contemporaines, la ville possédait un réseau d'égouts, dont les regards s'ouvrent de place en place au milieu de la rue. On s'interroge encore sur le rôle que joua Aanjar. Elle constitua à n'en pas douter une importante ville-marché, un relais pour les caravanes reliant Damas (capitale des 'Umayyades) au littoral. Mais ce sont plus encore les raisons de sa destruction et de son abandon qui laissent les historiens perplexes : fut-elle détruite sur ordre des califes abbassides, rivaux et vainqueurs des 'Umayyades (vers 750, soit moins de cinquante ans après sa fondation) ? Ou bien est-ce un séisme particulièrement violent, comme en a connus le Liban à plusieurs reprises, qui renversa les délicates colonnades ? La reprise des fouilles devrait permettre d'apporter une réponse. A 1 km au nord-est de la cité se trouve **la source d'Aanjar**, qui alimente le Litani. Comme on l'a vu en maintes occasions, la présence rafraîchissante de l'eau de la montagne (ici l'Anti-Liban) et des ombrages a été mise à profit pour installer *in situ* des restaurants (des « casinos ») agrémentés de vastes terrasses. Une eau tellement abondante qu'à cet endroit existait un lac, asséché au XIVe siècle.

A 8 km au nord d'Aanjar, on pourra aller voir les **deux temples romains** de **Kfar Zabad**, très ruinés (dont l'un renferme un relief de Vénus) dans le Jabal Terbol, accessibles du village par un sentier (près d'une heure de marche). A cet endroit, le panorama sur l'Anti-Liban est spectaculaire. De là, on pourra reprendre la route en direction de Rayak, Zahlé ou Chtaura.

LEXIQUE

adyton* (arch.) – en grec littéralement «lieu dans lequel on ne peut entrer»): dans un temple, espace réservé à certaines fonctions, dans lequel ne pénètre que le personnel sacerdotal. L'*adyton* peut parfois être confondu avec la *cella** ou le *naos**.

ALS (Armée du Liban Sud) ex-ALL (Armée du Liban Libre) du commandant Saad Haddad, un officier de l'armée libanaise (mort en 1984). Forte d'environ 3000 hommes, cette milice frontalière, entraînée et payée par Israël, épaula les troupes d'occupation dans la «zone de sécurité», jusqu'à son évacuation en mai 2000. Chargée par les Israéliens de contrôler la région de Jezzine, l'ALS s'imposa par la terreur : bombardements aveugles, massacres (à Khiam en 1978), assassinats, tortures. Pris de cours par le départ précipité des Israéliens, ses miliciens (des chrétiens principalement, mais aussi des chi'ites* et des druzes*) trouvèrent refuge de l'autre côté de la *ligne bleue* (la frontière) ou furent condamnés par la justice libanaise à des peines de prisons.

Amal (« espoir » en arabe; acronyme signifiant *détachements libanais de résistance*) : milice du *Mouvement des déshérités*, fondé en 1975 par l'*imam* chi'ite* Moussa Sadr. Elle entra rapidement en concurrence avec le Hezbollah*, nettement plus puissant et influent.

arianisme hérésie chrétienne qui mettait en cause la Trinité et la *consubstantialité* de Jésus, son caractère divin. Cette doctrine déviante fut condamnée lors du Concile de Nicée, en l'an 325.

Assyrie région du nord de la Mésopotamie, qui tire son nom du dieu (et de la cité éponyme) Assur. Puissant empire qui s'étendait de l'Asie mineure à la Syrie et à l'Iran, il se retrouva en compétition avec deux autres Etats expansionnistes, l'Egypte mais surtout les Hittites*.

Baal (*Ba'alat en* phénicien, *Ba'al* en hébreu, qui signifie à la fois «l'époux» et «le maître») nom donné à Hadad, dieu mésopotamien de l'orage, par les Akkadiens. Il s'agit du nom générique d'une divinité syncrétique, multiforme, déclinée sous de nombreuses appellations, notamment *Baal Bek* (ou *Baal Shamash*, le Baal solaire), ou encore *Baal Hammon*, le dieu terrifiant des Carthaginois. Dans la Bible, *Baal* désigne tous les faux dieux, comme le *Baal Zebub* des Philistins, rendu fameux sous la forme de *Belzebuth*.

Baas (ou *Ba'ath* «Renaissance») créé en 1947 à Damas, le Baas était à l'origine un mouvement laïc, socialiste et nationaliste panarabe, qui s'était donné pour but de réunir tous les Etats arabes en une seule grande nation. Il connut une branche irakienne, dont Saddam Hussein fut le dernier représentant, en même temps que de nombreuses scissions.

Pages précédentes: Plaine de la Bekaa

Babyloniens sous le règne de Nabuchodonosor II (*Nabuchadnezzar II*, 605-562 av. J.-C.), l'empire Néo-Babylonien est à son apogée. Il s'étend de la Perse à l'Egypte et à l'Anatolie.

caravansérail (du persan *karvansera*) voir **khan**.

cardo maximus dans le schéma d'urbanisme romain, le *cardo maximus*, orienté nord-sud, est l'une des deux rues principales (avec le *decumanus**) qui se croisaient au cœur de la ville. Ce carrefour stratégique était marqué d'un *tétrapyle*, un monument orné de quatre colonnes.

CDR (Conseil de Développement et de Reconstruction) crée en 1977 après deux années d'extrême violence, cette institution avait alors en charge trois missions principales : planifier et programmer la reconstruction et le développement, assurer le financement des projets, en superviser l'exécution et l'exploitation en contribuant à la réhabilitation des institutions publiques. Le CDR gère tous les dossiers relatifs aux projets de la ville de Beyrouth et aux projets à l'échelle du pays (www.cdr.gov.lib).

cella (arch.) mot latin désignant la partie du temple (la *chambre* ou *saint du saint*) où se trouvent l'autel et la statue de la divinité. L'équivalent du *naos** chez les Grecs.

chaldéens (*Kasdim* en hébreu) ce sont les descendants des communautés mésopotamiennes évangélisées par l'apôtre saint Thomas. Catholiques de rite oriental (d'où l'appellation de « grecs-catholiques »), ils font partie des Eglises *uniates*, qui se sont unies à Rome au XVIe siècle.

cheikh (qu'on le traduise par « chef » ou « vieillard », dans le monde arabo-musulman, le *cheikh* est une personne respectable) désigne aussi bien un chef de tribu ou de village qu'un savant, un lettré. Au Liban, c'est un titre honorifique porté aussi bien par les musulmans que les chrétiens, à l'exemple de *cheikh* Pierre Gemayel, leader politique maronite, fondateur du parti *Kataëb**.

chi'ites de *shi'at 'Ali* (« parti de 'Ali »), qui désigne l'une des trois branches de l'islam, avec le sunnisme et le kharidjisme. Les chi'ites cherchent à rétablir dans le califat la lignée de 'Ali, gendre du Prophète Muhammad, évincé de ce poste en l'an 658 (38 de l'Hégire). Les chi'ites reconnaissent le principe de l'*imamat*, la gouvernance spirituelle et temporelle de la communauté, selon lequel 'Ali et ses descendants représentent la seule autorité légitime jusqu'au jour du Jugement. La communauté chi'ite comprend les *duodécimains*, majoritaires, qui reconnaissent une succession de douze *imams*, et les *septimains*, qui n'en reconnaissent que sept (voir **druzes**).

citoyenneté romaine le *jus civitas*, le « droit de cité », qui ouvrait un ensemble de droits civiques (politiques, juridiques, économiques et militaires), était accordé individuellement ou collectivement, par exemple à des villes.

Concile œcuménique réunion de l'ensemble des évêques de l'Eglise catholique du « monde habité » (*oikouménè* en grec), afin de débattre de questions théologiques. Réuni en 325 sur ordre de l'empereur Constantin, le premier concile se conclut sur la condamnation des nombreuses hérésies qui s'épanouissaient alors dans l'Empire, notamment l'arianisme*.

crypte (arch.) *stricto sensu*, la *crypte* est un espace « caché » (son sens étymologique) du regard des profanes, soit situé en arrière du *naos** ou de la *cella**, soit le plus souvent une pièce souterraine aménagée sous l'*adyton**.

Damouras l'un des fils de *Dagon* (*Dagan* en Mésopotamie), dieu des moissons honoré notamment à Mari sur l'Euphrate. Dans la tradition phénicienne, telle que rapportée par Philon de Byblos (fin du Ier siècle après J.-C.), *Damouras* est intimement associé à *Baal**, au point de se confondre avec ce dernier (Baal serait lui-même un rejeton de *Dagon*).

decumanus dans le schéma d'urbanisme romain, le *decumanus*, orienté est-ouest, est l'une des deux rues principales (avec le *cardo maximus**) qui se croisaient au cœur de la ville. Ce carrefour stratégique était marqué d'un *tétrapyle*, un monument orné de quatre colonnes.

dhimmi (en arabe signifie «engagement», «obligation»): statut particulier des non-musulmans en terre d'islam, mais néanmoins «gens du Livre», c'est-à-dire appartenant à une religion monothéiste, juifs, chrétiens et zoroastriens. Officiellement «protégés», les *dhimmi* sont en réalités contraints à vivre dans la soumission; en quelque sorte des citoyens de seconde zone.

druzes (voir aussi l'encadré «L'âme des druzes») secte issue de l'*ismaélisme**, lui-même née d'une scission au sein du chi'isme* *septimain* au début du XIe siècle. Les druzes reconnaissent la divinité du calife fatimide d'Egypte al-Hakim («l'Imam caché»), dont ils attendent le retour sur Terre. Ce dernier, qui régna de 996 à 1021, se distingua par son ascétisme excessif et les persécutions qu'il dirigea contre les juifs et les chrétiens. Religion exclusive, elle n'accepte ni les mariages mixtes ni les conversions. La communauté se partage schématiquement entre les «initiés» et les autres. Persécutés par le pouvoir sunnite, les druzes firent de la «dissimulation» (la *takiya* en arabe) le principe fondamental de leur croyance. Ainsi la communauté, qui ne possède aucun lieu de culte déterminé ni de fêtes religieuses, se distingue-t-elle uniquement par un costume traditionnel : le *shirwal* (pantalon large) et le bonnet ou le *tarbouche* ceint de blanc pour les hommes, grandes robes noires et large châle blanc pour les femmes. On compare volontiers les druzes à la communauté juive (en Israël, les druzes se sentent plus proches des juifs que des musulmans). Ils pourraient être 250 000 au Liban, peut-être deux fois plus nombreux en Syrie (Jebel Druze et Golan) et environ 90 000 en Israël.

Echmoun appelé aussi *Baal Eshmoun*, on lui rendait un culte spécifique à Sidon (Saïda). Divinité des sources, c'est un dieu guérisseur assimilé à l'Asclépios des Grecs et à l'Esculape des Romains.

entablement (arch.) : partie d'un édifice (le *bandeau*) qui surmonte une colonnade, un *portique**. L'entablement se subdivise en *architrave*, *frise* et *corniche*.

FINUL (Force intérimaire des Nations-Unies au Liban) mise en place par les Résolutions 425 et 426 du Conseil de sécurité en 1978, cette force d'interposition internationale de 4000 hommes fut déployée au Sud-Liban afin de superviser le retrait des troupes israéliennes. Une force qui n'a toutefois pas reçu mission de s'interposer à la (seconde) invasion israélienne en 1982 (elle n'en aurait de toute manière pas eu les capacités militaires). Elle a supervisé le retrait de l'année 2000, puis a été renforcée au lendemain de l'agression israélienne de l'été 2006 (elle compte aujourd'hui près de 12 000 militaires, originaires de vingt-cinq nations, dont 2000 militaires français). Parmi ses nombreuses missions, dont celle de surveiller la frontière (la *ligne bleue*), elle participe au déminage de la zone, à nouveau « polluée » en 2006 par l'utilisation par l'Etat hébreu de bombes à fragmentations (ou à sous-munitions, théoriquement interdites) qui laissent dans la nature des dizaines de milliers de mini-bombes, dont sont victimes les populations civiles.

FL (Forces libanaises) structure politico-militaire née en 1976, qui regroupait l'ensemble des milices chrétiennes, notamment les *Kataëb**. Bras armé du clan Gemayel, les FL collaborèrent avec les Israéliens et facilitèrent l'élection de Béchir à la présidence de la République (1982). Après l'assassinat de ce dernier et les dissensions internes qui suivirent, le mouvement passa sous le contrôle de Samir Geagea (1986), qui affronta les forces loyalistes (l'armée libanaise) du général Michel Aoun. Après la guerre, les Forces libanaises rendirent leurs armes et se transformèrent en parti politique. Elles sont aujourd'hui associées au *Courant du futur* de Saad Hariri.

Hezbollah littéralement (et très prosaïquement) *Hezbollah* signifie « parti (*hizb*) de Dieu *(Allah)* ». Fondé en 1982, c'est un mouvement politico-militaire chi'ite* concurrent d'Amal*. Largement financé par l'Iran, il incarne, *via* sa branche militaire (*Résistance islamique*) la résistance à Israël, qui a longtemps occupé une portion de territoire libanais et continue d'y mener de violentes offensives, à l'image de la guerre de l'été 2006. Intégré à la société libanaise, le Hezbollah possède des moyens de communication modernes (une radio, la chaîne de télévision *Al-Manar TV*, le site web *moqawama.org*) et un réseau social très actif, qui vient en aide aux plus pauvres. S'il joue le jeu démocratique (il possédait 14 députés sur 128 en 2009), le Hezbollah conserve une large autonomie d'action, notamment militaire.

Hittites peuple d'origine indo-européenne installé en Anatolie au troisième millénaire. Cette civilisation brillante s'est heurtée à l'Assyrie* et à l'Egypte pharaonique pour le contrôle de la route commerciale passant entre la Syrie et la Palestine. Ramsès II mit fin à son expansion lors de la bataille de Qadesh, au nord du Liban, en 1274 avant notre ère.

Hyksôs (*heka khasewet* en égyptien, soit littéralement « maîtres des pays étrangers »): groupe pluriethnique originaire d'Asie mineure, qui régna sur la Basse-Egypte entre 1614 et 1548 av. J-C (XVe et XVIe dynastie). Il fallut plusieurs campagnes aux princes de Thèbes pour chasser les Hyksôs et reconquérir le Delta.

hypocauste (du grec *hypocauston*, « chauffage en dessous ») système de chauffage par le sol utilisé à l'époque romaine pour les maisons luxueuses et les bains publics (les thermes). Il permettait de chauffer les salles tièdes et chaudes (*tepidarium, caldarium*, *laconicum*, *sudatorium*) et les bassins.

imam depuis les origines de l'islam, l'imam est la personne qui dirige la prière. Il est donc nécessairement sinon un « docteur » (un savant), du moins un sage. Chez les chi'ites*, l'imam porte souvent le titre de *mollah*.

ismaélisme courant minoritaire de l'islam chi'ite*. Son origine remonte à la mort du sixième imam* chi'ite Ja`far as-Sâdiq, en 765. Les ismaéliens prétendent que le véritable successeur de Ja'far as-Sâdiq était son fils aîné Isma'îl, officiellement mort pendant le règne de son père, mais que ce dernier aurait en fait « caché » (*mastûr*), ainsi d'ailleurs que ses quatre descendants, afin d'assurer leur règne.

jacobites appelés aussi «syriaques orthodoxes», ils ne reconnaissent que la seule *nature* divine du Christ. Cette hérésie, dite *monophysite*, fut condamnée lors du Concile œcuménique* de Chalcédoine en 451.

Kataëb (la Phalange) nom emprunté au mouvement fasciste espagnol. Milice paramilitaire fondée en 1936 par le maronite Pierre Gemayel (1905-1984) sur la base d'un programme conservateur (*«Dieu, la famille, le Liban»*). Ses membres portent des uniformes identiques à ceux des *Chemises noires* italiennes. Ils saluent leur chef le bras tendu et font serment de fidélité. En 1941, comme en échos aux événements dramatiques que connaît alors la France, les *Kataëb* lancent leur «Révolution nationale». En 1975, la milice comptait environ 10000 hommes, auxquels s'ajoutaient des milliers de partisans armés. La Phalange fut fondue dans les Forces Libanaises (FL) de Samir Geagea en 1976.

kâymakâ division administrative dans l'Empire ottoman, que l'on traduit communément par «district». L'administrateur est appelé *kâymakâm*, titre attribué aussi à l'adjoint du grand-vizir.

khan plus connu sous le nom de caravansérail (*funduq* au Maghreb), le *khan* est à l'origine un bâtiment fortifié qui accueille les caravanes commerciales, mais aussi les pèlerins. C'est naturellement un lieu d'échanges, même si les marchandises sont vendues dans les marchés urbains, les *souks*. Par la suite, *khan* et *souk* sont pratiquement devenus synonymes.

ligne verte Ligne de démarcation à Beyrouth durant la guerre civile, de 1975 à 1990. Elle séparait les quartiers musulmans de Beyrouth-Ouest des quartiers chrétiens de Beyrouth-Est. Cette appellation se réfère à la couleur de la végétation qui avait prospéré tout le long de la ligne, puisque la zone était inhabitée.

madrasa il s'agit d'une école, d'un «collège», généralement installé dans ou à côté d'une mosquée, où l'on dispense un enseignement relevant de l'islam sunnite.

mamelouks esclaves de diverses origines formant des troupes d'élites au service de plusieurs dynasties régnantes du Moyen-Orient, notamment des califes abbassides et 'ayyûbides. Equivalents des janissaires de l'Empire ottoman.

Mandat à la fin de la Première Guerre mondiale, les ex-colonies allemandes ainsi que les provinces arabes de l'Empire ottoman furent divisées entre puissances *mandataires*, le Royaume-Uni et la France. Dans le cas des pays arabes, le Mandat impliquait de conduire ces territoires (la Syrie et le Liban pour la France, l'Irak et la Palestine pour le Royaume-Uni) à l'indépendance, sans toutefois fixer de délai.

maronites l'une des Eglises d'Orient *uniates* (unies à Rome), dont l'origine remonte à saint Maron (Maroun), mort vers 410 près d'Antioche. Persécutés, les maronites se réfugièrent en Syrie puis, au VIIIe siècle, dans la région du Mont-Liban. Ils reconnaissent l'autorité du pape depuis l'époque des croisades et entretiennent des liens étroits avec l'Eglise catholique.

Melkart (ou *Melqart*, mot à mot «le prince de la cité») connue sous le nom d'*Hamilcar* à Carthage, cette divinité est assimilée à *Baal*.

melkites (ou melchites) souvent considérés comme grecs-catholiques ou grecs-orthodoxes, les melkites suivent depuis le Ve siècle le rite byzantin. L'Eglise melkite compte trois patriarcats, à Antioche, Jérusalem et Alexandrie.

mollah voir **imam**

Mutasarrifiya circonscription administrative (province) ottomane dirigée par un *mutasarrif*. Au Liban, elle prit la forme d'une «région autonome» (1861-1914) centrée sur la montagne.

naos (arch. – en grec, littéralement «l'habitation de la divinité») partie intérieure du temple (le *saint du saint*) où était placée l'image de la divinité. L'équivalent de la *cella** romaine.

nestoriens ils se réclament de la doctrine du patriarche Nestorius (vers 381-451), qui affirmait que deux *personnes*, l'une divine, l'autre humaine, coexistaient en Jésus-Christ. Cette doctrine fut condamnée lors du Concile œcuménique* d'Ephèse en 431.

nymphée (*nympheum*) fontaine monumentale élevée au-dessus d'une source et dédiée aux *nymphes*. Dans l'Antiquité, le nymphée se présente généralement comme un bassin richement décoré de colonnes et de statues. C'est un lieu de détente et de méditation.

OLP (Organisation de libération de la Palestine) crée en 1964, l'OLP regroupe plusieurs organisations laïques, notamment le Fatah, majoritaire (dirigé par Yasser Arafat jusqu'à sa mort en 2004), le FPLP (Front populaire de libération de la Palestine, nationaliste et marxiste) et FDLP (Front démocratique pour la libération de la Palestine, une scission du FPLP).

palestre (du grec *palaistra*, lieu où l'on pratiquait la lutte) complexe sportif réservé à l'entraînement des athlètes et à l'éducation des jeunes.

péristyle (arch.) une galerie de colonnes (et non une simple colonnade) qui entoure un édifice ou une cour. L'origine en remonterait à l'architecture profane perse du IVe siècle av. J.-C. Les Grecs, puis les Romains, y ont eu ensuite largement recours dans leurs édifices religieux et publics.

Phalange voir ***Kataëb***

podium (arch.) soubassement massif (soutènement) sur lequel est édifié le temple. Les Romains y avaient presque systématiquement recours.

portique (arch.) construction avec colonnade en saillie devant la façade d'un temple, qui donne accès à la *cella** (appelé *pronaos* dans les temples grecs).

PSNS (Parti social nationaliste syrien) fondé en 1932 par le grec-orthodoxe Antoun Saadé (1904-1949), c'est un parti laïc qui prônait la constitution d'une «Grande Syrie» du Sinaï à la Mésopotamie. Il s'est opposé pêle-mêle aux Français, aux nationalistes arabes, aux tenants d'un «Grand Liban» dominé par les chrétiens, aux communistes et aux partis religieux. Pendant la guerre civile, il lutta contre les *Kataëb** et s'associa au Hezbollah* dans la résistance à l'occupation israélienne. Par certains aspects (le nom, le drapeau et le culte de la personnalité dont faisait l'objet Antoun Saadé, exécuté au Liban en 1949), le PSNS a pu être accusé de sympathie pour le nazisme et le fascisme. Il compte aujourd'hui deux députés au Parlement libanais.

Saïqa (*As-Saïka*, «la foudre» ou «la tempête») mouvement politico-militaire palestinien fondé en 1966, actif dans les camps de réfugiés. Idéologiquement proche du parti Baas* syrien, panarabe, il milite pour la création d'un grand Etat arabe avec Damas pour capitale.

salafisme mouvement sunnite radical, qui revendique un retour à « l'islam des origines », aux fondements de la doctrine, telle qu'enseignée dans le Coran et la *Sunna* (la « coutume », la « tradition »).

schisme du grec *skhismós* (« séparation »), le terme prit une connotation nettement religieuse lorsque l'Eglise d'Orient connut de nombreuses dissidences. Il fait surtout référence à la fracture définitive entre les Eglises catholique (latine) et orthodoxe (grecque) en 1054.

spina (« épine » en latin, mais aussi « colonne vertébrale ») dans l'hippodrome antique, la *spina* consistait en une barrière centrale qui séparait le champ de course en deux pistes. Il pouvait aussi s'agir d'un *podium* en pierre, agrémenté d'éléments décoratifs, statues et colonnes.

sunnites (de l'arabe *sunna*, la « coutume ») l'héritage du Prophète Muhammad. Branche majoritaire de l'islam, qui reconnaît la succession du calife Muawiya, successeur de 'Ali en 658 (voir **chi'ites**). C'était la deuxième communauté du Liban au recensement de 1932. Son chef religieux est le Grand Mufti de la République.

Tammuz (*Dumuzi* en sumérien) « marié » à la déesse de l'amour Ishtar, il est le dieu de la fertilité en Babylonie. Les Grecs ont repris ce mythe sous les traits d'Adonis, dont on se rappelle qu'Aphrodite tomba éperdument amoureuse... *Adonis* est l'ancien nom du Nahr Ibrahim, un fleuve qui prend sa source dans le Mont-Liban.

tell l'une des spécificités archéologiques orientales. Un *tell* (colline) résulte de la superposition des villages et villes anciennes, où l'architecture était majoritairement constituée de terre : l'effondrement des bâtiments entraîna une accumulation des débris. Ces *tells*, dont certains peuvent atteindre plusieurs dizaines de mètres de hauteur, ont ensuite été occupés pour leur situation stratégique, à la manière d'une acropole.

téménos (en grec « espace réservé ») c'est l'espace sacré du sanctuaire, délimité par une enceinte, qui renferme les temples et les autels.

Umma en arabe désigne la communauté des musulmans, au-delà des clans et quelles que soient leurs origines.

UNRWA (Office de secours et de travaux des Nations-Unies pour les réfugiés de Palestine dans le Proche-Orient) Il a été cré en 1949, afin de gérer le volet humanitaire du déplacement forcé de près d'un million de Palestiniens. Ses champs de compétence, qui se sont élargis au fur et à mesure de l'afflux de réfugiés et de la croissance naturelle de ces populations (près de cinq millions de personnes aujourd'hui), sont la santé, l'éducation, l'assistance et les services sociaux, le financement du microcrédit, l'infrastructure et l'aménagement des camps, ainsi que l'aide d'urgence. La quasi-totalité de son financement repose sur les contributions des Etats donateurs, dont les Etats-Unis, la Commission européenne, le Royaume-Uni, la Norvège et le Canada. Un financement chroniquement insuffisant, utilisé bien souvent à réparer les destructions provoquées par l'armée israélienne.

zawiya centre religieux, parfois traduit par « monastère », « loge » ou « hospice », qui faisait aussi office d'école coranique (*madrasa**). On y accueillait étudiants, pèlerins ou simples voyageurs.

Sanctuaire de Deïr Qannoubin

LES HÔTELS

L'offre hôtelière au Liban est riche et variée, particulièrement dans les centres urbains. Un grand nombre de sites internet permettent la réservation en ligne. Trouver un logement simple à un prix abordable est en revanche plus difficile. Voici quelques adresses fonctionnelles pour cette recherche d'hôtels toutes catégories: www.hotellebanon.com, www.lebanon-hotels.com, www.booking.com. Un site libanais intéressant propose chambres d'hôtes, logement chez l'habitant, dans des monastères et autres hôtels de charme: www.hotelibanais.com.

Ci-dessous figure une liste d'hôtels par catégories (luxe, moyen, simple), établie à titre purement indicatif.

BEYROUTH

Luxe

Le Bristol
Verdun, Mme Curie Street
Tél. +961 (1) 351 400
Fax +961 (1) 351 409
www.lebristol-hotel.com

Le Commodore
Commodore Street
Riad El Solh
Tél. +961 (1) 734 734
Fax +961 (1) 345 806, 345 807
www.lecommodorehotel.com

Riviera Hotel Beirut
Avenue de Paris
Corniche El Manara
Tél. +961 (1) 373 210 à 219
Fax +961 (1) 365 239
www.rivierahotel.com

Monroe Hotel
Kennedy Street
Tél. +961 (1) 371 122
Fax +961 (1) 371 112
www.monroebeirut.com
Dans le quartier central surplombant la marina de Beyrouth

Marble Tower Hotel
Hamra Makdisi Street
Tél. 961 (1) 354 586 / 346 260
Mobile +961 (3) 208 880
Fax +961 (1) 346 262
www.marbletowerhotel.com

Mövenpick Hotel & Resort
General de Gaulle Avenue
Raoucheh
Tél. +961 (1) 869 666
Fax +961 (1) 809 326
www.moevenpick-hotels.com

The Lancaster
Australia Street , Raoucheh
Tél. +961 (1) 790 810
Fax +961 (1) 790 820
www.lancaster.com.lb
Au centre ville, avec restaurant gastronomique *The Polo Club*

Palm Beach Hotel
PO Box 11-8488, Aïn El-Mraisseh
Tél. +961 (1) 372 000
Fax +961 (1) 369 109
www.palmbeachbeirut.com

Charles Hotel
Rustom Bacha Street
Ain El Mreissi
Tél. +961 (1) 362 270
Fax +961 (1) 363 244
www.charleshotel.org

Hôtel Cavalier
Abdel Baki Street, Hamra
Tél. +961 (1) 353 001
www.hotelcavalier.com

Promenade Hotel
Zalka Shopping District
Tél. +961 (1) 874 774
Fax +961 (1) 895 720
www.promenadehotel.com

Bella Riva Suite Hotel
Caracas Street
Manara
Tél. +961 (1) 754 343, 961 (3) 640 894
Fax +961 (1) 754 349
www.bellarivahotel.com

Moyen

Port View Hotel
Gouraud Street
Gemayzeh
En face de Electricity of Lebanon
Tél. / Fax 00961 (1) 567500 et 562722
http://portviewhotel.blogspot.com/

Le Marly
Main Street - Alhamra
Tél. 961 (1) 743 437
Fax 961 (1) 743 442
http://lemarlyhotelbeirut.priorguest.com

Embassy Hotel
Makdessi Street, Hamra
2034-3503 Beirut,
Tél. +961 (1) 340 814
Fax +961 (1) 340 815
Mobile +961 (3) 242 281
www.embassyhotellebanon.com

Simple

Napoleon Hotel
62 N. Yafet Street
www.napoleon.com.

Mace Hotel
Jeanne d'Arc Street, Hamra
Tél. +961 (1) 344 627
Fax +961 (1) 344 627
macehot@cyberia.net.lb

The Lebanese Host
Bed &Breakfast
Spears Street, Hamra
Mobile +961 (3) 513 766

AANJAR

Waterfalls Hotel
Tél. +961 (8) 620 753
Mobile +961 (3) 620 753

BAALBEK

Moyen

La Mémoire Hotel
Tél. +961 (8) 373 730
Mobile +961 (3) 556 944
www.hotel-lamemoire.com

Jammal Hotel
Tél. +961 (8) 370 649
Fax +961 (8) 370 649
Mobile +961 (3) 716 072

Jupiter Hotel
Tél. +961 (8) 376 715
Fax +961 (8) 376 715
Mobile +961 (70) 269 079

Palmyra Hotel
Tél. +961 (8) 370 011
Fax +961 (8) 370 034

BAAQLINE

Luxe

AL MARJ
Tél. / Fax +961 (5) 301 273

BAROUK

Moyen

Barouk Palace Hotel
Tél. +961 (5) 240 251
Fax +961 (5) 240 253
Mobile +961 (3) 649734

BATROÛN

Moyen

Batroun Village Club
Tél. + 961 (6) 744 333
Fax + 961 (6) 743 330
www.batrounvclub.com

San Stephano Resort
Batroun Sea Road,
Tél. +961 (6) 740 366, 642 366 et 643 202
Fax +961 (6) 643 201
www.sanstephano.com

BCHARRÉ

Luxe

Le Cedrus Suites Hotel
Tél. +961 (6) 678 777
Tél. / Fax +961 (6) 678 077
Mobile +961 (3) 883 377
www.cedrushotel.com

Moyen

Arida, Mon Refuge
Tél. +961 (6) 678 050
Mobile +961 (3) 734 312

Bauhaus
Tél. +961 (6) 672 220
Fax +961 (6) 672 220
Mobile +961 (3) 329 294

Cortina Hotel
Tél. +961 (6) 678 061
Mobile +961 (3) 627 597

Chbat Hotel
Tél. +961 (6) 672 672
Fax +961 (6) 671 237
Mobile +961 (3) 292 494

Simple

Alpine Hotel
Les Cèdres , Bcharré
Tél. +961 (6) 678 099
Mobile +961 (3) 213102

L'Aiglon
Tél. / Fax +961 (6) 671 529
Mobile : +961 (3) 684 996

Saint-Bernard
Tél. +961 (6) 678 100
Fax +961 (6) 678 102
Mobile +961 (3) 289 600

BEIT MÉRI

Luxe

Beit Mery
Tél. +961 (4) 873 111
Fax +961 (4) 873 112

Royal Park Hotel
Aïn Saadé , Beit Méri
Tél. +961 (4) 873 100
Fax +961 (4) 872 700
Mobile +961 (3) 692 440

Simple

WAKIM Hôtel-Restaurant
Tél. +961 (4) 870 660
Fax +961 (4) 870 660

BYBLOS (JBEIL)

Luxe

Victory Byblos Hotel and Spa
www.victorybybloshotel.com

Moyen

Byblos Comfort Hotel
Byblos main Street
Tél. +961 (9) 942 200
Fax +961 (9) 540 367
www.bybloscomforthotel.com

Monoberge Byblos
Tél. +961 (9) 550 999
Fax + 961 (9) 550 333
www.monoberge.coom

Ahiram Hotel Byblos
Tél. +961 (9) 540 440 et 944 726
Fax +961 (9) 944 726
www.ahiramhotel.com

JEZZINE

Moyen

Wehbé Hotel
Tél. +961 (7) 780 217
Fax +961 (7) 781 011

Simple

Pine Cedars Hotel
Tél. +961 (7) 781 179
Mobile +961 (3) 442 179

Etoile du Loup
Tél. / Fax +961 (7) 781 425
Mobile +961 (3) 425 525

Iris Flower Hotel
Tél. +961 (7) 781 999
Fax +961 (7) 780 074
Mobile +961 (3) 449 305

JOÛNIEH

Luxe

Portemilio Hotel & Resort
Kaslik, PO Box 766
Tél. +961 (9) 933 300
Fax +961 (9) 931 866
www.portemilio.com/

Moyen

Saframarine-chalets
Tél. +961 (7) 103 222
www.lebanonchalets.com

Belmar Hotel
Sahel Alma
Tél. +961 (9) 917 708

Golden Golf Hotel
Maameltein
Tél. +961 (9) 642 094
Mobile +961 (3) 985 898

Simple

Camelot Hotel
Ghazir
Tél. +961 (9) 855 222
Fax +961 (9) 854 999
Mobile +961 (3) 636 870
www.hotel-camelot.com

SAÏDA

Luxe

Al Qualaa Hotel
Seaside Rd - Mina Str.
Tél. / Fax 961 (7) 734 777
www.alqualaa.com
Récemment rénové, dans la forteresse

Moyen

Al Mounes
Khayzarane
Tél. / Fax +961 (7) 441 146
Mobile +961 (3) 666 657

Yacoub Hotel
Al Moutran Street
Tél. / Fax +961 (7) 737 733
Mobile +961 (3) 327034

TRIPOLI

Luxe

Quality Inn Hotel
Rashid Karami International Fair
Tél. +961 (6) 211 255, 211 256, 211 257
Fax +961 (6) 211 277
www.qualityinnlebanon.com

Moyen

Pension Al Koura
Vieille ville,
au-dessus du restaurant *Le Chef*
www.pensionalkoura.com

Palace Hotel
Tell
Tél. +961 (6) 429 993

Koura Hotel
Tell
Tél. / Fax +961 (6) 425 451
Mobile +961 (3) 371 041

Le Château des Oliviers – Villa Nadia
Tél. +961 (6) 411 170
Mobile +961 (3) 228 432

Koura Residence
Bterram, Koura
Tel. / Fax +961 (6) 931 200 et 931 266
Mobile +961 (3) 694 777
www.kouraresidence.com

TYR

Luxe

PLATINUM HOTEL
Tél. +961 (7) 344 666
Fax +961 (7) 351 133
Mobile +961 (3) 246 855
www.platinumhotellb.com

Moyen

ABOU DIB MOTEL
Tél. +961 (7) 360 250
Fax +961 (7) 360 251
Mobile +961 (3) 234 630

Murex
Tél. +961-7-347111
Fax +961-7-347222

Victory Village Hotel & Resort
Tél. / Fax +961 (7) 345478

ZAHLÉ

Moyen

Monte Alberto
Wadi el Arayech
Tél. +961 (8) 810 912
Fax +961 (8) 801 451
Mobile +961 (3) 612512

BIBLIOGRAPHIE

En plus des références des ouvrages mentionnés dans le guide, on proposera ici au lecteur une bibliographie indicative succincte, qui met l'accent sur l'histoire, la culture et le voyage. La guerre civile, on s'en doute, est le sujet de nombreux ouvrages, qu'il n'est pas question de détailler ici.

GÉNÉRALITÉS

Proche-/Moyen-Orient

Henry Laurens et Vincent Cloarec, *Le Moyen-Orient au XXe siècle*, A. Colin 2010

Georges Mutin et Olivier Barge, *Géopolitique du monde arabe*, Ellipse 2005

Sophie Chautard, *Comprendre les conflits du Moyen-Orient*, Studyrama 2006

Henri Lammens, *La Syrie*. Précis historique (2 vol.) 1921

René R. Kawam, *Les Mille et Une Nuits,* Phébus 2001

Liban

Boutros Dib (collectif), *Histoire du Liban : des origines au XXe siècle,* Philippe Rey 2006

Georges Corm, *Le Liban contemporain : histoire et société*, La Découverte 2005

Denise Ammoun , *Histoire du Liban contemporain*, Fayard 2004

Nada Moghaizel Nasr, *L'identité piégée*, Imprimerie Catholique (Liban) 1991

Andrée Chédid, *Liban,* Seuil 1969

Franck Mermier et Christophe Varin (collectif), *Mémoires de guerre au Liban : 1975-1990*, Sindbad 2010

Lamia Ziadé, *Bye Bye Babylone. Beyrouth 1975-1979*, Denoël Graphic 2010

Jonathan Randal, *La guerre de mille ans. Jusqu'au dernier chrétien, jusqu'au dernier marchand, la tragédie du Liban*, Grasset 1983

Antiquité et archéologie

Françoise Briquel-Chatonnet et Eric Gubel, *Les Phéniciens. Aux origines du Liban,* Gallimard 1998

Jean-Marie Blas-de Roblès, *Vestiges archéologiques du Liban*, Edisud 2004

Guillaume Gernez et Ingrid Périssé-Valéro, *Le Liban de la Préhistoire à l'Antiquité,* Errance 2010

Les croisades

Georges Tate, *L'Orient des Croisades*, Gallimard 2008

Amine Maalouf, *Les croisades vues par les Arabes*, J'ai lu 2001

Colonisation et indépendance

Gérard D. Khoury : *La France et l'Orient arabe : Naissance du Liban moderne*, 1914-1920, Armand Colin 1993

RÉCITS DE VOYAGES

Ibn Battûta, *Voyages*, tome 1: *De l'Afrique du Nord à La Mecque*, La Découverte 1994

On conseillera l'ouvrage de Jean-Claude Berchet, *Le voyage en Orient. Anthologie des voyageurs français dans le Levant au XIXe siècle*, Robert Laffond1992

Des extraits significatifs des relations de voyages de Lamartine *(Voyage en Orient)*, Nerval *(Voyage en Orient)*, Barrès *(Une enquête aux pays du Levant)* et quelques autres.

BEAUX-LIVRES & PHOTOGRAPHIE

Jean-Paul Planquin (pseudo de Pierre Pinta), *Liban. La perle phénicienne*, ACR 1998

Valérie Barbe et Roger Moukarzel, *Wadi Qadîsha*, Aleph 2005

SUR LE WEB

Beaucoup de choses évidemment, de qualité très diverse. A plusieurs reprises dans le guide, des adresses de sites sont fournies à titre indicatif. On voudrait ici réserver une place à un blog savoureux, qui croque avec impertinence et ironie le quotidien beyrouthin, sur un ton un tantinet décalé. Reste à savoir s'il est préférable d'aller le feuilleter avant ou après le voyage...

http ://chroniquesbeyrouthines.20minutes-blogs.fr

Pages suivantes: Temple de Jupiter, à Baalbek

INDEX

NOTES DE VOYAGE

NOTES DE VOYAGE

NOTES DE VOYAGE

NOTES DE VOYAGE

NOTES DE VOYAGE

NOTES DE VOYAGE

NOTES DE VOYAGE

Consultez
notre catalogue général
sur le site
www.olizane.ch

DEMANDE DE CATALOGUE

Coupon à photocopier et envoyer à

ÉDITIONS OLIZANE, rue des Vieux-Grenadiers 11, CH-1205 Genève – Fax 022 328 57 96
guides@olizane.ch

Je soussigné(e), ...

Adresse : ....

Code postal : .... Ville : ....

Pays : .... Téléphone : ....

désire recevoir votre catalogue.

GO LIBAN / 2011

IMPRIMÉ EN ITALIE